非会计学专业适用

财务管理学

（第四版）

闫华红 主编

首都经济贸易大学出版社
Capital University of Economics and Business Press
·北京·

图书在版编目(CIP)数据

财务管理学/闫华红主编. ——4版. ——北京:首都经济贸易大学出版社,2020.8
ISBN 978-7-5638-3096-1

Ⅰ.①财… Ⅱ.①闫… Ⅲ.①财务管理—教材 Ⅳ.①F275

中国版本图书馆 CIP 数据核字(2020)第 106209 号

财务管理学(第四版)
闫华红　主编

责任编辑	晓　红
封面设计	风得信·阿东 FondesyDesign
出版发行	首都经济贸易大学出版社
地　　址	北京市朝阳区红庙(邮编100026)
电　　话	(010)65976483　65065761　65071505(传真)
网　　址	http://www.sjmcb.com
E-mail	publish@cueb.edu.cn
经　　销	全国新华书店
照　　排	北京砚祥志远激光照排技术有限公司
印　　刷	唐山玺诚印务有限公司
开　　本	787毫米×1092毫米　1/16
字　　数	442千字
印　　张	17.25
版　　次	2009年2月第1版　2012年5月第2版　2015年7月第3版 **2020年8月第4版**　2021年9月总第9次印刷
书　　号	ISBN 978-7-5638-3096-1
定　　价	39.00元

图书印装若有质量问题,本社负责调换
版权所有　侵权必究

第四版前言

财务管理学是应用性较强的经济管理学科,纷繁变化的企业理财实务使得财务管理的教学内容难以与时代变化永远一致,我们力求去伪存真,精选具有意义的恒久题材作为主题撰写。同时为了体现教材的适用性,本次修订时我们注重以上市公司财务管理作为基本构架,及时反映经济、财务法规和会计准则的最新变化,将财务管理学的基本理论与企业的财务管理实践联系起来。本书坚持实践导向,注重分析和解决问题能力的培养,并结合中国公司的现状,在系统反映现代公司财务理论的基础上,内容紧密结合国际企业界财务政策的状况,充分反映公司财务政策的原则、方法和程序,为更好地应对实践需求奠定基础。

本书在编写时突出以下两个特点:

一是基础性。本书在编写时力求使学生理解和掌握财务管理的基本理论和方法,培养学生从事经济管理工作所必需的财务管理业务知识和工作能力,因此对财务管理理论中一些专业性强的探讨性问题、尚难应用于实践的理论研究性问题,一般不予涉及。

二是实用性。按照"培养应用型、实用型,即具有较强动手能力和直接上岗能力的实用人才"的要求,本书在编写时立足于我国国情,适当吸收国际上的理论和经验,以加强学生适应我国企业实际情况的能力。本书在编写时尽量与取得会计专业相关证书的各种考核相互贯通起来,如会计证考试、中级会计师职称考试以及注册会计师考试等,以帮助学生适应社会岗位群的就业需要。

本书由首都经济贸易大学会计学院闫华红任主编,负责本书总体框架设计及大纲的拟定和最后润色定稿。全书共分八章,具体编写分工如下:第一章、第五章、第六章由闫华红编写;第二章由汤炳亮编写;第三章和第八章由吕亚洁编写;第四章由张家伦编写;第七章由曹健编写。

首都经济贸易大学会计学院的王伟、林慧婷、王哲兵、孙静、刘静等一些老师对本书的修改和完善提出了宝贵的意见,对提高本书质量起到了很大的作用,同时,我们还参阅了有关方面的文献资料,谨在此一并致谢!

由于我们水平有限,加之时间仓促,错误或不当之处在所难免,敬请读者不吝指正,以便我们进一步修订。

作者
2020 年 6 月

目 录

第一章　总论	1
第一节　财务管理的内容	1
第二节　财务管理的目标	7
第三节　财务管理的工作环节	11
第四节　财务管理的环境	13
思考题	18
第二章　财务分析	19
第一节　财务分析概述	19
第二节　直接利用会计报表进行财务分析	33
第三节　利用财务指标进行财务分析	42
思考题	60
练习题	60
第三章　财务管理的基本观念	63
第一节　资金时间价值	63
第二节　风险和收益	72
思考题	80
练习题	81
第四章　筹资管理	83
第一节　筹资管理概述	83
第二节　筹资规划	87
第三节　中长期筹资方式	98
第四节　资本成本	108
第五节　杠杆效应	113
第六节　资本结构	119
思考题	125
练习题	125
第五章　资本预算	129
第一节　资本预算原理	129
第二节　现金流量的确定	132
第三节　资本预算中常用的评价指标	145
第四节　资本预算实务	158

思考题 ……………………………………………………………… 163
　　练习题 ……………………………………………………………… 163
第六章　证券投资 ………………………………………………… 167
　　第一节　证券投资的种类和目的 …………………………………… 167
　　第二节　债券投资 …………………………………………………… 169
　　第三节　股票投资 …………………………………………………… 174
　　第四节　期权投资 …………………………………………………… 179
　　思考题 ……………………………………………………………… 189
　　练习题 ……………………………………………………………… 190
第七章　营运资本管理 …………………………………………… 192
　　第一节　营运资本概述 ……………………………………………… 192
　　第二节　流动资产管理 ……………………………………………… 198
　　第三节　短期融资管理 ……………………………………………… 227
　　思考题 ……………………………………………………………… 232
　　练习题 ……………………………………………………………… 233
第八章　股利分配政策 …………………………………………… 236
　　第一节　股利分配概述 ……………………………………………… 236
　　第二节　现金股利分配政策 ………………………………………… 239
　　第三节　股票股利、股票分割与股票回购 ………………………… 243
　　思考题 ……………………………………………………………… 249
　　练习题 ……………………………………………………………… 249
附录 …………………………………………………………………… 251
　　表一　复利终值系数表（FVIF 表）………………………………… 251
　　表二　复利现值系数表（PVIF 表）………………………………… 253
　　表三　年金终值系数表（FVIFA 表）……………………………… 255
　　表四　年金现值系数表（PVIFA 表）……………………………… 257
练习题参考答案 ……………………………………………………… 259
参考文献 ……………………………………………………………… 267

总　论

> **学习要点与要求**
>
> 本章主要介绍财务管理的含义和内容、财务管理的概念、财务管理的目标以及财务管理的环境。
>
> 通过本章教学,要求学生了解现代企业财务管理的基本内容、特点以及管理目标和职能,了解财务管理的环境,理解财务管理的原则,熟练掌握企业财务活动、财务关系以及财务管理等概念。

第一节　财务管理的内容

在企业当中,通常是由财务专业人士管理公司的财务和会计。财务会计信息在企业发展中的重要性是不言而喻的,但如果企业的所有者或者管理人员不懂财务知识,不能确定财务方面出现了什么问题,那就更提不上确定解决方案了。例如,如果想了解企业的销售状况如何,可以从营销部门获取资料,但营销的利润如何,只有在利润表中才能找到。只有通过了解利润表是怎样建立的,正确分析损益状况,才能得到需要的信息。可见,对于管理者来说,了解财务知识,掌握财务方法与技巧,对于做出正确的经营决策是十分重要的。财务管理就是实现这些目标的一种重要方法。

一、财务与财务管理的概念

财务上经常会用到会计信息,因此,人们往往问及财务与会计有何不同。财务与会计的基本差别在于角度不同。会计一般从历史的角度,主要核算过去的活动,而财务则侧重于确定内在价值和进行决策,着眼于未来。财务补充会计的遗漏,集中于未来问题。财务通常要针对解决"现在该做什么"和"未来向何处去"的问题。

"财务管理",在英文中为"Financial Management"。英文中,"Finance"一词是指政府、企业和个人对货币这一资源的获取和管理。因此,国家财政、企业财务和个人理财均属"Finance"的范畴。本书所讲述的财务管理主要是研究企业货币资源的获得和管理,具体来说就是研究企业对资金的筹集、使用和分配以及与以上财务活动有关的企业财务关系。

在企业生产经营过程中,实物商品不断地运动,实物商品的价值形态也不断地发生变化,由一种形态转化为另一种形态,周而复始,不断循环,形成了资金运动。所以,企业的生产经营过程,一方面表现为实物商品的运动过程,另一方面表现为资金的运动过程或资金运动;资金运动不仅以资金循环的形式存在,而且伴随再生产过程不断进行,资金运动也表现为一个周而复始的周转过程。资金运动是企业再生产过程的价值方面,它以价值形式综合地反映着企业的再生产过程。企业的资金运动构成企业经济活动的一个独立方面,具有自己的运动规律,这就是企业的财务活动。企业的资金运动,从表面上看是钱和物的增减变动,实际上钱和物的增减变动都离不开基础的经济利益关系。

总之,企业财务是企业在生产经营过程中客观存在的资金运动及其所体现的经济利益关系。前者称为财务活动,后者称为财务关系。财务管理是企业组织财务活动、处理财务关系的一项综合性的管理工作。

二、财务活动

企业财务活动是以现金收支为主的企业资金收支活动的总称。在市场经济条件下,拥有一定数额的资金,是进行生产经营活动的必要条件。企业生产经营过程,一方面表现为物资的不断购进和售出,另一方面则表现为资金的支出和收回,企业的经营活动不断进行,也就会不断产生资金的收支。企业资金的收支,构成了企业经济活动的一个独立方面,这便是企业的财务活动,企业财务活动可分为以下四个方面。

(一)企业筹资引起的财务活动

在商品经济条件下,企业要想从事生产经营活动,首先必须筹集一定数量的资金。企业筹集的资金包括自有资金和借入资金两部分。企业的自有资金,是通过发行股票和吸收直接投资等方面从投资者那里取得的,这里的投资者包括国家、其他单位、个人和外国投资者等。企业的借入资金,是通过发行债券、向银行借款和应付款项等方面从债权人那里取得的。企业取得的资金,可以是货币资金形态,也可以是实物形态;既可以是有形资产形态,也可以是无形资产形态。企业通过发行股票、发行债券、吸收直接投资等方式筹集资金,表现为企业资金的收入;企业偿还借款,支付利息、股利以及付出各种筹资费用等,则表现为企业资金的支出。这种因为资金筹集而产生的资金收支,便是由企业筹资而引起的财务活动。在筹资引起的财务活动过程中,企业一方面要确定筹资的总规模,以保证投资所需要的资金;另一方面要通过筹资渠道、筹资方式或工具的选择,合理确定筹资结构,以降低筹资成本和风险。总之,企业在筹资时不仅需要从数量上满足生产经营的需要,而且要考虑到各种筹资方式给企业带来的资金成本的高低、财务风险的大小,以便选择最佳筹资方式,实现财务管理的整体目标。

（二）企业投资引起的财务活动

企业投资可以分为广义的投资和狭义的投资两种。广义的投资是指企业将筹集的资金投入使用的过程，包括企业内部使用资金的过程（如购置固定资产、无形资产等）以及对外投放资金的过程（如投资购买其他企业的股票、债券或与其他企业联营等）。狭义的投资仅指对外投资。无论企业购买内部所需资产，还是购买各种证券，都需要支付资金。而当企业变卖其对内投资形成的各种资产或收回其对外投资时，则会产生资金的收入。这种因企业投资而产生的资金的收付，便是由投资而引起的财务活动。在投资引起的财务活动过程中，必须认真分析影响投资决策的各种因素，科学地进行可行性研究。对于新增的投资项目，一方面要考虑项目建成后给企业带来的投资报酬，另一方面也要考虑投资项目给企业带来的风险，以便在风险与报酬之间进行权衡，不断提高企业价值。

（三）企业经营引起的财务活动

企业的营运资金，主要是为满足企业日常营业活动的需要而垫支的资金。首先，企业要采购材料或商品，还要支付工资和其他营业费用以便从事生产和销售活动；其次，当企业把产品或商品售出后，便可取得收入，收回资金；最后，如果企业现有资金不能满足企业经营的需要，还要采取短期借款方式来筹集所需资金。这种因企业经营而引起的财务活动，便是由经营引起的财务活动。营运资金的周转，与生产经营周期具有一致性。因此，在经营引起的财务活动过程中，企业要合理使用营运资金，加速资金周转，从而提高资金利用效果。

（四）企业分配引起的财务活动

企业实现的利润，要合理进行分配。广义地说，分配是指对投资收入（如销售收入）和利润进行分割和分派的过程；狭义的分配仅指对利润的分配。企业的利润要按规定的程序进行分配。首先，要依法纳税；其次，要用来弥补亏损，提取公积金、公益金；最后，要向投资者分配利润。这种因利润分配而产生的资金收支便属于由利润分配而引起的财务活动。企业的利润分配关系着国家、企业、企业所有者和企业职工的经济利益。在分配时，一定要从全局出发，正确处理国家利益、企业利益、企业所有者利益和企业职工利益之间可能发生的矛盾，要统筹兼顾，合理安排。

上述财务活动中的四个方面，不是相互割裂、互不相关的，而是相互联系、相互依存的。正是上述互相联系又有一定区别的四个方面，构成了完整的企业财务活动，这四个方面也就是财务管理的基本内容：企业筹资管理、企业投资管理、营运资金管理、利润及其分配的管理。

三、企业财务关系

企业组织资金运动，与企业其他各方面有着广泛的联系。企业财务关系是指企业在组织财务活动过程中与各有关方面发生的经济关系，企业的财务关系可概括为以下几个方面。

（一）企业同其所有者之间的财务关系

企业同其所有者之间的财务关系，体现着所有权的性质，反映着经营权和所有权的关系。这主要是指企业的所有者向企业投入资金，企业向其所有者支付投资报酬所形成的经济关系。企业的所有者要按照投资合同、协议、章程的约定向企业投入资金，形成企业的权益资本。企业利用所有者投入的资金进行经营，实现利润后，应按出资比例或合同、章程的规定，向其所有者分配利润。

（二）企业同其债权人之间的财务关系

企业同其债权人的关系体现的是债务与债权关系。这主要是指企业向债权人借入资金，并按借款合同的规定按时支付利息和归还本金所形成的经济关系。企业除利用自有资金进行经营活动外，一般还要借入一定数量的资金，以便降低企业资金成本，扩大企业经营规模。企业的债权人主要有债券持有人、贷款机构、商业信用提供者以及其他出借资金给企业的单位或个人。企业利用债权人的资金后，要按约定的利息率，及时向债权人支付利息，债务到期时，要合理调度资金，按时向债权人归还本金。

（三）企业同受资者之间的财务关系

企业与受资者的关系是体现所有权性质的投资与受资的关系。这主要是指企业将其闲置资金以购买股票或直接投资的形式向其他企业投资所形成的经济关系。随着经济体制改革的深化和横向经济联合的开展，这种关系将会越来越广泛。企业向其他单位投资，应按约定履行出资义务，参与被投资单位的利润分配。

（四）企业同其债务人的财务关系

企业同其债务人的关系体现的是债权与债务关系。这主要是指企业将其资金以购买债券、提供借款或商业信用等形式出借给其他单位所形成的经济关系。企业将资金借出后，有权要求其债务人按约定的条件支付利息和归还本金。

（五）企业内部各单位的财务关系

企业内部各单位的财务关系，体现了企业内部各单位之间的利益关系。这主要是指企业内部各单位之间在生产经营各环节中相互提供产品或劳务所形成的经济关系。企业在实行内部经济核算制的条件下，企业供、产、销各部门以及各生产单位之间，相互提供产品和劳务要进行计价结算，这种在企业内部形成的资金结算关系，体现了企业内部各单位之间的利益关系。

（六）企业与职工之间的财务关系

企业与职工之间的财务关系，体现了职工和企业在劳动成果上的分配关系。这主要是指企业向职工支付劳动报酬过程中所形成的经济关系。职工是企业的劳动者，他们以自身提供的劳动数量和质量作为参加企业分配的依据，企业要用自身的产品销售收入，向职工支付工资、津贴、奖金，并按规定提取公益金等。

（七）企业与税务机关之间的财务关系

企业与税务机关之间的财务关系，是指企业按照国家财政法规和税法规定申报纳税所形成的财务关系,体现了国家以社会管理者的身份参与企业资金分配的关系。

四、企业财务管理的特点

作为企业管理的重要组成部分,企业财务管理的特点主要有以下两点。

(一)财务管理是一项价值管理工作

企业生产经营活动的复杂性,决定了企业管理必须包括多方面的内容,如生产管理、技术管理、劳动人事管理、设备管理、销售管理、财务管理等。各项工作是互相联系、紧密配合的,同时又有科学的分工,具有各自的特点。这些管理有的侧重于使用价值的管理,有的侧重于价值的管理;有的侧重于劳动要素的管理,有的侧重于信息的管理。企业的财务管理主要是运用价值形式对经营活动实施管理,是对资金的管理。

(二)财务管理是一项综合性的经济管理工作

由于企业管理的任何内容都要在资金运动及价值的增减上反映出来,一切涉及资金的收支活动,都与财务管理有关。事实上,企业内部各部门与资金不发生联系的现象是很少见的。因此,财务管理的触角,常常伸向企业经营的各个角落,每个部门都会通过资金的使用与财务部门发生联系,每个部门也都要在合理使用资金、节约资金支出等方面接受财务部门的指导,受到财务制度的约束,以此来保证企业经济效益的提高。因而与其他职能管理相比,财务管理具有涉及面广、综合性强等特点。因此,财务管理既是企业管理的一个独立方面,又是一项综合性的资金管理工作。

五、财务管理的原则

每门学科都有其重要原则,以指导有关该学科的各个方面。在财务管理中,人们对财务活动共同的、理性的认识就是财务管理的原则,是联系理论与实务的纽带。然而,究竟有哪些财务原则,财务学家们却有着不同的认识。

(一)爱默瑞和芬尼特的观点

在美国财务管理教科书中,关于财务管理原则的阐述,以爱默瑞和芬尼特(Douglas Emery,John Finnerty)这两位财务学教授的观点影响最广。他们将财务管理的原则分为三大类共十二条,具体如下。

1. 竞争环境的原则①。

(1)自利行为原则:人们按照他们自己的财务利益行事,当其他条件都相同时,对于财务交易,所有集团都会选择对自己经济利益最大的行为方法。其重要推论是,有竞争力的、值得做的行动经常地被采纳。一种行动的价值和最佳选择的价值之间的差异称为机会成本。

(2)双方交易原则:每一项财务交易都至少存在两方,在理解财务交易时不要以自

---

① 道格拉斯·爱默瑞,约翰·芬尼特.公司财务管理[M].荆新,王化成,李焰,译.北京:中国人民大学出版社,1999:56-69。

我为中心,每项交易都至少存在两方,处于另一方的集团会和你一样也是聪明、勤奋和富有创造力的,低估了竞争对手可能导致失败。

(3)信号传递原则:行动传递信息,由于自利行为,一项资产买卖决策能暗示出这项资产的状况或有关决策者对未来预期或计划的信息。同样,一个公司决定进入一个新的行业反映出管理者对公司实力的信赖和对未来前景充满信心。同理,当公司宣告股利、进行股票分割或发行新证券时,人们经常可以根据公司未来的收益状况解释这些行为。事实上,当行动和公司的宣告不一致时,行动通常比语言更具有说服力。

(4)行为原则:当所有的方法都失败时,寻求其他解决途径。行为原则是信号传递原则的直接应用。信号传递原则是说行动传递信息,而行为原则是让我们利用这些信息。在需要做出的财务决策比较棘手时,一种合理的办法就是从其他类似公司中寻找榜样,看它们是如何做的,或者可以模仿你认为最有可能作为最好向导的那些公司的做法,也可以模仿绝大多数公司的做法。行为原则是一个次优原则,它最好的结果就是得出近似的结论且节约了成本,最差的情况就是模仿了别人的错误。

2. 创造价值与经济效益原则。

(1)有价值的创意原则:新创意能获得额外报酬。开发新产品或劳务能创造价值,商业实践或营销方面的新创意也能转化为额外报酬。大多数有价值的创意发生在实物资产上。托马斯·爱迪生由于发明了大量的唯一产品,如灯泡、电影、动画等而变成一个非常富有的人。

(2)比较优势原则:专长能创造价值。如果每个人都去做他能做得最好的事情,那么每一类工作都能找到最称职的人,于是产生了经济效益。我们支付给其他人报酬,让他们去做比我们更专长的事情,同时他们支付给我们报酬,让我们去做比他们更专长的事情,这样,两者相得益彰。

(3)期权原则:期权是有价值的。期权是做某件事情的权利,并且不附带任何义务。在财务上,一个明确的期权合约经常是指按照预先设定的价格买卖一项资产的权利。对所有者来说期权不会产生负价值,因为所有者总是可以决定什么都不做。广义的期权是指一种不附带任何义务的权利,这一点可以广泛应用于投资决策和资产估值。

(4)净增效益原则:财务决策建立在净增效益的基础之上。净增效益原则说明,从选择某一特定项目获得的价值取决于净增加值和它的替代方法相比这种决策提供的好处。净增效益一般用特定项目新增净现金流量表示,项目决策不应考虑沉没成本。

3. 财务交易原则。

(1)风险—报酬权衡原则:在风险和报酬之间有一个对等关系。如果追求一个巨大收益的机会,就必须甘冒可能招致巨大损失的风险。大多数人具有风险反感倾向,但几乎所有的决策和选择都存在风险,由于高报酬低风险成为普遍追求,所以竞争的结果迫使人们在投资报酬与风险之间进行权衡。

(2)分散化原则:分散化是有利的。将投资分散在许多公司里比将全部财富都投资在同一公司里更安全。分散化原则具有普遍意义,不仅仅适用于证券投资组合,而且适用于各项投资决策。

(3)资本市场效率原则:资本市场能迅速反映所有的信息。资本市场是指证券买卖市场,在资本市场频繁交易的金融资产的价格反映了所有可获得的信息,而且面对"新"信息能完全迅速做出调整。证券的市场价格是公平的、敏感的,股票价格反映了所有与公司价值有关的公开信息,会计方法的变更所导致的收益差别并不会导致股价的变化。

(4)货币时间价值原则:货币具有时间价值。货币时间价值原则可能是本课程中最有用的概念,它能使我们在财务决策时思维清晰且有逻辑性。它认为不同时点上的等量货币其价值不同,今天1元钱的价值大于未来任一时刻1元钱的价值。

(二)科恩和斯考特等人的观点

科恩和斯考特(Arthur Keown,David Scott)等人认为,财务决策以及构成它们的概念是从十项财务基本原则中引申出来的。这十项基本原则是:

1. 风险收益的权衡——对额外的风险要有额外的收益。
2. 货币的时间价值——今天的1元钱比未来的1元钱更有价值。
3. 价值的衡量要考虑的是现金而不是利润。
4. 增量现金流只有增量是相关的。
5. 在竞争市场上没有利润特别高的项目。
6. 有效的资本市场——市场是灵敏的,价格是合理的。
7. 代理问题——管理人员与所有者的利益不一致。
8. 纳税影响业务决策。
9. 风险分为不同的类别——有些风险可以通过分散化消除,有些则不能消除。
10. 道德行为就是要做正确的事情,而在金融业中处处存在着道德困惑。

第二节 财务管理的目标

财务管理是企业管理的一个子系统,因此,财务管理的目标要服从企业管理的目标。

一、企业目标

(一)企业目标的概念与特点

企业是以营利为目的的组织,其出发点和归宿是盈利。企业一旦成立,就会面临竞争,并始终处于生存和倒闭、发展和萎缩的矛盾之中,企业必须生存下去才能有活力,只有不断发展才能求得生存。因此,企业目标可以概括为生存、发展和获利。

1. 生存。企业在生产经营中一方面支付货币资金,从市场上取得所需的实物资产;另一方面提供市场需要的商品或服务,从市场上换回货币。企业从市场上获得的货币至少要等于付出的货币,才能维持经营,这是企业长期存续的基本条件,因此,企业在市场中生存下去的基本条件是以收抵支。

企业为扩大业务规模或满足经营周转的临时需要,可以对外借债。国家为维持市场经济秩序,从法律上保证债权人的利益,要求企业到期必须偿还本金和利息,否则,就可能被债权人接管或被法院判定破产,因此,企业生存的另一个基本条件是到期偿债。

2. 发展。在科技不断进步的今天,企业只有不断推出更好、更新、更受顾客欢迎的产品,才能在市场中立足。一个企业如不能不断提高产品和服务的质量,不能不断扩大自己的市场份额,就不能发展,就有可能产生生存危机,就有可能被其他企业排挤出去。可见,企业是在发展中求得生存的。

3. 获利。建立企业虽然有解决社会就业、扩大市场份额、满足消费者的需要,有减少环境污染等多种目标,但增加盈利是最具综合能力的目标,盈利不但体现了企业的出发点和归宿,而且可以反映其他目标的实现程度,并有助于其他目标的实现,企业只有能够获利,才有存在的价值。

（二）企业目标对财务管理的要求

1. 生存目标对财务管理的要求。企业生存的威胁主要来自两个方面:一个是长期亏损,它是企业终止的根本原因;另一个是不能偿还到期债务,它是企业终止的直接原因。亏损企业为维持运营被迫进行偿债性融资,借新债还旧债,但如不能扭亏为盈,迟早会借不到钱而无法周转,从而不能偿还到期债务。盈利企业也可能出现虽然有盈利,但却不能偿还到期债务的情况,如借款扩大规模,但由于各种原因导致投资失败,生产经营无法持续下去等。为此,力求保持以收抵支和偿还到期债务的能力,减少破产的风险,使企业能够长期、稳定地生存下去,是对财务管理的第一个要求。

2. 发展目标对财务管理的要求。筹集企业发展所需的资金,是发展目标对财务管理的要求。企业的发展集中表现为扩大收入。扩大收入的根本途径是提高产品的质量,扩大销售的数量,这就要求不断更新设备、技术和工艺,并不断提高各种人员的素质,也就是要投入更多、更好的物质资源、人力资源,并改进技术和管理。在市场经济中,各种资源的取得,都需要付出货币。企业的发展离不开资金。因此,筹集企业发展所需的资金,是对财务管理的第二个要求。

3. 获利目标对财务管理的要求。合理、有效地使用资金是获利目标对财务管理的要求。从财务的角度看,盈利就是使资产获得超过其投资的回报。在市场经济中,资金的使用是有代价的,资金的每项来源都有其成本。每项投资所形成的资产,都应获得相应的报酬。财务人员要对企业正常经营产生的和从外部获得的资金加以有效利用以使企业获利,这是对财务管理的第三个要求。

二、财务管理的目标

财务管理的目标是指企业在组织财务活动、处理企业财务关系过程中所需达到的根本目的,它决定着财务管理的基本方向。明确财务管理的目标,是搞好财务工作的前提。

企业财务管理是企业管理的一个组成部分,企业财务管理的整体目标应该和企业的总体目标具有一致性。根据现代财务管理的理论和实践,最具代表性的财务管理目标主要有以下几种提法。

（一）以利润最大化为目标

以利润最大化为目标是假定在企业的投资预期收益确定的情况下，财务管理行为将朝着有利于企业利润最大化的方向发展。这种观点的理由是：利润代表了企业新创造的财富，利润越多则企业的财富增加得越多，越接近企业目标。

但是，以利润最大化作为财务管理目标存在如下缺点：

第一，利润最大化没有考虑利润实现的时间，没有考虑资金时间价值。例如，今年获利1 000万元与明年获利1 000万元，在不考虑资金时间价值的情况下很难比较谁更符合企业的目标。

第二，利润最大化没能有效地考虑风险问题。这可能会使财务人员不顾风险的大小去追求最多的利润。

第三，没有考虑所获利润和投入资本额的关系。利润是个绝对数指标，不便于不同投资规模方案间的比较。

第四，利润最大化往往会使企业财务决策带有短期行为的倾向，即只顾实现目前的最大利润，而不顾企业的长远发展。

（二）以资本利润率最大化或每股利润最大化为目标

一些企业主张把资本利润率最大化或每股利润最大化作为企业财务管理的目标，其理由是：应当把企业的利润和所有者投入的资本联系起来考察，可以避免"利润最大化目标"的缺点。此种观点的问题是：仍然没有考虑资本利润或每股利润取得的时间性；仍然没有考虑资本利润或每股利润的风险。

（三）以股东财富最大化为目标

这种观点认为：增加股东财富是财务管理的目标。这也是本书的观点。

股东创办企业的目的是增加财富。如果企业不能为股东创造价值，他们就不会为企业提供资金，而没有了权益资金，企业也就不存在了。因此，企业要为股东创造价值。股东财富可以用股东权益的市场价值来衡量。股东财富的增加可以用股东权益的市场价值与股东投资资本的差额来衡量，它被称为"权益的市场增加值"。权益的市场增加值是企业为股东创造的价值。

有时，财务目标被表述为股价最大化。在股东投资资本不变的情况下，股价上升可以反映股东财富的增加，股价下跌可以反映股东财富的减损。值得注意的是，企业与股东之间的交易也会影响股价，但不影响股东财富。例如，分派股利时股价下跌，回购股票时股价上升等。因此，假设股东投资资本不变，股价最大化与增加股东财富具有同等的意义。

股东财富最大化的主要优点是：

第一，考虑了风险因素，因为通常股价会对风险做出较敏感的反应。

第二，在一定程度上能避免企业追求短期行为，因为不仅目前的利润会影响股票价格，预期未来的利润同样会对股价产生重要影响。

值得注意的是，股东财富的正确衡量有一定的困难，因为股价受众多因素影响，特别是受企业外部因素影响,有些因素还可能是非正常因素。此外,股价不能完全准确反映企业财务管理状况,如有的上市公司处于破产的边缘,但由于可能存在某些机会,其股票市价可能还在走高。

主张股东财富最大化,并非不考虑利益相关者的利益。各国公司法都规定,股东权益是剩余权益,只有满足了其他方面的利益之后才会有股东的利益。企业必须交税、给职工发工资、给顾客提供它们满意的产品和服务,然后才能获得税后收益。其他利益相关者的要求先于股东被满足。因此,如果对其他利益相关者的要求不加限制,股东就不会有"剩余"了。除非股东确信投资会带来满意的回报,否则股东不会出资,利益相关者的要求也无法实现。

(四)企业价值最大化

企业价值最大化是指企业财务管理行为以实现企业的价值最大为目标。企业价值可以理解为企业所有者权益的市场价值和债权人权益的市场价值,或者是企业所能创造的预计未来现金流量的现值。未来现金流量这一概念,包含了资金的时间价值和风险价值两个方面的因素。未来现金流量的预测包含不确定性和风险因素,现金流量的现值是以资金时间价值为基础对现金流量进行折现计算得出的。

以企业价值最大化作为财务管理目标,具有以下优点:

第一,考虑了取得报酬的时间,并用时间价值的原理进行了计量。

第二,考虑了风险与报酬的关系。

第三,能克服企业在追求利润上的短期行为,因为不仅目前利润会影响企业的价值,预期未来的利润对企业价值增加也会产生重大影响。

第四,用价值代替价格,克服了过多受外界市场因素的干扰。

值得注意的是,企业价值的增加,是由于权益价值增加和债务价值增加引起的。增加借款可以增加债务价值以及企业价值,但不一定增加股东财富。假设债务价值不变,则增加企业价值与增加权益价值具有相同的意义。假设股东投资资本和债务价值不变,企业价值最大化与增加股东财富具有相同的意义。

因此,本教材在不同问题的讨论中,分别使用股东财富最大化、股价最大化和企业价值最大化,其含义均指增加股东财富。

三、财务管理目标的协调

企业财务管理的目标是股东财富最大化,在这一目标上,财务活动所涉及的不同利益主体如何进行协调是财务管理必须解决的问题。

(一)所有者与经营者的矛盾与协调

股东财富最大化直接反映了企业所有者的利益,它与企业经营者没有直接的利益关系。所有者和经营者的目标并不完全一致。所有者的目标是使股东财富最大化,而经营者的目标是增加报酬、闲暇时间和避免风险。经营者和所有者的主要矛盾就是经营者希望在提高股东财富的同时,能更多地增加享受成本;而所有者和股东则希望以较小的成本支出带来更高的股东财富。为了解决这一矛盾,应采取让经营者的报酬与绩效相联系的办法,并辅之以一定的监督措施。以下就是一些具体的监督措施及机制。

1. 解聘。这是指如果经营者未能使股东财富达到最大,就解聘经营者,使经营者害怕被解聘而被迫实现财务管理目标。

2. 接收。这是一种通过市场约束经营者的办法。如果经营者经营决策失误、经营不力,未能采取一切有效措施使股东财富增加,该公司就可能被其他公司强行接收或吞并,相应的,经营者也会被解聘。为此,经营者为了避免这种接收,必须采取一切措施提高股票市价。

3. 激励。这是指采用激励报酬计划,使经营者分享企业增加的财富,鼓励他们采取符合企业最大利益的行动。例如,企业盈利率提高或股票价格提高后,给经营者以现金、股票奖励。

(二)所有者与债权人的矛盾与协调

债权人把资金借给企业,其目标是要到期收回本金,并获得约定的利息收入。公司借款的目的是要满足投资与生产经营所需资金,包括要投入有风险的项目。因此,所有者的财务目标可能与债权人期望实现的目标发生矛盾。首先,所有者可能未经债权人同意,要求经营者投资于比债权人预计风险更高的项目,这会增大偿债的风险;其次,所有者或股东可能未征得现有债权人同意,而要求经营者发行新债券或举借新债,致使旧债券的价值下降,使旧债权人蒙受损失。

为协调所有者与债权人的上述矛盾,除了寻求立法保护外,通常采取以下措施:

第一,在借款合同中加入某些限制性条款,如规定借款的用途、借款的担保条款和借款的信用条件等。

第二,当债权人发现公司有侵蚀其债权价值的意图时,可以拒绝进一步合作,如采取收回债权或不给予公司重新放款等措施,从而保护自身的权益。

第三节 财务管理的工作环节

要做好财务管理工作,实现财务管理目标,除了要树立正确的目标,还要掌握财务管理的工作环节。财务管理的工作环节是指财务管理工作的各个阶段,它包括财务管理的工作步骤与一般程序。一般说来,企业财务管理的工作环节包括财务预测、财务决策、财务预算、财务控制和财务分析等。这些工作环节互相配合,紧密联系,形成周而复始的财务管理循环过程,构成完整的财务管理体系。

一、财务预测

财务预测是根据财务活动的历史资料,考虑现实的要求和条件,对企业未来的财务活动和财务成果做出科学的预计和测算。财务预测环节的主要任务,一是通过测算各项生产经营方案的经济效益,为决策提供可靠的依据;二是通过预计财务收支的发展变化情况,以确定经营目标;三是通过测定各项定额和标准,为编制计划、分解计划指标服务。

进行财务预测首先要明确财务预测的对象和目的,预测目标不同,则预测资料的搜集、预测模型的建立、预测方法的选择以及预测结果的表现方式等也有不同的要求;其次,在此基础上搜集相关资料,对所搜集的资料除进行可靠性、完整性和典型性的检查外,还必须进行归类、汇总、调整等加工处理,使资料符合预测的需要;再次,选用合适的方法,建立相应的财务预测模型,进行预计和测算;最后,实施财务预测,即将经过加工整理的资料代入财务预测模型,选取适当预测方法,进行定性、定量分析,确定预测结果。定性预测法,主要是指依靠预测人员掌握的直观资料,依据经验并听取各方面意见后,对财务活动未来发展变化趋势做出判断的一种方法。定量预测法,是指根据掌握的大量数据资料,利用各变量之间的数量关系,如时间关系、因果关系等,通过建立数学模型,对企业未来财务活动及其结果进行预测的方法。

二、财务决策

财务决策是指财务人员在财务目标的总体要求下,通过专门的方法从各种备选方案中遴选出最佳方案。在市场经济条件下,财务管理的核心是财务决策,财务决策关系到企业的兴衰成败。

进行财务决策首先要确定决策目标,由于各种不同的决策目标所需的决策分析资料不同,所采取的决策依据也不相同,因此,只有明确决策目标,才能有针对性地做好各个阶段的决策分析工作;其次,要提出备选方案,即根据决策目标,运用一定的预测方法,对所搜集的资料做进一步加工、整理,提出实现目标的各种可供选择的方案;最后,在上述基础上,采用一定的方法,分析、评价各种方案的经济效益,进行综合权衡,从中选择最优方案。

三、财务预算

财务预算是运用科学的技术手段和数量方法,对目标进行综合平衡,制订主要的计划指标,拟定增产节约措施,协调各项计划指标。财务预算是以财务决策确立的方案和财务预测提供的信息为基础编制的,是财务预测和财务决策的具体化,是控制财务活动的依据。

编制财务预算首先应根据企业的外部宏观环境和内部微观状况,运用科学方法,分析与所确定的经营目标有关的各种因素,按照总体经济效益的原则,确定出主要的预算指标;其次,要合理安排人力、物力、财力,使之与经营目标的要求相适应,使资金运用同资金来源平衡,财务收入同财务支出平衡;再次,要努力挖掘企业潜力,从提高经济效益出发,对企业各方面的生产经营活动提出要求,制定好各单位的预算指标;最后,应以经营目标为核心,以平均先进定额为基础,编制企业的财务预算,并检查各项有关的预算指标是否有序衔接、协调平衡。

四、财务控制

财务控制是在财务管理的过程中,利用有关信息和特定手段,对企业财务活动施加影响或调节,以便实现预算指标、提高经济效益。实行财务控制是落实预算任务、保证预算实现的有效措施。

实施财务控制首先应按照责权利相结合的原则,将预算任务以标准和指标的形式分解落实到车间、科室、班组以至个人,这样,企业内部每个单位、每个职工都有明确的工作要求,便于落实责任,检查考核;其次,应实施追踪控制,及时调整误差;再次,应当考察可能出现的变动趋势,确定差异的程度和性质,确定造成差异的责任归属,随时调节实际过程,以消除差异,顺利实现预算指标;最后,应在一定时期终了时,对各责任单位的预算执行情况进行分析、评价,考核各项财务指标的执行结果,把财务指标的考核纳入各级岗位责任制,运用激励机制,实行奖优罚劣。

五、财务分析

财务分析是根据核算资料,运用特定方法,对企业财务活动过程及其结果进行分析和评价的一项工作。通过财务分析,可以掌握各项财务计划的完成情况,评价财务状况,研究和掌握企业财务活动的规律性,改善财务预测、决策、预算和控制,改善企业管理水平,提高企业经济效益。

开展财务分析首先应充分占有有关资料和信息,财务分析所用的资料通常包括财务预算等计划资料、本期财务报表等实际资料,另外,还包括财务历史资料以及市场调查资料等;其次,要在充分占有资料的基础上,通过数量指标的对比来评价企业业绩,发现问题,找出差异;再次,应从影响企业财务活动的(包括生产技术方面的、生产组织方面的、经济管理方面的、思想政治方面的、企业内部的以及企业外部的)各种因素的相互作用中找出影响财务指标的主要因素,以便分清责任,抓住关键;最后,要在掌握大量资料的基础上,去伪存真,去粗取精,由此及彼,由表及里,找出各种财务活动之间以及财务活动同其他经济活动之间的本质联系,然后提出改进措施。提出的措施,应当明确具体,切实可行,并通过改进措施的落实,推动企业财务管理的发展。

第四节　财务管理的环境

财务管理的环境又称理财环境,是指对企业财务活动产生影响作用的企业内外的各种条件或要素。财务管理以外的对财务管理系统有影响作用的一切系统的总和就构成财务管理的环境。财务管理的环境涉及面很广,其中最主要的是经济环境、法律环境和金融环境。

一、经济环境

财务管理的经济环境是指影响企业财务管理的各种经济因素,主要包括经济周期、经济发展水平和经济政策等。

(一)经济周期

市场经济条件下,经济发展与运行带有一定的波动性。这种波动大体上经历复苏、繁荣、衰退和萧条几个阶段的循环,这种循环叫作经济周期。企业的筹资、投资和资产运营等理财活动都要受这种经济波动的影响。

(二)经济发展水平

国民经济的发展水平,对企业扩大规模、调整方向、打开市场以及拓宽财务活动的领域都会有影响;同时,当经济高速发展时,资金紧张将是不可避免的矛盾,这又给企业财务管理带来严峻的挑战。财务管理应当以宏观经济发展目标为导向,从业务工作角度保证企业经营目标和经营战略的实现。

(三)经济政策

当前,我国已经并正在进行财税体制、金融体制、外汇体制、外贸体制、计划体制、价格体制、投资体制、社会保障制度等项改革。所有这些改革措施深刻地影响着我国的经济生活,也深刻地影响着我国企业的发展和财务活动的运行。如金融政策中货币的发行量、信贷规模会影响企业投资的资金来源和投资的预期收益;财税政策会影响企业的资金结构和投资项目的选择等;价格政策能影响决定资金的投向和投资的回收期及预期收益等。可见,经济政策对企业财务的影响是非常大的。这就要求企业财务人员必须把握经济政策,更好地为企业的经营理财活动服务。

二、法律环境

财务管理的法律环境是指企业和外部发生经济关系时所应遵守的各种法律、法规和规章。企业的理财活动,无论是筹资活动、投资活动、资金运营活动,还是利润分配活动,都要和企业外部发生经济关系。在处理这些经济关系时,应当遵守有关法律规范。市场经济是法治经济,它是以法律规范或市场秩序来维护市场运转的经济。在市场经济下,企业总是在一定的法律前提下从事其各项业务活动的。一方面,法律提出了企业从事各项业务活动所必须遵守的规范或前提条件,从而对企业行为进行约束;另一方面,法律也为企业守法从事各项业务活动提供了保护。法律对于企业来说是一把双刃剑。在市场经济中,通常要建立一个完整的法律体系来维护市场秩序,从企业的角度看,这个法律体系涉及企业设立、企业运转、企业合并和分立以及企业的破产清理。其中,企业运转又分为对企业从事生产经营活动的法律规定,以及企业从事财务活动的法律规定。

(一)企业组织法规

企业组织必须依法成立。组建不同的企业,要依照不同的法律规范。企业组织法规主要包括《中华人民共和国公司法》(以下简称《公司法》)、《中华人民共和国全民所有制工业企业法》、《中华人民共和国外资企业法》、《中华人民共和国中外合资经营企业法》、《中华人民共和国中外合作经营企业法》、《中华人民共和国私营企业条例》、《中华人民共和国合伙企业法》等。这些法规既是企业的组织法,又是企业的行为法。

(二)税务法规

任何企业都有纳税的法定义务。有关税收的立法分为三类:①所得税的法规;②流转税的法规;③其他地方税的法规。

税负是企业的一种费用,会增加企业的现金流出,对企业理财有重要影响。企业无不希望在不违反税法的前提下减少税务负担。税负的减少,只能靠投资、筹资和利润分配等财务决策时的精心安排和筹划,而不允许在纳税行为已经发生时去偷税漏税。精通税法,对财务主管人员有重要意义。

(三)财务法规

财务法规主要是《企业财务通则》和行业财务制度。

《企业财务通则》是各类企业进行财务活动、实施财务管理的基本规范;行业财务制度是根据《企业财务通则》的规定,为适应不同行业的特点和管理要求,由财政部制定的行业规范。

除上述法规外,与企业财务管理有关的其他经济法规还有许多,包括各种证券法规、结算法规、合同法规等。财务人员要熟悉这些法规,在守法的前提下完成财务管理的职能,实现企业的财务目标。

三、金融环境

企业总是需要资金从事投资和经营活动。除自有资金外,企业的资金主要从金融机构和金融市场取得。金融政策的变化必然影响企业的筹资、投资和资金运营活动。所以,金融环境是企业最为主要的环境因素。

(一)金融机构

社会资金从资金供应者手中转移到资金需求者手中,大多要通过金融机构。我国主要有以下金融机构。

1. 银行。银行的主要职能是充当信用中介、企业之间的支付中介、提供信用工具等。我国银行主要包括中国人民银行、政策性银行和商业银行。

(1)中国人民银行。中国人民银行是我国的中央银行,它代表政府管理全国的金融机构和金融活动,经理国库。其主要职责是制定和实施货币政策,保持货币币值稳定;依法对金融机构进行监督管理,维持金融业的合法、稳健运行;维护支付和清算系统的正常运行;持有、管理、经营国家外汇储备和黄金储备;代理国库和其他与政府有关的金融业务;代表政府从事有关的国际金融活动。

(2)政策性银行。政策性银行,是指由政府设立,以贯彻国家产业政策、区域发展政策为目的,不以营利为目的的金融机构,如中国进出口银行、国家开发银行、中国农业发展银行。政策性银行与商业银行相比,其特点在于:不面向公众吸收存款,而以财政拨款和发行政策性金融债券为主要资金来源;其资本主要由政府拨付;不以营利为目的,经营时主要考虑国家的整体利益和社会效益;其服务领域主要是对国民经济发展和社会稳定有重要意义而商业银行出于营利目的不愿涉及的领域;一般不普遍设立分支机构,其业务由商业银行代理。政策性银行的资金并非财政资金,也必须有偿使用。

(3)商业银行。商业银行是以经营存款、放款、汇兑、储蓄等为主要业务,以营利为主要经营目标的金融企业。商业银行的建立和运行受《中华人民共和国商业银行法》

管辖。

2. 非银行金融机构。非银行金融机构主要包括信托投资公司、租赁公司、保险公司、证券机构及财务公司等。

（1）信托投资公司。信托投资公司主要办理信托存款和信托投资业务，在国外发行债券和股票，办理国际租赁等，如中国国际信托投资公司。

（2）租赁公司。租赁公司则介于金融机构与企业之间，它先筹集资金购买各种租赁物，然后出租给企业。租赁公司的经营租赁等于向企业提供了短期资金，融资租赁向企业提供了中长期资金。

（3）保险公司。保险公司主要经营保险业务。目前我国保险公司的资金运用被严格限制在银行存款、政府债券和金融债券范围内，不能为企业提供资金。

（4）证券机构。证券机构是指从事证券业务的机构，包括证券公司、证券交易所、登记结算公司等。

（5）财务公司。我国的财务公司是由企业集团内部各成员单位入股，向社会募集中长期资金，为企业服务的金融股份有限公司。它的业务被限定在本集团内，不得从企业集团之外吸收存款，也不得对非集团单位和个人贷款。

（二）金融市场

金融市场是指资金供应者和资金需求者双方通过信用工具进行交易而融通资金的市场。需要强调的是：①金融市场是以资金为交易对象的市场。在金融市场上，资金被当作一种"特殊商品"来交易。②金融市场可以是有形的市场，也可以是无形的市场。前者有固定的场所和工作设备，如银行、证券交易所；后者利用计算机、电传、电话等设施通过经纪人进行资金商品交易活动，且可以跨越城市、地区和国界。

金融市场的种类很多。金融市场按不同的划分标准可以有多种分类：

1. 按交易期限划分为货币市场与资本市场。

货币市场是指期限不超过一年的短期资金交易市场，因短期有价证券易于变现，故称之为货币市场。

资本市场是指期限在一年以上的股票和债券交易市场，因为发行股票和债券主要用于固定资产等资本货物的购买，故称之为资本市场。

2. 按交割期限划分为现货市场与期货市场。

现货市场是指买卖双方成交的当时或几天内买方付款，卖方交出证券的交易市场。

期货市场是指买卖双方成交后，在双方约定的未来某一特定时日才交割的交易市场。

3. 按交易性质划分为发行市场与流通市场。

发行市场是指从事新证券和票据等金融工具买卖的转让市场。

流通市场是指从事已上市的旧证券和票据等金融工具买卖的转让市场。

4. 按经营金融资产品种分类划分为同业拆借市场、国债市场、企业债券市场、股票市场和金融期货市场。

金融市场对于商品经济的运行，具有充当金融中介、调节资金余缺的功能。从总体上看,建立金融市场,有利于广泛地积聚社会资金,有利于促进地区间的资金协作,有利于开展资金融通方面的竞争,提高资金使用效益,有利于国家控制信贷规模和调节货币流通。从企业财务管理的角度来看,金融市场作为资金融通的场所,是企业向社会筹集资金必不可少的条件。财务管理人员必须熟悉金融市场的各种类型和管理规则,有效地利用金融市场来组织资金的筹措和进行资本投资等活动。

（三）利息率

1. 利息率的含义。利息率简称利率,是资金的增值额同投入资金价值的比率,是衡量资金增值程度的数量指标。从资金的借贷关系看,利率是一定时期运用资金这一资源的交易价格。资金作为一种特殊商品,以利率作为价格标准,其融通实质上是资源通过利率这个价格标准实行再分配。因此,利率在资金分配及企业财务决策中起着重要作用。

2. 利率的种类。利率可按照不同的标准进行分类。

（1）按利率之间的变动关系,分为基准利率和套算利率。

基准利率又称基本利率,是指在多种利率并存的条件下起决定作用的利率。所谓起决定作用,是指当这种利率变动时,其他利率也相应变动。因此,了解基准利率水平的变化趋势,就可以了解全部利率的变化趋势。基准利率在西方通常是中央银行的再贴现率,在我国是中国人民银行对商业银行贷款的利率。

套算利率是指在基准利率确定后,各金融机构根据基准利率和借贷款项的特点而换算出的利率。例如,某金融机构规定,贷款AAA级、AA级、A级企业的利率,应分别在基准利率的基础上加0.5%、1%、1.5%,加总计算所得的利率便是套算利率。

（2）按利率与市场资金供求情况的关系,分为固定利率和浮动利率。

固定利率是指在借贷期内固定不变的利率。受通货膨胀的影响,实行固定利率会使债权人的利益受到损害。

浮动利率是指在借贷期内可以调整的利率。在通货膨胀条件下采用浮动利率,可使债权人减少损失。

（3）按利率变动与市场的关系,分为市场利率和法定利率。

市场利率是指根据资金市场上的供求关系,随着市场而自由变动的利率。

法定利率是指由政府金融管理部门或者中央银行确定的利率。

3. 金融市场上利率的构成。正如任何商品的价格均由供应和需求两方面来决定一样,资金这种特殊商品的价格——利率,也主要是由供给与需求来决定的。但除这两个因素外,经济周期、通货膨胀、国家货币政策和财政政策、国际经济政治关系、国家利率管制程度等,对利率的变动均有不同程度的影响。因此,资金的利率通常由三部分组成:①纯利率;②通货膨胀补偿（或称通货膨胀贴水）率;③风险报酬率。其中,风险报酬率又分为违约风险报酬率、流动性风险报酬率和期限风险报酬率三种。利率的一般计算公式可表示如下:

$$利率 = 纯利率 + \frac{通货膨胀}{补偿率} + \frac{违约风险}{报酬率} + \frac{流动性风险}{报酬率} + \frac{期限风险}{报酬率}$$

（1）纯利率。纯利率是指无通货膨胀、无风险情况下的平均利率。纯利率受平均利润率、资金供求关系、国家政策调节的影响。

（2）通货膨胀补偿率。通货膨胀补偿率是指因为持续的通货膨胀会不断降低货币的实际购买力，为补偿其购买力损失而要求提高的利率。

（3）违约风险报酬率。违约风险是指因借款人不能按时偿还本金和利息给投资人带来的风险。投资人为了弥补这些风险而要求提高的利率即为违约风险报酬率。一般来说债券信用等级越低，债券违约风险越大，投资者要求的违约风险报酬率就越高。

（4）流动性风险报酬率。流动性风险报酬率是指由于债务人资产的流动性不好会给债权人带来风险，为补偿这种风险而提高的利率。

（5）期限风险报酬率。对于一项负债，到期日越长，利率变动的可能性就越大，债权人承受的不确定因素就越多，承受的风险也越大，为弥补这种风险而要求提高的利率即为期限风险报酬率。实质上，期限风险报酬率是对投资者承担利率变动风险的一种补偿。

企业财务管理的环境，除了上述三个方面外，我们还可以站在企业财务管理的角度，把企业生产经营及其管理作为其环境。一般来说，企业生产经营顺畅，产品和劳务的价值实现顺利，必然会为财务管理提供良好的前提和基础。反之，财务管理将失去基础变成空中楼阁。而企业基础管理工作水平较高，表明会计核算质量高、会计信息提供及时准确、企业内部定额管理合理有效、内部结算工作顺利、内部职责分工明确，这些也都为财务管理提供了前提和基础。反之，财务管理工作将步履维艰。

思考题

1. 试述企业财务、财务活动与财务管理的关系。
2. 现代企业财务管理的目标是什么？
3. 财务管理的环境与财务管理有何关系？
4. 财务管理的内容和职能是什么？
5. 财务管理的原则有哪些？
6. 如何理解金融市场上利率的构成因素？

财务分析

> **学习要点与要求**
>
> 本章主要介绍财务分析的概念方法和内容。
>
> 通过本章教学,要求学生了解财务分析的意义与内容,财务分析方法的局限性,财务综合分析的含义及特点;掌握偿债能力、营运能力、盈利能力的指标与计算方法;熟练掌握杜邦财务分析体系的应用、财务报表直接分析以及上市公司财务报告分析的具体方法。

第一节 财务分析概述

财务分析是极其重要的财务管理工具。通过财务分析,可以了解企业过去的财务状况是什么样的,存在哪些问题;企业采取了哪些财务政策和财务措施解决了这些问题,形成了现在的财务状况;现在的财务状况又存在哪些问题,在以后的年度中应当采取什么样的财务政策或财务措施才能解决这些问题,使财务状况向好的方向发展等。

一、财务分析及其构成要素

财务分析是财务分析主体出于利益需要,根据预先设定的分析目的,收集被分析企业过去和现在的财务会计资料及其他有关资料,遵循一定的原则,依据一定的判断标准,运用一定的程序和方法,对被分析企业存在的财务问题以及解决财务问题的能力和方法所作的分析。

现将上述定义中所包含的财务分析构成要素分述如下。

(一)财务分析主体

财务分析主体是进行财务分析的人员或机构,包括企业的经营管理者、利害相关者及其代理人。

企业的经营管理者与企业之间存在着直接的现实的利益关系。他们需要通过分析发现财务上存在的问题,找出问题产生的原因,寻求解决问题的途径和方法,实现企业的财务目标。

企业的利害相关者包括股东、债权人、供应商、员工和工会、顾客、税务部门、政府其他部门及其他组织与机构等,他们与企业之间存在着直接或间接的、现实或潜在的利益关系。他们需要通过分析确定企业现行的财务政策及其执行结果,以及未来可能采取的财务政策及其可能的执行结果是否对自己有利,并据以做出决策、采取应对措施保护自己的利益。

当企业的利害相关者受条件限制不能直接对企业进行财务分析时,可以通过直接或间接的方式委托代理人代为分析。例如,股票投资者在购买股票之前要通过报纸杂志和广播电视等媒体了解股市行情,这里就存在着一种间接的委托关系,即股票投资者通过媒体委托股评人代为分析被投资企业的股票行情,委托费用表现为股票投资者支付的报纸杂志费等。代理人本身与企业之间没有利益关系,不属于利害相关者;但他们代表委托人对企业进行财务分析,属于一种特殊的财务分析主体。

(二)财务分析客体

财务分析客体是被分析的单位和个人。任何从事经济活动的单位(包括企业和行政事业单位,其中企业还分为具有法人资格的企业和不具有法人资格的企业)和个人,都必须拥有一定数量的资金,都有财务问题,因而都属于财务分析客体的范畴。由于具有法人资格企业的财务问题最全面,因而成为最常见的财务分析客体。

(三)财务分析目的

不同的分析主体,由于在企业中的利益各不相同,因而分析目的也各不相同。举例说明如下。

企业经营管理者进行财务分析的目的包括公与私两个方面。为公,是确保企业财务目标的实现;为私,是实现自身在企业中的经济利益(即报酬)。这两个目的是相辅相成的,前者是后者的基础,后者是前者的动力。

股东分为现实的股东和潜在的股东两类。现实的股东又有控股和非控股之分。居于控股地位的大股东不仅关心企业眼前是否实现了投入资本的保值、增值,而且关心企业未来实现投入资本保值、增值的能力。居于非控股地位的中小股东过多地关心眼前利益,但长期持股的中小股东和短期持股的中小股东在关心眼前利益的程度上又有所差别,前者最关心企业能否长期稳定地并且尽可能多地分配股利,后者更关心近期能否尽可能多地分配股利和近期转让所持股权的价格以及转让股权价格的未来走向。潜在股东进行分析的目的取决于拟投资的状况,这与相对应的现实股东是一致的。

债权人分为短期债权人和长期债权人两类,前者的债权一年以内到期,后者的债权一年以上到期。短期债权人关心能否及时足额地收回即将到期的债权。长期债权人在债权到期以前关心债权的安全性,即将到期时又关心能否及时、足额地收回债权。

（四）财务分析资料

财务分析的资料包括被分析企业过去和现在的财务会计资料及其他有关资料。

企业的资料,除了上市公司按照国家证券管理部门的有关规定必须对外公开的资料外,其余都是非公开的。以上市公司为例,必须对外公开的资料包括招股说明书、上市公告、定期报告(包括年度报告和中期报告,其中含有会计报表及其附注等财务会计报告)和临时公告等,非公开的资料包括原始凭证、记账凭证、会计账簿和其他与经营管理有关的资料等。

公开的资料容易收集;非公开的资料除了企业内部人员和某些外部人员(如注册会计师、税务人员、工商行政管理人员、银行信贷人员等),其他人员一般难以获得。如果不能获取充分的资料,必然影响分析工作的深入进行,进而影响分析结果的正确性和可靠性。

（五）财务分析原则

财务分析应遵循以下原则:

1. 明确分析立场,正确确定分析目的,围绕分析目的收集资料,确保分析结果满足需要。

2. 不仅要充分收集资料,而且要对收集到的资料进行筛选和甄别,做到去粗取精,去伪存真,还要在此基础上对资料进行加工,形成可直接用于财务分析的能够揭示问题本质的基本素材。切忌信手拈来,不辨真伪,直接引用。

3. 根据掌握的资料进行分析,从实际出发,实事求是,防止先定结论再拼凑资料的做法。

4. 要全面地、辩证地、发展地、联系地看问题。

5. 定量分析与定性分析相结合。定量分析是基础,没有数字的分析空洞无物,缺乏说服力,但定量分析不能反映事物之间的联系,难以揭露事物的本质,因此,对定量分析得出的结果要通过定性分析进行加工并予以提高,从而反映事物之间的联系,揭露事物的本质,实现分析的目的。

（六）财务分析判断标准

财务分析判断标准是分析过程中判断分析对象"好"或"坏"、"优"或"劣"、"有利"或"不利"的依据。判断标准通常有以下几种。

1. 企业内部判断标准。其具体包括:

（1）企业目标。其中包括企业的预算、计划等。用实际情况与企业目标相比较,可以分析企业完成计划或实现目标的情况。它一般用于企业内部考核工作效率和工作成果。

（2）历史数据。一般采用前一年或数年的数据,有时采用企业历史最好水平的数据,用本年实际数据与历史数据相比较,一般用于分析企业的发展状况及发展趋势。

2. 企业外部判断标准。其具体包括:

（1）行业平均水平(又称行业标准)。它是最为常用的判断标准。用实际情况与行业平均水平相比较,能够判断企业的优劣以及在行业中所处的地位。

(2)竞争对手实际水平。这是采用定位竞争策略的企业最常用的判断标准。用本企业的实际情况与竞争对手的实际水平相比较,能够揭示本企业相对于竞争对手所具有的竞争优势及存在的差距,为企业继续保持竞争优势、积极改进不足之处、努力缩小与竞争对手之间的差距指明方向并确定目标。

(3)国内外同行中的先进水平。这是了解企业与先进企业之间的差距时采用的判断标准。对于规模相差较大的企业来说,用这种标准判断企业实际情况的好坏似乎缺乏可比性,但有利于激发企业的竞争意识。

标准判断与被分析对象必须一一对应,具有可比性。

(七)财务分析程序

财务分析的基本程序如下:

1. 根据分析者的身份明确分析的角度和立场;
2. 根据分析的角度和立场确定分析的目的;
3. 根据分析的目的收集资料;
4. 对资料进行筛选、甄别和加工;
5. 确定判断标准;
6. 选择恰当的分析方法;
7. 围绕分析目的,运用分析方法,参照判断标准,按照一定的步骤,对有关资料进行分析,形成分析结论;
8. 根据分析结论,提出合理化建议;
9. 如有需要,撰写并提交财务分析报告。

(八)财务分析方法

财务分析的主要任务就是发现企业财务中存在的问题并找出问题产生的原因,为解决问题指明方向。相应的,财务分析方法也分成两类:一类是发现问题的方法,一类是探求原因的方法。由于问题都是在相互比较的过程中暴露出来的,所以发现问题的方法统称为比较分析法。同时,企业的生产经营管理活动是一个有机的整体,每一个财务数据的形成都要受到若干因素的影响,要探求问题产生的原因,就要从这些因素入手,因而探求问题产生原因的方法统称为因素分析法。

1. 比较分析法。比较分析法是将分析对象数值与具有可比性的判断标准数值进行对比,通过二者之间的差异,找出存在的问题。比较分析法是财务分析最基本的方法,也是整个分析过程的起点。

比较的基本方法是先计算差异额,反映差异的大小,再计算差异率,反映差异的程度。其基本计算公式为:

$$差异额 = 分析对象数值 - 判断标准数值$$
$$差异率 = 差异额 \div 判断标准数值$$

按照判断标准的不同,可以将比较分析法分为以下几种:

(1)趋势分析法。该方法是将本企业的某一实际数据与相关的历史数据相比较，观察其增减变动情况及变动幅度，用于考察发展趋势，预测发展前景。

(2)横向比较法。该方法是将本企业的某一实际数据与相关的国内外行业平均数据或先进数据相比较，据以观察企业的相对状况和竞争地位。

(3)目标完成分析法。该方法是将企业的某一实际数据与目标数据或计划数据相比较，分析目标任务的完成情况。

比较分析的内容分为以下三类：

其一，绝对额。例如，会计报表各项目的金额，包括总资产、流动资产、固定资产、流动负债、长期负债、负债总额、所有者权益（即净资产）、利润总额、净利润等。

其二，结构（即比重）。例如，对于资产负债表，可以用资产各项目金额除以资产总额，计算出各项资产占总资产的比重，用负债和所有者权益各项目金额除以负债和所有者权益合计数，计算出各项资金来源占全部资金来源的比重；对于利润表，可以用所有项目的金额除以营业收入的金额，计算出各项目占营业收入的比重。通过结构比较，常常能够发现有显著问题的异常数，为进一步分析指明方向。

其三，比率。比率是两个有内在联系的数据相除的结果。财务分析涉及的比率叫作财务比率，是两个有内在联系的财务数据相除的结果。财务比率是相对数，排除了规模的影响，使规模不同的企业之间具备可比性，所以比率分析是极其重要的分析方法之一。不同的财务比率从不同的角度反映了企业在特定方面的特征，是判断企业好坏优劣的非常重要的经济数据。因此，在分析过程中，一方面，要正确地设计财务比率；另一方面，要根据正确的数据计算财务比率。这里所说的正确数据，不仅要求计算的过程和结果正确，还要求计算的范围和口径正确。

2.因素分析法。因素分析法是在比较分析的基础上，对于比较过程中发现的差异，进一步探究其形成原因而经常采用的方法。因素分析法的基本方法是连环替代法，其他方法都是连环替代法的演化形式。下面举例说明连环替代法的具体分析过程。

【例2-1】某企业本月某种原材料的计划费用总额为10 000元，实际费用总额为10 890元，超支890元。为了弄清这种材料费用超支的原因，财务人员收集了有关资料，见表2-1。

表2-1

项目	计量单位	计划数	实际数
产品产量	件	100	110
单位产品某种材料消耗量	千克/件	10	9
材料单价	元/千克	10	11
材料费用总额	元	10 000	10 890

分析过程如下。

基本公式为：

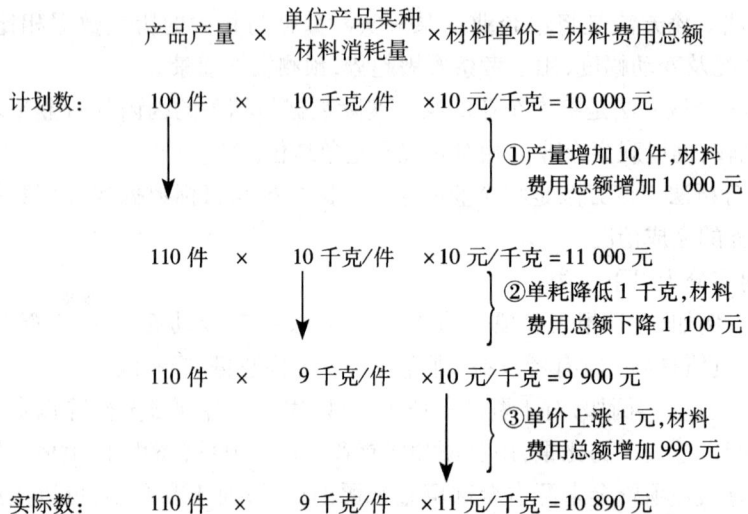

总的来看,由于产量增加10件、单耗降低1千克以及材料单价上涨1元三个因素的共同影响,材料费用总额由计划的10 000元增至10 890元,增加890元。

产量增加10件,使材料费用增加1 000元,是正常因素,无须考虑。剔除产量因素的影响,材料费用总额不但没有超支890元,反而节约了110元。

在剩下的两个因素中,材料单耗降低1千克,使材料费用下降1 100元,是有利因素;材料单价上涨1元,使材料费用增加990元,是不利因素。材料涨价抵消了材料单耗降低带来的好处,结果使材料费用总额只降低了110元。

材料涨价是不利因素,它在很大程度上阻碍了材料费用的降低,应将其列为管理重点,为此需要深入分析材料涨价的原因,并提出加强存货管理的建议。如果材料涨价是由于市场行情变化或材料质量提高等客观因素造成的,可以考虑采取加大采购批量以降低材料进价,或就此吸取教训,在以后的经营中利用期货交易的方式规避材料涨价风险。如果材料涨价是由于采购人员从中吃回扣等人为因素造成的,就要考虑如何处理有关责任人员,并改进材料采购方式,以便从根本上杜绝此类现象的发生。

上例表明,连环替代法通过测定各个因素的增减变动对分析对象的影响程度,找出不利因素,为进一步分析指明方向。由此可见,连环替代法是一个非常有效的分析方法。运用连环替代法必须注意以下几个问题:

第一,在确定分析对象的构成因素时,必须保证分析对象与所确定的构成因素之间存在客观的因果关系。

第二,在测定各个因素的增减变动对分析对象的影响程度时,习惯上要求按照各因素从数量因素到质量因素、从简单因素到复杂因素的排列顺序依次替代,不能随意改变排列顺序,否则会得出不同的计算结果。至于为什么要如此排序,在理论上无法证明,这是连环替代法的致命弱点。

第三,在测定每一个构成因素变动的影响时,都是在前一次计算的基础上进行的,结果恰好使各个因素变动的影响数之和等于分析对象的差异,能够全面地说明分析对象差异形成的原因。但是,在计算的中间过程存在着判断标准数据和分析对象数据并存的现象,例如上例在分析单耗变动对材料费用总额的影响时,产量采用实际数,材料单价采用计划数,显然解释不通。这说明连环替代法的计算结果带有假定性,不是绝对准确的结果。为此,我们只能寄希望于这种假定性符合逻辑,不妨碍分析的有效性,对实际工作有一定的帮助。

连环替代法在实际运用中有一种简便、快捷的简化形式,即差额分析法,在计算某个因素的变动对分析对象的影响程度时,该因素采用分析对象数据与判断标准数据之间的差额,排列在该因素前面的各个因素均采用分析对象数据,而排列在该因素后面的各个因素均采用判断标准数据。

如上例:产量增加10件对材料费用总额的影响:(110 - 100)×10×10 = 1 000(元)。

单耗降低1千克对材料费用总额的影响:110×(9 - 10)×10 = -1 100(元)。

单价上涨1元对材料费用总额的影响:110×9×(11 - 10) = 990(元)。

(九)财务分析内容

财务分析的内容概括地说是被分析企业存在的财务问题以及解决财务问题的能力和方法,具体包括以下三种情况:①被分析企业过去存在的财务问题,解决这些问题所采取的方法以及形成的新的财务能力;②被分析企业现在存在的财务问题,企业是否具备解决这些问题的能力以及解决这些问题应当采用的方法;③被分析企业未来可能存在的财务问题,解决这些问题可能采用的方法以及企业需要具备的财务能力。

企业的财务问题涉及筹集资金、配置资金、使用资金和收入分配等各个方面;解决问题的方法具体表现为企业所采取的各种财务政策和财务措施;解决问题的能力既是采用某种具体解决问题方法之前所必须具备的前提条件,又是解决财务问题之后所形成的新的财务结果。

例如,某企业2019年年初面临的财务问题是资产负债率过高,解决问题的方法不外乎是偿还部分债务或增加部分权益资金。由于当时企业的货币资金充足,决定在2019年度中采用分期偿还债务的方法降低资产负债率。2019年末,资产负债率降至合理范围,但多余的货币资金也被消耗殆尽,剩余的货币资金只能维持正常的生产经营活动。如果此时企业接到一个2020年的大额订单,为了完成该订单,需要追加大量的流动资金,此时企业面临的财务问题就变成了如何筹措流动资金。经研究,只有两个方法可供选择:申请流动资金借款或增加股东投资。申请流动资金借款需要用固定资产做抵押,如果企业没有足够可用于抵押的固定资产,则说明企业不具备债务筹资能力。在这种情况下,只有要求股东增加投资了。要求股东增加投资涉及企业的权益筹资能力,即企业能否"煽动"起股东的投资热情,心甘情愿地掏出钱来增加企业的注册资本。假定2020年初股东增加了投资,那么到了2020年末,就需要增加利润分红的额度。利润分红需要具备两个条件:一要有利润;二要有现金。这就对企业的盈利能力和筹措现金能力提出了要求。假定企业的盈利能力没有问题,那么矛盾将集中于企业筹措现金的能力。企业能否及时筹措足够的现金用于利润分红,取决于资产能否及时变现,由此涉及资产的变现能力;资产能否及时变现又是经营管理的结果,由此又涉及企业的资产管理能力;等等。企业在生产经营过程中,总是不断地出现财务问题,又不断地根据当时的财务能力设法解决财务问题,循环往复。财务问题、财务方法和财务能力三者之间相互依存、相互影响、互相制约。财务分析的任务说到底就是根据财务问题、财务方法和财务能力之间的三角关系,在已知其中两个角的前提下,求解第三个角。

二、财务分析的种类及其区别

财务分析有多种分类方法,最有意义的分类方法是按照分析主体的内外之别将财务分析分为内部财务分析和外部财务分析两类。内部财务分析是企业的经营管理者出于经营管理的需要而进行的财务分析。外部财务分析是企业外部的与被分析企业有着直接或间接、现实或潜在的利益关系的利益关系者或其代理人,出于维护自身或被代理人利益的需要而进行的财务分析。

内部财务分析和外部财务分析的区别起源于分析主体的不同,但不仅限于这一点。正是由于分析主体不同,作为内部分析主体的企业经营管理者能够获取进行财务分析所需要的全部资料,能够根据经营管理的需要全面、深入地进行分析,能够确保分析结果正确、可靠;而作为外部分析主体的利益关系者或其代理人不可能获取进行财务分析所需要的全部资料,只能获取企业愿意提供的有限的资料,因而不可能对企业进行全面、深入的分析,更不能确保分析结果的正确、可靠,因此,外部分析主体只有依据有限的资料,根据维护利益关系者利益的需要,凭借丰富的经验力所能及地进行分析,尽可能保证分析结果能够反映实际情况。

三、财务分析的作用

对于企业经营管理者来说,通过财务分析,能够发现企业在财务上存在的问题,并找出问题产生的原因,据以寻求解决问题的途径和方法,确保企业财务目标的顺利实现。其结果,不仅完成了本职工作,也实现了自身在企业中的经济利益(即报酬)。由此可见,财务分析能够满足企业经营管理的需要,是企业经营管理者非常有效的财务管理工具。

对于企业的利益关系者来说,财务分析同样具有重要的作用。首先,通过分析,可以发现企业是否损害了利益关系者的利益,有利于利益关系者采取措施尽可能挽回已经遭受的损失;其次,通过分析,可以发现企业是如何损害利益关系者利益的,有利于利益关系者采取防范措施保护自己的利益不再受到进一步的损害;最后,通过分析,可以推测企业下一步的发展趋势,有利于利益关系者据以做出正确的决策以指导以后的行动。由此可见,财务分析能够满足利益关系者维护自身利益的需要,是利益关系者非常有效的理财维权工具。

四、财务分析的主要依据

财务分析主要是利用会计报表进行的,会计报表是财务分析的主要资料。由于会计报表是根据企业会计准则等会计规范编制的,其所提供的会计信息并不能完全满足财务管理的需要,因此在利用会计报表进行分析时应予以高度重视,以确保分析结果的正确性。

(一)会计报表的构成

会计报表包括资产负债表、利润表和现金流量表。

会计报表按编制范围可分为企业会计报表和合并会计报表。企业会计报表即一般所说的会计报表,又称个别会计报表,是由企业编制的反映本企业某一特定日期财务状况和某一会计期间经营成果、现金流量的会计报表。合并会计报表是以母公司和子公司组成的企业集团为会计主体,以母公司和子公司单独编制的个别报表为基础,由母公司编制,综合反映企业集团某一特定日期财务状况和某一会计期间经营成果、现金流量的会计报表。由于财务分析是为财务管理服务的,而财务管理的对象是具体的企业,因此,只能对个别会计报表进行分析。

会计报表只提供了高度概括的会计信息,远远不能满足会计报表使用者对会计信息的需求,从而使会计报表的利用程度受到很大限制。为了有利于会计报表使用者全面、正确地理解会计报表,有必要解决会计报表信息量不足的问题。同时,在编制会计报表的同时还要编写会计报表附注,作为会计报表的必要补充,对会计报表不能包括的内容或披露不详尽的内容做进一步的解释说明。在分析的过程中,要充分利用会计报表附注中提供的各种信息。

(二)会计报表的局限性

这里所要指出的会计报表的局限性,并非针对会计而言,而是就会计报表能否满足财务管理的需要而言的。

1. 基于会计核算基本前提产生的局限性。

(1)持续经营。例如,持续经营要求企业对于使用寿命较长的资产应在整个使用期内进行价值摊销,由于各期的摊余价值与资产当时的变现价值不可能一致,因此根据这些数据以对企业的偿债能力所做的分析就不可能得出正确的结论。

(2)会计分期。例如,会计分期要求企业前后各期采用相同的会计政策、会计估计和会计核算方法,以保证各期的会计报表数据具有可比性,由于会计人员总是根据企业的具体情况选择自己认为最为恰当的会计政策、会计估计和会计核算方法进行会计核算,难以保证会计报表数据的可比性,因此据此对企业的发展能力所做的分析亦不可能得出正确的结论。

(3)货币计量。例如,货币计量要求币值稳定,但事实上币值是不稳定的,如果币值变化较大,各期会计报表数据就失去了可比性。再如,货币计量要求企业选定一种货币为记账本位币,如果发生外币收支,均需折算为记账本位币,方可入账,在将外币折算为记账本位币时涉及汇率,由于汇率不断变化,各期的折算结果必然随之变化,当这种变化超过一定程度时,就会影响各期会计报表数据的可比性。

2. 基于会计确认和计量原则产生的局限性。

(1)权责发生制原则。按照该原则进行会计核算的结果,出现了应收款项、递延资产等资产项目和应付款项、预计负债等负债项目。这些项目的存在有可能影响财务分析的结果,例如应收款项可能因存在坏账而无法收回,待摊费用和递延资产一般不具有偿债价值,它们的存在有可能夸大企业的偿债能力;应付款项可能因存在呆账而无须支付,预提费用可能不会实际发生,它们的存在有可能虚增负债,从而掩盖企业真实的偿债能力。

(2)历史成本原则。企业对各项资产按取得时的实际成本计价,结果导致没有历史成本的资产无法入账,造成企业实际拥有的资产与账面资产不符;由于历史成本与现行成本之间往往存在差异,造成企业实际拥有的资产价值与账面资产价值不符,即使计提减值准备,也未必能够解决资产真实性的问题,等等。

3. 起修正作用的会计原则对会计报表的影响。

(1)谨慎性原则。该原则要求企业进行会计核算时,必须保持必要的谨慎态度,不得多计资产或收益,也不得少计负债或费用,这对防止企业夸大经营成果、粉饰财务状况有着积极的作用,但也有可能导致企业走向另一个极端,即借机设置秘密准备,从而影响会计报表的真实性。

(2)重要性原则。该原则要求对于重要的会计事项按照规定的会计方法和程序进行处理,在会计报表中予以充分、准确地披露;对于次要的会计事项,在不影响会计信息真实性和不至于误导会计报表使用者做出正确判断的前提下可适当简化处理。如果会计人员对于会计事项重要性的判断不正确,就有可能隐藏重要的会计信息。另外,会计上认为不重要的会计事项,也许对财务管理来说非常重要。

(3)实质重于形式原则。该原则要求企业按照会计事项的经济实质进行会计核算,而不应当仅仅按照它们的法律形式作为会计核算的依据。但法律终究是法律,一旦财务管理过程中涉及法律事务或交易双方发生冲突,最终还是要依据法律来解决问题,按照实质重于形式原则进行会计处理所提供的信息很显然不能适应财务管理的需要。

4. 会计政策和会计估计对会计报表的影响。

(1)会计政策。对同一会计事项的账务处理,企业会计准则可能规定了几种不同的处理方法,供企业根据自己的实际情况选择使用,比如存货的计价方法就有按实际成本计价和按计划成本计价两类,前者具体分为先进先出法、加权平均法、移动平均法和个别认定法等。当物价水平发生变动时,采用不同方法核算的成本、利润、资产和所有者权益各不相同,直接影响企业的财务状况和经营成果。

(2)会计估计。对于需要估计的会计事项,企业应根据自己的实际情况做出估计,比如固定资产的预计使用年限和预计净残值、无形资产的摊销年限等都需要估计。所做的估计不同,计算出的成本、利润、资产、所有者权益也各不相同,直接影响企业的财务状况和经营成果。

5. 其他影响会计报表真实性的因素。除了上述因素外,会计人员的业务水平和职业道德,注册会计师的业务水平、职业道德和采用的审计方法等都会对会计报表的真实性产生影响。

(三)会计报表实例

1. 资产负债表。见表2-2。

表 2－2 资产负债表

编制单位：A 公司　　　　　2020 年 12 月 31 日　　　　　单位：元

项　目	年初数	年末数	项　目	年初数	年末数
流动资产：			流动负债：		
货币资金	87 121 780.44	104 464 039.61	短期借款	8 000 000.00	30 000 000.00
交易性金融资产			交易性金融负债		
应收票据			应付票据		
应收账款	489 802 699.59	752 564 643.45	应付账款	516 793 397.19	672 873 245.11
预付账款	111 563 150.31	16 376 855.25	预收账款	79 161 217.97	183 747 644.97
其他应收款	235 538 249.28	317 734 479.45	应付职工薪酬	46 261 379.09	48 385 119.84
存货	160 433 227.31	137 403 301.91	应交税费	22 672 965.23	39 718 714.98
一年内到期的非流动资产	1 375 737.65	229 388.05	其他应付款	163 888 276.68	56 688 659.91
其他流动资产			一年内到期的非流动负债	8 804 265.90	9 831 274.09
			其他流动负债		
流动资产合计	1 085 834 844.58	1 328 772 707.72	流动负债合计	845 581 502.06	1 041 244 658.90
非流动资产：			非流动负债：		
债权投资			长期借款	3 000 000.00	100 000 000.00
其他债权投资			应付债券		
投资性房地产					
长期股权投资	10 764 577.89	36 518 440.02	长期应付款		

续表

项目	年初数	年末数	项目	年初数	年末数
其他权益工具投资			预计负债		
固定资产	352 214 300.92	394 877 437.29	递延所得税负债		
在建工程	293 125.00	564 670.00	其他非流动负债		
无形资产		12 147.62	非流动负债合计	3 000 000.00	100 000 000.00
开发支出			负债合计	848 581 502.06	1 141 244 658.90
商誉			所有者权益:		
长期待摊费用		286 992.98	股本	400 000 000.00	400 000 000.00
递延所得税资产			资本公积	4 083 980.31	4 083 980.31
其他非流动资产			其他综合收益		
非流动资产合计	363 272 003.81	432 259 687.91	盈余公积	37 004 317.74	39 893 676.30
			未分配利润	159 437 048.28	175 810 080.12
			所有者权益合计	600 525 346.33	619 787 736.73
资产总计	1 449 106 848.39	1 761 032 395.63	负债和所有者权益合计	1 449 106 848.39	1 761 032 395.63

2. 利润表。见表 2-3。

表 2-3 利润表

编制单位:A 公司　　　　　　　　　2020 年度　　　　　　　　　单位:元

项　　目	上年实际数	本年实际数
一、营业收入	2 136 787 361.61	2 072 703 753.60
减:营业成本	1 824 980 676.81	1 883 020 887.97
税金及附加	64 477 815.64	67 920 566.03
销售费用	5 405 468.20	5 953 466.33
管理费用	72 215 354.41	98 441 996.65
财务费用(收益以"-"号填列)	-1 293 078.80	-5 437 000.80
资产减值损失		
加:公允价值变动收益(损失以"-"号填列)		
投资收益(损失以"-"号填列)	848 450.00	9 639 060.48
资产处置收益		
二、营业利润(亏损以"-"号填列)	171 849 575.40	32 442 897.90
加:营业外收入	890 675.10	655 832.04
减:营业外支出	12 524 751.79	3 521 729.94
三、利润总额(亏损总额以"-"号填列)	160 215 498.66	29 577 000.00
减:所得税费用	54 745 635.89	10 262 390.84
四、净利润(净亏损以"-"号填列)	105 469 862.77	19 314 609.16
(一)持续经营净利润	105 469 862.77	19 314 609.16
(二)终止经营净利润		
五、其他综合收益的税后净额		
(一)不能重分类进损益的其他综合收益		
(二)将重分类进损益的其他综合收益		
六、综合收益总额	105 469 862.77	19 314 609.16
七、每股收益:		
(1)基本每股收益		
(2)稀释每股收益		

3. 现金流量表。见表 2-4。

表 2-4　现金流量表

编制单位:A 公司　　　　　　　　　　2020 年度　　　　　　　　　　　　　单位:元

项　　目	行　次	金　　额
一、经营活动产生的现金流量	1	
销售商品、提供劳务收到的现金	2	1 846 903 338.65
收到的税费返还	3	2 839 054.52
收到的其他与经营活动有关的现金	4	586 828 156.44
经营活动现金流入小计	5	2 436 570 549.61
购买商品、接受劳务支付的现金	6	1 785 128 249.22
支付给职工以及为职工支付的现金	7	156 144 148.30
支付的各项税费	8	42 908 135.16
支付的其他与经营活动有关的现金	9	437 662 720.31
经营活动现金流出小计	10	2 421 843 252.99
经营活动产生的现金流量净额	11	14 727 296.62
二、投资活动产生的现金流量	12	
收回投资收到的现金	13	
取得投资收益收到的现金	14	2 130 801.14
处置固定资产、无形资产和其他长期资产收回的现金净额	15	
处置子公司及其他营业单位收到的现金净额	16	
收到的其他与投资活动有关的现金	17	
投资活动现金流入小计	18	2 130 801.14
购建固定资产、无形资产和其他长期资产支付的现金	19	92 761 976.46
投资支付的现金	20	25 753 862.13
取得子公司及其他营业单位支付的现金净额	21	
支付的其他与投资活动有关的现金	22	
投资活动现金流出小计	23	118 515 838.59
投资活动产生的现金流量净额	24	-116 385 037.45
三、筹资活动产生的现金流量	25	
吸收投资收到的现金	26	
取得借款收到的现金	27	127 300 000.00
收到的其他与筹资活动有关的现金	28	
筹资活动现金流入小计	29	127 300 000.00
偿还债务支付的现金	30	8 000 000.00

续表

项　　目	行次	金　额
分配股利、利润或偿付利息所支付的现金	31	300 000.00
支付的其他与筹资活动有关的现金	32	
筹资活动现金流出小计	33	8 300 000.00
筹资活动产生的现金流量净额	34	119 000 000.00
四、汇率变动对现金的影响	35	
五、现金及现金等价物净增加额	36	17 342 259.17
期初现金及现金等价物余额	37	87 121 780.44
期末现金及现金等价物余额	38	104 464 039.61

第二节　直接利用会计报表进行财务分析

会计报表中蕴含着丰富的财务信息，为了充分地挖掘这些信息，需要对每一张会计报表进行深入的分析。通过分析，对企业的财务管理工作做出评价。为了便于分析，在分析之前，要对企业的实际情况进行调查了解，根据调查了解的结果对会计报表进行改造和加工，以剔除会计报表中可能存在的虚假信息。在分析过程中，要利用会计报表各数据之间的钩稽关系、逻辑关系和对比关系等，联系其他会计报表的相关数据，进行总体分析；对于报表中的重要项目和异常项目还要借助会计账簿和其他资料进行深入分析。

一、资产负债表的直接分析

（一）资产负债表再加工（见表2-5）

表2-5　资产负债比较表

编制单位：A公司　　　　　　　　2020年12月31日　　　　　　　　单位：万元

项　　目	金额比较				比重比较		
	年初数	年末数	增减金额	增减%	年初%	年末%	增减%
流动资产：							
货币资金	8 712.18	10 446.40	1 734.22	19.91	6.01	5.93	-0.08
交易性金融资产							
应收票据							
应收账款	48 980.27	75 256.46	26 276.19	53.65	33.80	42.73	8.93
预付账款	11 156.32	1 637.69	-9 518.63	-85.32	7.70	0.93	-6.77

续表

项　目	金额比较				比重比较		
	年初数	年末数	增减金额	增减%	年初%	年末%	增减%
其他应收款	23 553.82	31 773.45	8 219.63	34.90	16.25	18.04	1.79
存货	16 043.32	13 740.33	−2 302.99	−14.35	11.07	7.80	−3.27
一年内到期的非流动资产	137.57	22.94	−114.63	−83.33	0.09	0.01	−0.08
其他流动资产							
流动资产合计	108 583.48	132 877.27	24 293.79	22.37	74.93	75.45	0.52
非流动资产：							
债权投资							
其他债权投资							
投资性房地产							
长期股权投资	1 076.46	3 651.84	2 575.38	239.25	0.74	2.07	1.33
其他权益工具投资							
固定资产	35 221.44	39 487.74	4 266.30	12.11	24.31	22.42	−1.88
在建工程	29.31	56.47	27.16	92.65	0.02	0.03	0.01
无形资产		1.21	1.21		0.00**	0.00**	
开发支出							
商誉							
长期待摊费用		28.70	28.70			0.02	0.02
递延所得税资产							
其他非流动资产							
非流动资产合计	36 327.21	43 225.97	6 898.76	18.99	25.07	24.55	−0.52
资产总计	144 910.69	176 103.24	31 192.55	21.53	100.00	100.00	0.00
流动负债：							
短期借款	800.00	3 000.00	2 200.00	275.00	0.55	1.70	1.15
交易性金融负债							
应付票据							
应付账款	51 679.34	67 287.32	15 607.98	30.20	35.66	38.21	2.55
预收账款	7 916.12	18 374.76	10 458.64	132.12	5.46	10.43	4.97
应付职工薪酬	4 626.14	4 838.51	212.37	4.59	3.19	2.75	−0.44
应交税费	2 267.30	3 971.87	1 704.57	75.18	1.56	2.26	0.69
应付利息							
应付股利							

续表

项 目	金额比较				比重比较		
	年初数	年末数	增减金额	增减%	年初%	年末%	增减%
其他应付款	16 388.83	5 668.87	-10 719.96	-65.41	11.31	3.22	-8.09
一年内到期的非流动负债	880.43	983.13	102.70	11.66	0.61	0.56	-0.05
其他流动负债							
流动负债合计	84 558.16	104 124.46	19 566.30	23.14	58.35	59.13	0.78
非流动负债:							
长期借款	300.00	10 000.00	9 700.00	3 233.33	0.21	5.68	5.47
应付债券							
长期应付款							
预计负债							
递延所得税负债							
其他非流动负债							
非流动负债合计	300.00	10 000.00	9 700.00	3 233.33	0.21	5.68	5.47
负债合计	84 858.16	114 124.46	29 266.30	34.49	58.56	64.81	6.25
所有者权益:							
股本	40 000.00	40 000.00	0.00	0.00	27.60	22.71	-4.89
资本公积	408.40	408.40	0.00	0.00	0.28	0.23	-0.05
其他综合收益							
盈余公积	3 700.43	3 989.37	288.94	7.81	2.55	2.27	-0.29
未分配利润	15 943.70	17 581.01	1 637.31	10.27	11.00	9.98	-1.02
所有者权益合计	60 052.53	61 978.77	1 926.24	3.21	41.44	35.19	-6.25
负债和所有者权益合计	144 910.69	176 103.24	31 192.55	21.53	100.00	100.00	0.00

* 为便于分析,以万元为金额单位,下同。

** 因金额太小,比重近似于零,忽略不计。

(二)资产负债表分析

由于受资料的限制,这里只能对资产负债表做简单的分析。

1. 资金来源分析。从资金来源来看,2020年资金来源共计增加了31 192.55万元,其中:负债增加了29 266.32万元,占93.82%;所有者权益增加了1 926.25万元,占6.18%。表明资产规模的扩大主要是通过增加负债实现的。

在增加的29 266.32万元负债中,流动负债为19 566.30万元,占66.86%;非流动负债为9 700.00万元,占33.14%。这说明公司主要是通过增加流动负债筹集债务资金的,这种筹资政策会提高公司的偿债压力。

从流动负债各项目来看,其他应付款减少了10 719.96万元,表明2020年度公司面临很大的偿债压力;但是,应付账款增加了15 607.98万元,预收账款增加了10 458.64万元,两项合计增加了26 066.62万元,不仅弥补了因偿还其他应付款而减少的10 719.96万元资金,还富余15 346.66万元,占流动负债全部增加额19 566.30万元的78.43%,表明公司在2020年度主要依靠应付账款和预收账款清偿了10 719.96万元的其他应付款,还扩大了债务资金来源的规模。由于应付账款和预收账款没有筹资成本,因此这种筹资政策能够降低企业的债务筹资成本。

在增加的1 926.25万元所有者权益中,盈余公积为288.94万元,未分配利润为1 637.31万元,由于这两项都来源于当年实现的净利润,因此表明利润积累是当年所有者权益增加的唯一途径。但是,由于所有者权益只增加了1 926.25万元,在整个资金来源增加额中只占6.17%,又说明公司的利润积累力度不大或盈利能力较弱。

综上所述,可以看出,在2020年,该公司采取了以利用商业信用筹措无成本、低风险的短期债务资金为主,其他筹资手段为辅的筹资政策,筹措了大量的资金,不仅满足了清偿到期债务对资金的需要,而且满足了扩大资产规模对资金的需要。

2. 资产分析。从资产总额来看,2020年年初公司的资产总额为144 910.69万元,年末为176 103.24万元,年末比年初增加31 192.55万元,增长21.53%,表明2020年度公司的资产规模迅速扩大。

在增加的31 192.55万元资产中,流动资产为24 293.79万元,占77.88%,非流动资产为6 898.76万元,占22.12%,说明增加的资金来源主要配置于流动资产。

从流动资产各项目的变动情况来看,应收账款增加了26 276.19万元,可以说,增加的流动资产24 293.79万元全部被用于应收账款。由于应收账款是被其他企业无偿占用的债权类流动资产,有可能因收不回来而形成坏账,因此资产的风险性增大。

从非流动资产各项目的变动情况来看,长期投资增加了2 575.38万元,在整个资产增长额中占8.26%;固定资产增加了4 293.46万元,在整个资产增长额中占13.76%;无形资产及其他资产增加了29.91万元,在整个资产增长额中只占0.10%,可以忽略不计。由于长期投资增加很少,表明增加的资金来源主要用于生产经营。由于流动资产增加了24 293.79万元,在整个资产增长额中占77.88%,而固定资产只增加了4 293.46万元,在整个资产增长额中只占13.76%,表明公司以充分挖掘现有生产能力进行内涵式扩大再生产为主,而以新增固定资产进行外延式扩大再生产为辅。

3. 资产与资金来源的配比分析。2020年,非流动资产共计增加6 898.76万元,而非流动负债和所有者权益等长期资金来源却增加了11 626.25万元,说明增加的非流动资产全部依靠长期资金来源予以解决;剩余的长期资金来源4 727.47万元与增加的流动负债19 566.30万元共同配置于流动资产,使流动资产增加了24 293.77万元,说明公司采用了稳健的资金配置政策。

4. 2020年末财务状况分析。2020年末,资产总额为176 103.24万元,负债总额为114 124.46万元,所有者权益总额为61 978.78万元,资产负债率为64.81%,比年初的58.56%有所提高,其原因在于负债的增长速度超过所有者权益的增长速度,但仍然处于正常范围。需要注意的是,随着资产负债率的提高,未来通过债务筹集资金的规模将受到限制。

在 176 103.24 万元的资产总额中,流动资产为 132 877.27 万元,占资产总额的 75.45%,非流动资产为 43 225.97 万元,占资产总额的 24.55%,说明流动资产是财务管理的重点。

在 132 877.27 万元的流动资产中,最主要的是 75 256.46 万元的应收账款和 31 773.45 万元的其他应收款,两项合计为 107 029.91 万元,占流动资产的 80.55%,占资产总额的 60.78%。由于应收账款和其他应收款属于债权类流动资产,有可能因收不回来而形成坏账,因此属于高风险资产;另外,债权类流动资产被其他单位或个人无偿占用,没有任何回报,因此属于低收益资产。由于年初应收账款为 48 980.27 万元,其他应收款为 23 553.82 万元,两项合计为 72 534.09 万元,占流动资产的 66.80%,占资产总额的 50.05%,由此可见,债权类流动资产比年初有较大幅度的增加。这种情况使资产的风险进一步加剧,说明公司在对债权类流动资产的管理上存在问题。公司应加强对债权类流动资产的管理,一方面在不影响业务的前提下控制其发生额;另一方面加大收款力度,努力降低债权类流动资产占用的资金。

在 114 124.46 万元的负债总额中,流动负债为 104 124.46 万元,占负债总额的 91.24%,占资金来源总额的 59.13%,而非流动负债为 10 000.00 万元,占负债总额的 8.76%,占资金来源总额的 5.68%,说明流动负债是主要的资金来源。与年初相比,流动负债所占的比重有较大幅度的下降,使公司的偿债压力有所下降。

在 104 124.46 万元的流动负债中,最主要的是 67 287.32 万元的应付账款和 18 374.76 万元的预收账款,两项合计为 85 662.08 万元,占流动负债的 82.27%,占负债总额 75.06%,占资金来源总额的 48.64%,由此可见,应付账款和预收账款是主要的债务资金来源和重要的资金来源。由于应付账款和预收账款无须支付资金成本,属于无资金成本的资金来源,并且取得应付账款和预收账款时无须提供抵押或担保,到期时如果资金紧张不能及时清偿与债权人也有协商的余地,偿债压力低于银行借款,由此可见,该公司采取的是以利用商业信用筹措无成本、低风险的短期债务资金为主,其他筹资手段为辅的筹资政策。需要说明的是,从理论上说应付账款和预收账款要在一年以内偿还,公司面临较大的偿债压力,因此,应付账款和预收账款是财务管理的重点。

公司能否及时清偿到期债务取决于债务到期时公司是否拥有足够的现金,而公司是否拥有足够的现金又取决于债务即将到期时流动资产能否顺利变现,由于公司的主要流动资产是债权类流动资产,因此归根到底主要取决于债权类流动资产能否及时收回,这是公司面临的主要财务问题。

二、利润表的直接分析

(一)利润表再加工(见表 2-6)

表 2-6 利润比较表

编制单位:A 公司　　　　　　　　　　2020 年度　　　　　　　　　　单位:万元

项目	上年实际数	本年实际数	本年比上年增减	本年比上年增长(%)	占营业收入比例(%) 上年	占营业收入比例(%) 本年	占营业收入比例比较(%) 本年比上年增减	占营业收入比例比较(%) 本年比上年增长
一、营业收入	213 678.74	207 270.38	-6 408.36	-3.00	100.00	100.00	0.00	0.00
减:营业成本	182 498.07	188 302.09	5 804.02	3.18	85.41	90.85	5.44	6.37
税金及附加	6 447.78	6 792.06	344.28	5.34	3.02	3.28	0.26	8.60
销售费用	540.55	595.35	54.80	10.14	0.25	0.29	0.03	13.54
管理费用	7 221.54	9 844.20	2 622.66	36.32	3.38	4.75	1.37	40.53
财务费用(收益以"-"号填列)	-129.31	-543.70	-414.39	320.46	-0.06	-0.26	-0.20	333.47
资产减值损失								
加:公允价值变动收益(损失以"-"号填列)								
投资收益(损失以"-"号填列)	84.85	963.91	879.06	1 036.08	0.04	0.47	0.43	1 071.20
资产处置收益								
二、营业利润(亏损以"-"号填列)	17 184.96	3 244.29	-13 940.67	-81.12	8.04	1.57	-6.48	-80.54
加:营业外收入	89.07	65.58	-23.48	-26.37	0.04	0.03	-0.01	-24.09
减:营业外支出	1 252.48	352.17	-900.30	-71.88	0.59	0.17	-0.42	-71.01
三、利润总额(亏损总额以"-"号填列)	16 021.55	2 957.70	-13 063.85	-81.54	7.50	1.43	-6.07	-80.97
减:所得税费用	5 474.56	1 026.24	-4 448.32	-81.25	2.56	0.50	-2.07	-80.67
四、净利润(净亏损以"-"号填列)	10 546.99	1 931.46	-8 615.53	-81.69	4.94	0.93	-4.00	-81.12

(二)利润表分析

由于受资料的限制,这里只能对利润表做简单的分析。

1.营业收入。上年营业收入为 213 678.74 万元,本年营业收入为 207 270.38 万元,本年比上年减少 6 408.36 万元,下降 3.00%,表明 2020 年度企业的营业规模有所萎缩。

2. 营业成本。上年营业成本占营业收入的比例为 85.41%，本年为 90.85%，本年比上年增加 5.44%，增长 6.37%。由于营业成本水平的提高必然导致营业毛利水平的下降，表明营业本身的盈利能力下降。应进一步收集资料分析营业成本占营业收入的比例提供的原因，寻求提高经营业务盈利水平的途径。

3. 税金附加。上年营业税费占营业收入的比例为 3.02%，本年为 3.28%，本年比上年增加 0.26%，增长 8.60%，表明企业的税负增加，这一结果必然导致营业利润水平下降。应进一步收集资料对税负水平的变动进行分析。

4. 销售费用、管理费用。在营业收入减少 6 408.36 万元、下降 3.00% 的情况下，销售费用反而由上年的 540.55 万元增至 595.35 万元，增加 54.80 万元，增长了 10.14%；管理费用更是由上年的 7 221.54 万元增至 9 844.20 万元，增加 2 622.66 万元，增长 36.32%。上述两项费用增长的结果必然"吃掉"大量的营业利润，导致企业盈利能力严重下降。应进一步收集资料分析两项费用增长的原因，寻求降低费用的途径。

5. 财务费用。上年财务费用为 −129.31 万元，本年为 −543.70 万元。财务费用为负数，主要是存款利息抵补贷款利息后仍有余额所致。本年财务费用绝对额比上年增加 414.39 万元，增长 320.47%，说明本年度的利息收入比上年有大幅度增加，对营业利润的增加有一定的积极作用。需要说明的是，利息收入的大幅度增加是存款大幅度增加的结果，存款的大幅度增加有可能降低资产的收益性。

6. 投资收益。本年与上年相比，投资收益增加 879.06 万元，能够使营业利润相应增加。需要注意的是，如果投资企业处于非控制地位，对其来说，投资收益属于不可控因素，对盈利能力的提高没有任何根本性的影响和实质性的帮助。

7. 营业利润。由于营业收入大幅度下降和营业成本、管理费用大幅度增加等因素的影响，营业利润由上年的 17 184.96 万元严重下降至本年的 3 244.29 万元，减少 13 940.67 万元，下降幅度高达 81.12%，企业的盈利能力严重下降。

8. 营业外收入和营业外支出。本年与上年相比，营业外收入减少 23.48 万元，营业外支出减少 900.30 万元，总的结果能够使利润总额有所增加。需要注意的是，营业外支出属于不可控因素或偶然性因素，对公司盈利能力的提高没有任何根本性的影响和实质性的帮助。

9. 利润总额。在营业利润比上年下降 81.12% 的情况下，又经营业外支出的推波助澜，使利润总额下降了 81.54%。

10. 所得税。上年利润总额为 16 021.55 万元，所得税为 5 474.56 万元，所得税占利润总额的比例为 34.17%；本年利润总额为 2 957.70 万元，所得税为 1 026.24 万元，所得税占利润总额的比例为 34.70%。所得税占利润总额比例的提高表明企业的所得税税负提高，造成这种状况的原因在于纳税调增事项的内容或金额增加。

11. 净利润。在利润总额比上年下降 81.54% 的情况下，由于所得税税负的提高，使净利润下降了 81.69%，这是结果。从营业收入净利率来看，上年为 4.94%，本年只有 0.93%，企业的综合盈利能力严重下降。

三、现金流量表的直接分析

（一）现金流量表再加工（见表2-7）

表2-7　现金流量比较表

编制单位：A公司　　　　　　　　　　　2020年度　　　　　　　　　　　单位：万元

项　　目	行次	现金流入量金额	现金流出量金额	现金净流量金额	现金流入量比重(%)	现金流出量比重(%)	现金净流量比重(%)
一、经营活动产生的现金流量	1						
销售商品、提供劳务收到的现金	2	184 690.33			71.98		
收到的税费返还	3	283.91			0.11		
收到的其他与经营活动有关的现金	4	58 682.82			22.87		
经营活动现金流入小计	5	243 657.06			94.96		
购买商品、接受劳务支付的现金	6		178 512.82			70.04	
支付给职工以及为职工支付的现金	7		15 614.41			6.13	
支付的各项税费	8		4 290.81			1.68	
支付的其他与经营活动有关的现金	9		43 766.27			17.17	
经营活动现金流出小计	10		242 184.31			95.02	
经营活动产生的现金流量净额	11			1 472.75			84.92
二、投资活动产生的现金流量	12						
收回投资收到的现金	13						
取得投资收益收到的现金	14	213.08			0.08		
处置固定资产、无形资产和其他长期资产收回的现金净额	15						
处置子公司及其他营业单位收到的现金净额	16						
收到的其他与投资活动有关的现金	17						
投资活动现金流入小计	18	213.08			0.08		
购建固定资产、无形资产和其他长期资产支付的现金	19		9 276.20			3.64	
投资支付的现金	20		2 575.39			1.01	

续表

项 目	行次	现金流入量金额	现金流出量金额	现金净流量金额	现金流入量比重(%)	现金流出量比重(%)	现金净流量比重(%)
取得子公司及其他营业单位支付的现金净额	21						
支付的其他与投资活动有关的现金	22						
投资活动现金流出小计	23		11 851.59			4.65	
投资活动产生的现金流量净额	24			−11 638.51			−671.11
三、筹资活动产生的现金流量	25						
吸收投资收到的现金	26						
取得借款收到的现金	27	12 730.00			4.96		
收到的其他与筹资活动有关的现金	28						
筹资活动现金流入小计	29	12 730.00			4.96		
偿还债务支付的现金	30		800.00			0.31	
分配股利、利润或偿付利息所支付的现金	31		30.00			0.01	
支付的其他与筹资活动有关的现金	32		0.00				
筹资活动现金流出小计	33		830.00			0.33	
筹资活动产生的现金流量净额	34			11 900.00			686.18
四、汇率变动对现金的影响	35						
五、现金及现金等价物净增加额	36	256 600.14	254 865.91	1 734.24	100.00	100.00	100.00

(二)现金流量表分析

2020年度,企业共计收入现金256 600.14万元,付出现金254 865.90万元,收支相抵,节余1 734.23万元,说明企业不会出现现金短缺之虞。

在收入的现金中,经营活动收入现金243 657.06万元,占全部现金收入的94.96%;投资活动收入现金213.08万元,占全部现金收入的0.08%;筹资活动收入现金12 730.00万元,占全部现金收入的4.96%。上述数据表明,经营活动是企业获取现金最主要的途径,筹资活动是企业获取现金的重要手段,投资活动尚不成熟。

在经营活动收入的现金中,销售商品、提供劳务收入现金184 690.33万元,占全部现金收入的71.98%,说明企业主要从事生产经营活动。

在付出的现金中,经营活动付出现金242 184.31万元,占全部现金付出的95.02%;投资活动付出现金11 851.59万元,占全部现金付出的4.65%;筹资活动付出现金830.00万元,占全部现金付出的0.33%。上述数据表明,企业获取的现金主要用于满足生产经营活动的需要,其次是扩大投资规模,最后是满足筹资活动方面的需要。

在经营活动付出的现金中,购买商品、接受劳务付出现金178 512.82万元,占全部现金付出的70.04%,同样说明企业主要从事生产经营活动。

在投资活动付出的现金中,购建固定资产、无形资产和其他长期资产付出现金9 276.20万元,占全部现金付出的3.64%,占全部投资活动付出现金的78.27%,进一步说明企业主要从事生产经营活动,并且在进一步扩大生产经营规模。

从现金净流量的角度来看,经营活动收入的现金满足自身的需要后仅节余1 472.75万元,根本无法满足扩大投资规模对现金的需要(投资活动现金净流量为－11 638.51万元),为此只能把希望寄托于筹资活动。本年度企业的筹资活动表现不俗,借入现金12 730.00万元,满足自身的需要后节余11 900.00万元,全力支撑了投资活动对现金的需要。应当指出的是,借入的资金来源几乎全部占用于长期资产,可能会给企业未来的偿债能力产生不利影响。

第三节 利用财务指标进行财务分析

财务指标是利用会计报表数据计算的比率,不同的财务指标能够从不同的角度反映企业某一方面的财务特征,对于直观地了解和评价企业的财务状况和经营成果有着极其重要的作用。由于财务指标摆脱了会计报表具体数据的影响,一方面使不同企业之间的对比分析成为现实,另一方面有助于更多的人了解有关企业财务的基本情况,因此,财务指标的计算与分析是整个财务分析不可或缺的重要一环。财务指标主要包括偿债能力指标、资产管理能力指标和盈利能力指标,分别反映企业的偿债能力、资产管理能力和盈利能力。

一、偿债能力指标与偿债能力分析

偿债能力是指企业清偿各种债务的能力。对企业来说,偿债能力至关重要,如果企业因偿债能力低下而不能及时清偿到期债务,有可能影响企业的生存。因此,为了生存与发展,企业必须保持良好的偿债能力。

偿债能力分析就是采用一定的方法对企业的偿债能力做出评价。除了通过资产负债表直接进行分析外,最常用的方法是通过计算一系列偿债能力指标进行分析。

现将常用的偿债能力指标分述如下。

(一)流动比率

在全部负债中,真正能够给企业形成偿债压力的负债是一年内需要清偿的流动负债,而可用于清偿流动负债的资产主要是能够在一年内变现的流动资产。反映企业在某一特定时点上以流动资产清偿流动负债的短期能力的指标叫作流动比率,其计算公式为:

$$流动比率 = 流动资产 \div 流动负债$$

一般来说,该指标越高,短期偿债能力越强;反之,越弱。

需要说明的是,流动资产主要是企业为了从事生产经营活动购买材料和商品、支付工资和费用等预备的,而不是专门为了清偿流动负债而准备的,如果以流动资产清偿流动负债后所剩无几,必然影响企业正常的生产经营活动,为了给企业的生产经营活动准备必要的流动资金,一般要求流动比率必须大于1,比如制造业一般要求最低的流动比率为2,理由是在制造业的流动资产中变现能力最差的存货约占整个流动资产的一半,存货以外的流动性较大的流动资产至少要等于流动负债,才能维持最低的短期偿债能力,但这个观点无法从理论上予以证明。需要注意的是,不存在统一、标准的流动比率数值。不同行业的流动比率,通常有明显差别。

根据A公司2020年12月31日资产负债表计算的流动比率见表2-8。

表2-8

项 目	行 次	年初数	年末数	增减金额	增减%
流动资产(万元)	1	108 583.48	132 877.27	24 293.79	22.37
流动负债(万元)	2	84 558.16	104 124.46	19 566.30	23.14
流动比率	3 = 1÷2	1.284	1.276	-0.008	-0.62

根据计算结果,年末与年初相比,流动比率稍有下降,表明从流动资产角度考察的企业的短期偿债能力基本上没有变化。

(二)速动比率

流动比率所反映的是全部流动资产对全部流动负债的清偿能力。由于存货和预付账款等流动资产短期内难以变现,从而使得流动比率所反映的短期偿债能力有可能被夸大。为此需从全部流动资产中剔除存货和预付账款等项目,重新计算反映短期偿债能力的指标。由于流动资产剔除存货和预付账款等项目后的余额称作速动资产,因而该比率就叫作速动比率,其计算公式为:

$$速动比率 = 速动资产 \div 流动负债$$

该指标越高,短期偿债能力越强;反之,越弱。

一般要求最低的速动比率为1,低于1则短期偿债能力偏低。与流动比率一样,这个结论无法从理论上予以证明。与流动比率一样,不同行业的速动比率差别很大。

根据A公司2020年12月31日资产负债表计算的速动比率见表2-9。

表2-9

项 目	行 次	年初数	年末数	增减金额	增减%
流动资产(万元)	1	108 583.48	132 877.27	24 293.79	22.37
减:存货(万元)	2	16 043.32	13 740.33	-2 302.99	-14.35
减:待摊费用(万元)	3	137.57	22.94	-114.63	-83.33
速动资产(万元)	4 = 1-2-3	92 402.59	119 114.00	26 711.41	28.91
流动负债(万元)	5	84 558.16	104 124.46	19 566.30	23.14
速动比率(%)	6 = 4÷5	1.09	1.14	0.05	4.59

根据计算结果,年末与年初相比,速动比率增加了 0.05,表明从速动资产角度考察的企业的短期偿债能力有所提高,原因是速动资产的增长速度大于流动负债的增长速度。

(三)现金比率

清偿债务最终要靠现金。为了反映企业在某一特定时点上所掌握的现金清偿流动负债的能力,需要计算现金比率,其计算公式为:

$$现金比率 = 货币资金 \div 流动负债$$

该指标越高,短期偿债能力越强;反之,越弱。

根据 A 公司 2020 年 12 月 31 日资产负债表计算的现金比率见表 2-10。

表 2-10

项 目	行 次	年初数	年末数	增减金额	增减%
货币资金(万元)	1	8 712.18	10 446.40	1 734.23	19.91
流动负债(万元)	2	84 558.16	104 124.46	19 566.30	23.14
现金比率	3 = 1 ÷ 2	0.103	0.100	-0.003	-2.91

根据计算结果,年末与年初相比,现金比率基本上没有变化,表明从现金角度考察的企业的短期偿债能力大致维持原有状态。

需要说明的是,偿债能力指标的高低,只能在一定程度上反映企业清偿债务的可能性大小,与实际能否清偿到期债务是两回事。企业能否及时清偿到期债务,关键取决于企业对即将到期债务的监控力度和现金调度能力。

(四)资产负债率

资产负债率是企业负债总额与资产总额的比率,也称为负债比率或举债经营比率,计算公式为:

$$资产负债率 = 负债总额 \div 资产总额$$

从形式上看,该指标反映了在某一特定时点上企业的全部资产中有多少资产是通过负债方式取得的,但从本质上看,它反映了在某一特定时点上企业有多少资产可用于清偿全部债务,因为当企业的全部债务同时需要清偿的时候,企业必须将全部资产首先用于清偿全部债务,清偿完毕后如果还有剩余资产,才能向股权投资者分配,由此可见,资产负债率实际上体现了企业的总体偿债能力。一般来说,该指标越低,总体偿债能力越强;反之,越弱。

关于资产负债率的评价,站在不同的角度,能够得出不同的结论。

企业的债权人希望资产负债率越低越好。资产负债率低,表明企业的资产主要是依靠股东提供的权益资金形成的,债权人投入的资金不多,权益资金对债务资金的保障程度高,万一企业经营失败,企业的全部资产足以清偿全部债务,债务资金的安全性高;反过来,如果资产负债率高,表明企业的资产主要是依靠债权人提供的债权资金形成的,万一企业经营失败,企业的全部资产可能不足以清偿全部债务,必然给债权人造成损失。

企业的股东希望资产负债率越高越好。资产负债率高,表明企业的资产主要是依靠债权人提供的债权资金形成的,股东投入的资金不多,企业如果经营成功,只需向债权人支付一定的利息,而全部净利润均归股东所有,使股东获得巨大的财务杠杆收益;如果经营失败,股东蒙受的最大损失不过是投资而已,至于企业的全部资产能否清偿全部债务,是否会给债权人造成损失,就与股东无关了。

企业的经营者对资产负债率的态度取决于多种因素,包括筹资需求、股东压力、盈利水平、资产管理水平和经营前景等。例如,需要进行债务筹资时,希望资产负债率低一些,以便债权人能够承受;受到股东压力时,希望资产负债率高一些,以便充分利用债务资金的杠杆作用。

根据 A 公司 2020 年 12 月 31 日资产负债表计算的资产负债率见表 2 - 11。

表 2 - 11

项 目	行 次	年初数	年末数	增减金额	增减%
资产总额(万元)	1	144 910.69	176 103.24	31 192.55	21.53
负债总额(万元)	2	84 858.16	114 124.46	29 266.30	34.49
资产负债率(%)	3 = 2 ÷ 1	58.56	64.81	6.25	10.70

根据计算结果,年末与年初相比,资产负债率增加了 6.25%,表明企业的总体偿债能力下降。造成这种状况的原因在于负债的增长速度超过资产的增长速度。但是,这种状况又说明企业利用债务资金杠杆作用的水平有所提高,有其积极的一面。

(五)利息保障倍数

对于负债,债权人只要求获取利息,利息以外的利润债权人无权获得,因而也不关心,只要让债权人确信企业的盈利能力足以保证其收回利息即可。因此,可以通过计算利息保障倍数(又叫作已获利息倍数)来反映企业的盈利能力是否足以偿付全部利息。利息保障倍数的计算公式为:

利息保障倍数 = 息税前利润 ÷ 利息费用 = (净利润 + 利息费用 + 所得税费用) ÷ 利息费用

式中,分子的"利息费用"是指计入本期利润表中财务费用的利息费用;分母的"利息费用"是指本期的全部应付利息,不仅包括计入利润表中财务费用的利息费用,还包括计入资产负债表固定资产等成本的资本化利息。

利息保障倍数表明企业实现的息税前利润是应付利息费用的多少倍,反映了企业的盈利能力对偿付利息费用的保障程度。该指标至少应大于 1,偿付利息费用就有保障;如果该指标小于 1,就表明企业的息税前利润不足以偿付利息费用,或者说,偿付利息费用缺乏必要的盈利保证。

根据 A 公司 2020 年度利润表计算的利息保障倍数见表 2 - 12。

根据计算结果,本年与上年相比,利息费用大幅度增长了 1 490.39%,息税前利润却减少了77.26%,导致利息保障倍数大幅度下降,表明企业的盈利能力对偿付利息费用的保障程度严重下降。但是,由于利息保障倍数大于1,偿付利息费用有足够的保障。

表 2-12

项 目	行 次	上年数	本年数	增减数	增减%
利息费用*(万元)	1	43.70	695.00	651.30	1 490.39
利润总额(万元)	2	16 021.55	2 957.70	-13 063.85	-81.54
息税前利润(万元)	3 = 1 + 2	16 065.25	3 652.70	-12 412.55	-77.26
利息保障倍数(倍)	4 = 3 ÷ 1	367.63	5.26	-362.37	-98.57

* 非会计报表数据,系另行提供。

二、资产管理能力指标与资产管理能力分析

企业筹措的资金,最初主要表现为现金,在生产经营活动中,不断地变换表现形态,但最终还要回归现金,这就是资金的运动过程,它既是现金的回收过程,又是利润的创造过程。作为前者,它影响着企业的偿债能力;作为后者,它影响着企业的盈利能力。资金运动速度的快慢,取决于企业管理资产能力的高低。为了考察这种能力,需要计算能够反映各类资产变现速度的指标,这类指标一般叫作资产管理能力指标。

现将常用的资产管理能力指标分述如下。

(一)总资产周转次数和总资产周转天数

总资产的周转速度能够反映企业管理全部资产的总体水平。总资产的周转速度可以通过总资产周转次数和总资产周转天数来反映。

总资产周转次数的一般计算公式为:

$$总资产周转次数 = 营业收入 ÷ 总资产平均余额$$

上式中,总资产平均余额一般取年初资产总额与年末资产总额之和的一半。

总资产周转次数表明平均每1元资产本年度周转了多少次,形成了多少元的营业收入。该指标越大,说明企业对全部资产的利用程度越高,资产总体变现速度越快,企业总体资产管理能力越强;反之,该指标越小,说明企业对全部资产的利用程度越低,资产总体变现速度越慢,企业总体资产管理能力越低。

总资产周转天数是根据总资产周转次数计算的,其一般计算公式为:

$$总资产周转天数 = 360 ÷ 总资产周转次数$$

总资产周转天数表明全部资产每周转一次需要多少天,即从投入现金开始直到重新收回现金总共需要的天数。该指标着重反映了总资产的变现速度,进而反映了企业的资产管理能力。总资产周转天数越短,说明资产总体变现速度越快,企业总体资产管理能力越强;反之,总资产周转天数越长,说明资产总体变现速度越慢,企业总体资产管理能力越低。

根据 A 公司 2020 年 12 月 31 日资产负债表和 2020 年度利润表计算的总资产周转次数和总资产周转天数见表 2–13。

表 2–13

项　目	行　次	上年数	本年数	增减数	增减%
营业收入(万元)	1	213 678.74	207 270.38	-6 408.36	-3.00
年初资产总额(万元)	2	168 260.46*	144 910.68	—	—
年末资产总额(万元)	3	144 910.68	176 103.24	—	—
平均资产总额(万元)	4 =(2 + 3)÷2	156 585.57	160 506.96	3 921.39	2.50
总资产周转次数(次)	5 = 1 ÷ 4	1.36	1.29	-0.07	-5.37
总资产周转天数(天)	6 = 360 天÷5	263.81	278.78	14.97	5.67

* 该数据取自 2019 年 12 月 31 日的资产负债表。

根据计算结果，本年与上年相比，在总资产增长 25.04% 的同时营业收入反而减少 3.00%，导致总资产周转速度下降，足以说明资产的利用程度降低，企业的总体资产管理水平下降。

(二)流动资产周转次数和流动资产周转天数

企业的总资产是由流动资产和固定资产等各种资产构成的，其周转速度是各种资产周转速度的综合结果。由于在各种资产中流动资产的周转速度最快，直接关系到企业的偿债能力，因此必须重点考察流动资产的周转速度。

流动资产的周转速度能够反映企业管理流动资产的水平。流动资产的周转速度可以通过流动资产周转次数和流动资产周转天数来反映。

流动资产周转次数的一般计算公式为：

$$流动资产周转次数 = 营业收入 \div 流动资产平均余额$$

上式中，流动资产平均余额一般取年初流动资产与年末流动资产之和的一半。

流动资产周转次数表明平均每 1 元流动资产本年度周转了多少次，形成了多少元的营业收入。该指标越大，说明企业对流动资产的利用程度越高，流动资产变现速度越快，企业的流动资产管理能力越强；反之，该指标越小，说明企业对流动资产的利用程度越低，流动资产变现速度越慢，企业的流动资产管理能力越低。

流动资产周转天数是根据流动资产周转次数计算的，其一般计算公式为：

$$流动资产周转天数 = 360 \div 流动资产周转次数$$

流动资产周转天数表明流动资产每周转一次需要多少天，即从投入现金开始直到重新收回现金总共需要的天数。该指标着重反映了流动资产的变现速度，进而反映了企业的流动资产管理能力。流动资产周转天数越短，说明流动资产变现速度越快，企业的流动资产管理能力越强；反之，流动资产周转天数越长，说明流动资产变现速度越慢，企业的流动资产管理能力越低。

根据 A 公司 2020 年 12 月 31 日资产负债表和 2020 年度利润表计算的流动资产周转次数和流动资产周转天数见表 2-14。

表 2-14

项　目	行　次	上年数	本年数	增减数	增减%
营业收入(万元)	1	213 678.74	207 270.38	-6 408.36	-3.00
年初流动资产(万元)	2	131 219.51*	108 583.48	—	—
年末流动资产(万元)	3	108 583.48	132 877.27	—	—
平均流动资产(万元)	4=(2+3)÷2	119 901.50	120 730.38	828.88	0.69
流动资产周转次数(次)	5=1÷4	1.78	1.72	-0.07	-3.67
流动资产周转天数(天)	6=360 天÷5	202.01	209.69	7.69	3.80

* 该数据取自 2019 年 12 月 31 日的资产负债表。

根据计算结果,本年与上年相比,在流动资产增长 0.69% 的同时营业收入反而减少 3.00%,导致流动资产周转速度下降,说明流动资产的利用程度降低,企业的流动资产管理水平下降。

流动资产的利用程度降低,必然造成流动资产相对浪费。我们可以通过下式计算流动资产相对浪费额:

流动资产相对浪费额
= 本年流动资产平均余额 - 本年营业收入÷上年流动资产周转次数
= 120 730.38 - 207 270.38÷1.78
= 4 286.34(万元)

计算结果表明,由于本年流动资产周转次数比上年减少 0.07 次,企业必须平均多投入 4 286.34 万元的流动资产才能满足实现 207 270.38 万元营业收入的需要,足以说明流动资产利用效率下降的程度。

(三)应收账款周转次数和应收账款周转天数

企业的流动资产由多项具体资产构成,其周转速度是各项具体资产周转速度的综合结果。由于在流动资产中应收账款占有较大比重,其周转速度对流动资产周转速度有着重要影响,因此需要单独考察应收账款的周转速度。

应收账款的周转速度能够反映企业应收账款的管理水平。应收账款的周转速度可以通过应收账款周转次数和应收账款周转天数来反映。

应收账款周转次数的一般计算公式为:

应收账款周转次数 = 赊销收入净额÷应收账款平均余额

上式中,在无法取得有关赊销收入净额资料的情况下,一般采用营业收入替代。应收账款平均余额一般取年初应收账款余额与年末应收账款余额之和的一半。

应收账款周转次数表明平均每 1 元应收账款本年度周转了多少次,形成了多少元的赊销收入。该指标越大,说明企业对应收账款所占用资金的利用程度越高,应收账款回收速度越快,企业的应收账款管理能力越强;反之,该指标越小,说明企业对应收账款所占用资金的利用程度越低,应收账款回收速度越慢,企业的应收账款管理能力越低。

应收账款周转天数是根据应收账款周转次数计算的,其一般计算公式为:

$$应收账款周转天数 = 360 \div 应收账款周转次数$$

应收账款周转天数表明应收账款每周转一次需要多少天,即从应收账款形成开始直到收回现金总共需要的天数。该指标着重反映了应收账款的回收速度,进而反映了企业的应收账款管理能力。应收账款周转天数越短,说明应收账款回收速度越快,企业的应收账款管理能力越强;反之,应收账款周转天数越长,说明应收账款回收速度越慢,企业的应收账款管理能力越低。

根据 A 公司 2020 年 12 月 31 日资产负债表和 2020 年度利润表计算的应收账款周转次数和应收账款周转天数见表 2-15。

表 2-15

项 目	行 次	上年数	本年数	增减数	增减%
营业收入(万元)	1	213 678.74	207 270.38	-6 408.36	-3.00
年初应收账款余额(万元)	2	88 455.90*	48 980.27	—	—
年末应收账款余额(万元)	3	48 980.27	75 256.46	—	—
应收账款平均余额(万元)	4=(2+3)÷2	68 718.09	62 118.37	-6 599.72	-9.60
应收账款周转次数(次)	5=1÷4	3.11	3.34	0.23	7.40
应收账款周转天数(天)	6=360 天÷5	115.76	107.78	-7.98	-6.89

* 该数据取自 2019 年 12 月 31 日的资产负债表。

根据计算结果,本年与上年相比,虽然营业收入减少了 3.00%,但应收账款平均余额减少得更多,为 9.60%,导致应收账款周转速度加快,说明应收账款所占用资金利用效率的提高以及企业应收账款管理水平的提高。

(四)存货周转次数和存货周转天数

存货在流动资产中同样占有较大比重,因此也需要单独考察其周转速度。存货的周转速度能够反映企业对存货的管理水平。存货的周转速度可以通过存货周转次数和存货周转天数来反映。

存货周转次数的一般计算公式为:

$$存货周转次数 = 营业成本 \div 存货平均余额$$

上式中,存货平均余额一般取年初存货余额与年末存货余额之和的一半。

存货周转次数表明平均每 1 元存货本年度周转了多少次,形成了多少元的营业成本。该指标越大,说明企业对存货所占用资金的利用程度越高,存货变现速度越快,企业的存货管理能力越强;反之,该指标越小,说明企业对存货所占用资金的利用程度越低,存货变现速度越慢,企业的存货管理能力越低。

存货周转天数是根据存货周转次数计算的,一般计算公式为:

$$存货周转天数 = 360 \div 存货周转次数$$

存货周转天数表明存货每周转一次需要多少天，即从购买存货开始直到收回现金总共需要的天数。该指标着重反映了存货的变现速度，进而反映了企业的存货管理能力。存货周转天数越短，说明存货变现速度越快，企业的存货管理能力越强；反之，存货周转天数越长，说明存货变现速度越慢，企业的存货管理能力越低。

根据 A 公司 2020 年 12 月 31 日资产负债表和 2020 年度利润表计算的存货周转次数和存货周转天数见表 2 - 16。

表 2 - 16

项　目	行　次	上年数	本年数	增减数	增减%
营业成本(万元)	1	182 498.07	188 302.09	5 804.02	3.18
年初存货余额(万元)	2	21 301.77*	16 043.32	—	—
年末存货余额(万元)	3	16 043.32	13 740.33	—	—
存货平均余额(万元)	4 =(2 + 3)÷2	18 672.55	14 891.83	-3 780.72	-20.25
存货周转次数(次)	5 = 1 ÷ 4	9.77	12.64	2.87	29.38
存货周转天数(天)	6 = 360 天 ÷ 5	36.85	28.48	-8.37	-22.71

* 该数据取自 2019 年 12 月 31 日的资产负债表。

根据计算结果，本年与上年相比，在作为存货周转额的主营业务成本增长 3.18% 的同时，存货平均余额反而大幅度减少了 20.25%，导致存货周转速度加快，说明存货所占用资金利用效率的提高以及企业存货管理水平的提高。

存货包括原材料、在产品和产成品等。存货的周转速度取决于各项存货的周转速度。为了进一步考察存货周转速度快慢的原因，还应计算各项存货的周转速度。

原材料周转速度的计算公式如下：

$$原材料周转次数 = 生产耗用原材料成本 \div 原材料平均余额$$
$$原材料周转天数 = 360 \div 原材料周转次数$$

在产品周转速度的计算公式如下：

$$在产品周转次数 = 完工产品成本 \div 在产品平均余额$$
$$在产品周转天数 = 360 \div 在产品周转次数$$

产成品周转速度的计算公式如下：

$$产成品周转次数 = 产成品销售成本 \div 产成品平均余额$$
$$产成品周转天数 = 365 \div 产成品周转次数$$

三、盈利能力指标与盈利能力分析

盈利是企业发展的经济基础，更是偿债能力形成的经济基础，为此需要对企业的盈利能力进行分析。反映企业盈利能力的指标叫作盈利能力指标。

现将常用的盈利能力指标分述如下。

(一)总资产净利率

企业要获利,必然要有所投入。总资产就是企业在生产经营过程中投入的全部经济资源,而净利润则是企业运用全部资产所获得的最终回报,可以通过总资产净利率反映企业投入资产的总体盈利能力。其计算公式如下:

$$总资产净利率 = 净利润 \div 总资产平均余额$$

总资产净利率表明企业每占用 1 元的资产平均能获得多少元的净利润。该指标越大,表明总资产的利用效果越好,企业的盈利能力越强;反之,该指标小,表明总资产的利用效果越差,企业的盈利能力越弱。

根据 A 公司 2020 年 12 月 31 日资产负债表和 2020 年度利润表计算的总资产净利率见表 2-17。

根据计算结果,本年与上年相比,在总资产增长 25.04% 的同时净利润反而减少了 81.69%,导致总资产净利率大幅度下降,说明企业投入的全部资产盈利能力严重下降。

表 2-17

项 目	行 次	上年数	本年数	增减数	增减%
净利润(万元)	1	10 546.99	1 931.46	-8 615.53	-81.69
年初资产总额(万元)	2	168 260.46*	144 910.69	—	—
年末资产总额(万元)	3	144 910.68	176 103.24	—	—
平均资产总额(万元)	4 = (2 + 3) ÷ 2	156 585.58	160 506.96	3 921.38	25.04
总资产净利率(%)	5 = 1 ÷ 4	6.74	1.20	-5.54	-82.20

* 该数据取自 2019 年 12 月 31 日的资产负债表。

(二)成本费用净利率

成本费用是企业投入的总资产在生产经营过程中所发生的各种耗费,耗费的最终结果使企业获得净利润,可以通过成本费用净利率反映这些耗费的盈利能力。其计算公式如下:

$$成本费用净利率 = 净利润 \div 成本费用总额$$

成本费用净利率表明企业每 1 元的耗费平均能获得多少元的净利润。该指标越大,表明耗费所取得的经济效益越多,企业的盈利能力越强;反之,该指标小,表明耗费所取得的经济效益越少,企业的盈利能力越弱。

根据 A 公司 2020 年度利润表计算的成本费用净利率见表 2-18。

表 2-18

项 目	行 次	上年数	本年数	增减数	增减%
净利润(万元)	1	10 546.99	1 931.46	-8 615.53	-81.69
营业成本(万元)	2	182 498.07	188 302.09	5 804.02	3.18

续表

项　目	行　次	上年数	本年数	增减数	增减%
营业税费	3	6 447.78	6 792.06	344.28	5.34
销售费用(万元)	4	540.55	595.35	54.80	10.14
管理费用(万元)	5	7 221.54	9 844.20	2 622.66	36.32
财务费用(万元)	6	-129.31	-543.7	-414.39	320.46
所得税(万元)	7	5 474.56	1 026.24	-4 448.32	-81.25
成本费用总额(万元)	8 = 2 + 3 + 4 + 5 + 6 + 7	202 053.19	206 016.24	3 963.05	1.96
成本费用净利率(%)	9 = 1 ÷ 8	0.05	0.01	-0.04	-80.00

根据计算结果,本年与上年相比,成本费用增加了1.96%,净利润却减少了82.04%,导致成本费用净利率大幅度下降,说明企业耗费的盈利能力严重下降。

(三)营业毛利率

企业的投入将获得产出,产出就是各项收入。各项收入弥补各项消耗后形成利润。为了反映各项收入的盈利能力,需要计算各项收入的利润率。由于经营业务是企业取得收入最主要的渠道,因此应着重考察经营业务的盈利能力。

经营业务的直接结果是取得营业收入,营业收入弥补营业成本后形成毛利,换句话说,毛利是售价与进价(或生产成本)之间的差额。毛利水平的高低,反映了企业所经营的产品本身的盈利能力。为了考察这种能力,需要计算营业毛利率,其计算公式如下:

$$营业毛利率 = 毛利 \div 营业收入$$
$$毛利 = 营业收入 - 营业成本$$

毛利率表明企业每取得1元的营业收入平均能获得多少元的毛利。该指标越大,说明企业所经营的产品本身的盈利能力越强,给净利润的形成留下的空间越大;反之,该指标小,说明企业所经营的产品本身的盈利能力越弱,给净利润的形成留下的空间越小。

根据A公司2020年度利润表计算的营业毛利率见表2-19。

表2-19

项　目	行　次	上年数	本年数	增减数	增减%
营业收入(万元)	1	213 678.74	207 270.38	-6 408.36	-3.00
营业成本(万元)	2	182 498.07	188 302.09	5 804.02	3.18
毛利(万元)	3 = 1 - 2	31 180.67	18 968.29	-12 212.38	-39.17
营业毛利率(%)	4 = 3 ÷ 1	14.59	9.15	-5.44	-37.29

根据计算结果,本年与上年相比,在营业收入减少了 3.00% 的情况下,营业成本反而增长了 3.18%,结果导致营业毛利额大幅度减少,营业毛利率大幅度下降,企业所经营的产品本身的盈利能力严重下降,这将大大缩小净利润形成的空间。

(四)营业净利率

企业取得的营业收入与其他收益一起,抵补全部成本、费用、支出和损失后,形成企业全部经营活动的最终成果——净利润。尽管营业收入不是净利润形成的唯一途径,但在多数情况下是主要途径。为了考察营业收入获取净利润的综合盈利能力,需要计算营业净利率,计算公式如下:

$$营业净利率 = 净利润 \div 营业收入$$

营业净利率表明企业每取得 1 元的营业收入平均能获得多少元的净利润。该指标越大,说明企业的综合盈利能力越强;反之,该指标小,说明企业的综合盈利能力越弱。

根据 A 公司 2020 年度利润表计算的销售净利率见表 2-20。

表 2-20

项 目	行 次	上年数	本年数	增减数	增减%
营业收入(万元)	1	213 678.74	207 270.38	-6 408.36	-3.00
净利润(万元)	2	10 546.99	1 931.46	-8 615.53	-81.69
营业净利率(%)	3 = 2÷1	4.94	0.93	-4.0	-81.17

根据计算结果,本年与上年相比,营业收入减少了 3.00%,净利润却大幅度减少了 81.69%,结果导致销售净利率大幅度下降,企业的综合盈利能力严重下降。

(五)权益净利率

所有者权益是股东的全部投资,包括直接投入的资本和以利润积累的方式间接投入的资金。净利润是企业运用股东的全部投资获得的最终回报。为了考察股东全部投资的盈利能力,需要计算权益净利率,其计算公式为:

$$权益净利率 = 净利润 \div 所有者权益平均余额$$

上式中,所有者权益平均余额一般取年初所有者权益余额与年末所有者权益余额之和的一半。

权益净利率表明企业每使用 1 元的股东全部投资能够获取多少元的净利润,一方面反映了股东全部投资所获得的回报水平,另一方面反映了企业对股东全部投资的利用效果,反映了企业使用股东全部投资的盈利能力。该指标越大,表明股东全部投资获得的回报水平越高,企业对股东全部投资的利用效果越大,企业使用股东全部投资的盈利能力越强;反之,该指标越小,表明股东全部投资获得的回报水平越低,企业对股东全部投资的利用效果越小,企业使用股东全部投资的盈利能力越弱。

根据 A 公司 2020 年 12 月 31 日资产负债表和 2020 年度利润表计算的权益净利率见表 2-21。

表 2-21

项 目	行 次	上年数	本年数	增减数	增减%
净利润(万元)	1	10 546.99	1 931.46	-8 615.53	-81.69
年初所有者权益(万元)	2	57 055.26*	60 052.53	—	—
年末所有者权益(万元)	3	60 052.53	61 978.77	—	—
所有者权益平均余额(万元)	4=(2+3)÷2	58 553.90	61 015.65	2 461.75	4.20
权益净利率(%)	5=1÷4	18.01	3.17	-14.84	-82.40

* 该数据取自上年末的资产负债表。

根据计算结果,本年与上年相比,净利润减少了81.69%,所有者权益平均余额增长了4.20%,导致权益净利率大幅度下降,一方面表明股东全部投资获得的回报水平大幅度降低,另一方面表明企业对股东全部投资的利用效果不好,企业使用股东全部投资的盈利能力较弱。

四、财务指标的综合分析

上面分别通过偿债能力指标、盈利能力指标和资产管理能力指标对企业的偿债能力、资产管理能力和盈利能力进行了分析。由于企业的各项能力是相互影响、相互作用的,因此有必要将它们综合起来进行分析。综合分析的方法有多种,这里讲述广为应用的杜邦分析法。

股东投资举办了企业,股东是企业的主人,企业的一切人员、一切活动都是为股东服务的,股东所需要的就是最大限度地获取投资回报,而权益净利率恰好能够准确地反映股东的要求,因为所有者权益就是股东的全部投资,净利润就是企业给股东全部投资带来的最终回报。通过权益净利率,能够有效地反映股东全部投资的回报水平,反映企业为股东服务的程度,因此是诸多财务指标中最重要的指标,可以说是核心指标。美国杜邦公司很早就关注这个指标,大约在1919年创立了通过将权益净利率层层分解的方法进行深入分析,这种分析方法一般称之为杜邦分析法。下面采用杜邦分析法对A公司的权益净利率进行综合分析。

权益净利率的分解过程一般图示如图2-1所示。

权益净利率的分解过程用计算公式表达如下:

权益净利率 = 净利润÷所有者权益平均余额
= 总资产净利率×权益乘数
= 营业净利率×总资产周转次数×权益乘数
= (净利润÷营业收入)×(营业收入÷总资产平均余额)×权益乘数

上式中的净利润和总资产平均余额可根据需要进一步分解为:

净利润 = 营业收入 - 营业成本 - 营业税费 - 销售费用 -
管理费用 - 财务费用 + 投资收益 + 营业外收入 -
营业外支出 + … - 所得税总资产平均余额

= 流动资产平均余额 + 非流动资产平均余额
= （货币资金平均余额 + 应收账款平均余额 + 存货平均余额 + …） + （长期股权投资 + 固定资产平均余额 + …）

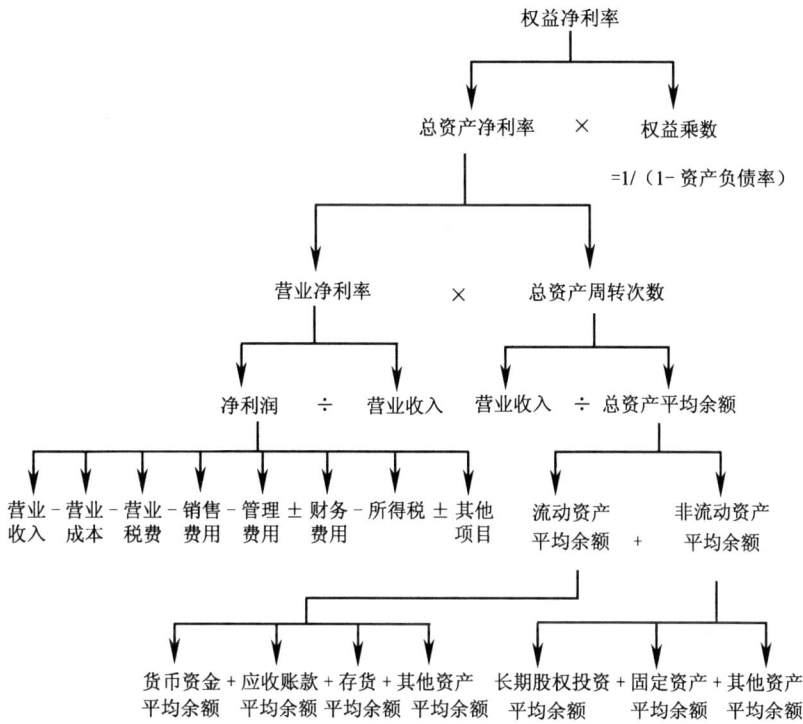

图 2-1

如有必要，上述分解过程还可以继续进行下去。

从分解过程可以看出，权益净利率受总资产净利率和权益乘数的影响，与总资产净利率成正比，与权益乘数成正比。通过提高总资产净利率和权益乘数，都能达到提高权益净利率的目的。

权益乘数反映所有者权益同企业总资产的关系，它主要受资产负债率的影响。负债比例越大，权益乘数越高。权益乘数的提高，意味着债务资金的财务杠杆作用提高。随着负债的增加，偿债压力增大，财务风险加剧，对财务工作提出了更高的要求。为了确保财务安全，必须启用素质高、能力强的财务管理人员。

总资产净利率反映了企业运用全部资产的盈利能力，总资产净利率的提高，意味着企业的盈利能力的提高。怎样才能提高总资产净利率呢？从分解过程可以看出，总资产净利率受销售净利率和总资产周转次数的影响，与销售净利率和总资产周转次数均成正比。通过提高销售净利率和总资产周转次数，都能提高总资产净利率，从而达到提高权益净利率的目的。

总资产周转次数反映了企业对全部资产的利用程度，反映了企业的总体资产管理能力。由于总资产是由各项具体资产构成的,因此需要对资产实行全面管理,而要做到这一点,必须启用素质高、能力强的经营管理人员。

营业净利率反映了企业全部经营活动最终的综合盈利能力。营业净利率的提高,意味着企业的综合盈利能力提高。由于企业取得营业收入后,要依次扣除成本、费用、所得税等项目,经过形成毛利、营业利润、利润总额等环节,才能最终形成净利润,因此,要提高营业净利率,必须努力扩大营业规模,降低各项成本费用,提高各环节利润率,精心筹划纳税行为,而这一切,都有赖于素质高、能力强的经营管理人员和财务管理人员。

杜邦分析法的可取之处在于通过对权益净利率的层层分解把经营企业所需要的人、财、物等各个要素以及提高股东回报的主要途径巧妙地融合在一起,织成一张脉络清晰的网,构成一幅画面完整的图。看清了这张"网",读懂了这幅"图",就能了解企业的一切。

下面采用因素分析法对A公司2019年和2020年的权益净利率进行分解分析。

权益净利率 = 营业净利率 × 总资产周转次数 × 权益乘数
2020年权益净利率 = 0.931 9% × 1.291 3 × 2.630 6 = 3.165 6%
2019年权益净利率 = 4.935 9% × 1.364 6 × 2.674 2 = 18.012 2%
A公司2020年比2019年权益净利率变动 = 3.165 6% − 18.012 2% = − 14.846 6%

与上年相比,权益净利率下降了,公司整体业绩不如上年。影响权益净利率变动的不利因素是营业净利率、总资产周转次数的下降和财务杠杆的下降。

利用连环替代法可以定量分析相关因素对权益净利率变动的影响程度,如下所示:
(1) 2019年权益净利率 = 4.935 9% × 1.364 6 × 2.674 2 = 18.012 2%
(2) 替代营业净利率:0.931 9% × 1.364 6 × 2.674 2 = 3.400 7%
(3) 替代总资产周转次数:0.931 9% × 1.291 3 × 2.674 2 = 3.218 0%
(4) 替代权益乘数:0.931 9% × 1.291 3 × 2.630 6 = 3.165 6%

营业净利率变动的影响 = (2) − (1) = − 14.611 5%
总资产周转次数变动的影响 = (3) − (2) = 3.22% − 3.40% = − 0.182 7%
权益乘数变动的影响 = (4) − (3) = 3.17% − 3.22% = − 0.052 4%

通过分析可知,最重要的不利因素是营业净利率降低,使权益净利率减少14.611 5%;其次是总资产周转次数降低,使权益净利率减少0.182 7%,此外权益乘数降低使权益净利率减少0.052 4%,三个因素的共同作用使得权益净利率减少14.846 6%。由此应重点关注营业净利率降低的原因。

在分解之后进入下一层次的分析,分别考察营业净利率、总资产周转次数和权益乘数的变动原因。前面对此已经做过说明,此处不再赘述。

五、上市公司特有的财务指标分析

(一)每股收益

每股收益的计算公式为:

每股收益 = 归属于普通股的净利润 ÷ 年末普通股总股数

该指标表明本年度公司为股东每一张普通股股票的投资赚取了多少元的净利润,属于盈利能力指标,它一方面反映了公司的盈利能力,一方面反映了股东直接投资的收益水平。

该指标实际上是根据股份有限公司的特点对权益净利率的另一种表达形式。"权益净利率＝净利润÷所有者权益",表明本年度公司为股东每一元的投资赚取了多少元的净利润。可见,每股收益和权益净利率实属异曲同工,每股收益指标的重要性由此可见一斑。

如果公司发行了优先股,在计算时要从净利润扣除优先股股利。

每股收益＝(净利润－优先股股利)÷发行在外普通股总股数

A 公司未发行优先股。根据 A 公司 2020 年 12 月 31 日资产负债表和 2020 年度损益表计算的每股收益见表 2－22。

表 2－22

项　目	行　次	上年数	本年数	增减数	增减%
净利润(万元)	1	10 546.99	1 931.46	－8 615.53	－81.69
年末普通股总股数(万股)	2	40 000.00	40 000.00	—	—
每股收益(元/股)	3＝1÷2	0.26	0.05	－0.21	－80.77

根据计算结果,本年与上年相比,在普通股总股数未发生变化的情况下,由于净利润大幅度减少了 81.69%,导致每股收益比上年减少了 0.21 元,下降幅度高达 80.77%,一方面表明股东直接投资获得的回报水平大幅度降低,另一方面表明企业的盈利能力严重减弱。

(二)市盈率和投资净利率

市盈率的计算公式为:

市盈率＝普通股每股市价÷每股收益

市盈率从形式上看反映了每股市价是每股收益的多少倍,由于计算市盈率所采用的每股市价是当日收盘价,是实实在在的交易价格,表明确实有投资者愿意按照该价格投资于该股票,因此从本质上看市盈率反映了投资者为了获得每 1 元的净利润所愿意支付的投资成本,进而反映了投资者对所投资股票的看好程度。市盈率越高,说明投资者对公司的未来越看好;反之,市盈率越低,说明投资者对公司的未来越不看好。

每股收益是每一张普通股股票实现的净利润;每股市价,对股票的购买者来说是投资每一张股票需要支付的现金,是股票的成本;对股票的持有者来说是为了继续持有每一张股票而放弃的现金流入,是股票的机会成本。为了更好地把握市盈率的本质,可以计算市盈率的倒数:

1÷市盈率＝每股收益÷普通股每股市价
＝投资净利率

这就是说,换一个角度来看,市盈率实际上反映了投资者所投资股票的盈利能力。市盈率越低,所投资股票的盈利能力越强,盈利水平越高;市盈率越高,所投资股票的盈利能力越弱,盈利水平越低。

市盈率越低,投资净利率越高,如果把净利润看作是投资的收回,则收回投资所需要的时间越短,因而投资风险越小;反之,投资风险越大。由此可见,市盈率也能反映股票投资的风险。

分析市盈率时需要注意以下几个问题：

第一，不同行业市盈率不同，因此不同行业公司的市盈率可比性不大。

第二，市盈率受净利润的影响，应关注净利润的真实性。

第三，市盈率受股票市价的影响，而股票市价又受到政治、经济、法律，甚至投机炒作等众多因素的影响，只有剔除偶然性因素对股票市价的影响，才能把握市盈率的真实水平。

根据有关资料计算的 A 公司的市盈率见表 2-23。

表 2-23

项 目	行 次	上年末	本年末	增减数	增减%
普通股每股市价*（元/股）	1	5.61	2.14	-3.47	-61.85
每股收益（元/股）	2	0.26	0.05	-0.21	-80.77
市盈率（倍）	3=1÷2	21.58	42.80	21.22	99.33
投资净利率（%）	4=2÷1	4.63	2.34	-2.29	-49.46

* 非会计报表数据，系另行提供。

根据计算结果，本年末与上年末相比，市盈率上升了 21.22，表明投资者对本企业的股票越来越看好；但从市盈率的倒数——投资净利率下降了 49.46% 的情况来看，股票的盈利能力大幅度降低，投资风险加剧。

（三）每股股利

每股股利的计算公式为：

$$每股股利 = 股利总额 \div 年末普通股股数$$

上式中，股利总额是指用于向普通股分配现金股利的总额。

该指标表明每一张普通股股票能够分得多少元的现金股利。该指标与每股收益的根本区别在于，每股收益反映的是每一张普通股股票的账面收益水平，而每股股利反映的是每一张普通股股票的现实收益水平。

（四）股利支付率和股利保障倍数

股利支付率的计算公式为：

$$股利支付率 = 每股股利 \div 每股收益$$

该指标表明公司从每股收益中拿出多少用于向股东分配股利。如果该指标处于较高水平，一方面表明公司拥有较为充足的货币资金，具有足够的股利支付能力；另一方面表明公司可能有意识地降低权益资金的比例，增加债务资金的杠杆作用。如果该指标处于较低水平，可能说明公司的货币资金紧张，没有足够的股利支付能力；也有可能说明公司有意识地通过内部积累的方式筹措权益资金，降低债务资金的比例，改善现有的资本结构。

该指标的倒数称为股利保障倍数，计算公式为：

$$股利保障倍数 = 每股收益 \div 每股股利$$
$$= 1 \div 股利支付率$$

该指标表明公司为每1张股票赚取的净利润足够向股东分配多少次现金股利。该指标反映了公司的盈利能力对分配现金股利的保障程度。

(五) 每股净资产

每股净资产的计算公式为：

$$每股净资产 = 年末股东权益 \div 年末普通股股数$$

该指标表明每一张股票拥有多少元的账面净资产，实际上反映了每一张股票的账面价值。

根据A公司2020年12月31日资产负债表计算的每股净资产如表2-24所示。

表2-24

项　目	行　次	上年数	本年数	增减数	增减%
年末股东权益(万元)	1	60 052.53	61 978.77	1 926.24	3.21
年末普通股总股数(万股)	2	40 000.00	40 000.00	—	—
每股净资产(元/股)	3 = 1÷2	1.50	1.55	0.05	3.33

根据计算结果，本年与上年相比，每股净资产只增加了0.05元，增长了3.33%。

(六) 市净率

市净率的计算公式为：

$$市净率 = 每股市价 \div 每股净资产$$

与市盈率相似，市净率表明投资者为了获得每1元的账面净资产所愿意支付的投资成本。

该指标首先反映了投资者对所投资的股票的看好程度。一般认为市净率越高，表明投资者对公司未来的发展前景越看好；反之，市净率越低，表明投资者对公司未来的发展前景越不看好。

其次反映了账面净资产的质量特征。一般认为，市净率大于1，表明净资产的市场价值超过账面价值，具有升值潜力；市净率等于1，表明净资产的账面价值与市场价值相吻合，账面价值是对净资产真实价值的表达；市净率小于1，表明净资产的市场价值低于账面价值，换句话说，净资产并不像账面所反映的那样值钱。

根据A公司有关资料计算的市净率见表2-25。

表2-25

项　目	行　次	上年数	本年数	增减数	增减%
普通股每股市价*(元/股)	1	5.61	2.14	-3.47	-61.85
每股净资产(元/股)	2	1.50	1.55	0.05	3.33
市净率(倍)	3 = 1÷2	3.74	1.38	-2.36	-63.10

* 非会计报表数据，系另行提供。

根据计算结果,市净率大于1,表明净资产的市场价值超过账面价值,具有升值潜力,但本年与上年相比,市净率减少2.36倍,下降63.10%,表明投资者对股票的看好程度有所降温,趋于理性。

思考题

1. 比较法可以选用的参照标准有哪些?如何选用这些参照标准?
2. 反映企业偿债能力、盈利能力与资产运营能力的指标分别有哪些?
3. 杜邦体系的核心指标是什么?其原因何在?
4. 企业财务分析有哪些局限性?

练习题

1. 某企业2020年的有关资料如表2-26所示。

表2-26　　　　　　　　　　　　　　　　　　　　　　单位:万元

资产	年初	年末	负债及所有者权益	年初	年末
流动资产			流动负债合计	220	218
货币资金	130	130			
应收账款净额	135	150	长期负债合计	290	372
存货	160	170	负债合计	510	590
流动资产合计	425	450	所有者权益合计	715	720
长期投资	100	100			
固定资产原价	1 100	1 200			
减:累计折旧	400	440			
固定资产净值	700	760			
合计	1 225	1 310	合计	1 225	1 310

2020年营业收入1 500万元,营业净利率20%。假定该企业流动资产仅包括速动资产与存货。

要求:

(1)计算该企业2020年年末的流动比率、速动比率、现金比率。

(2)计算该企业2020年年末的资产负债率、权益乘数。

(3)计算该企业2020年应收账款周转率、流动资产周转率、总资产周转率。
(4)计算该企业2020年权益净利率。

2. 已知某公司2020年会计报表的有关资料如表2-27所示。

表2-27　　　　　　　　　　　　　　　　　　　　　　　　　　单位:万元

资产负债表项目	年初数	年末数
资产	8 000	10 000
负债	4 500	6 000
所有者权益	3 500	4 000
利润表项目	上年数	本年数
主营业务收入净额	(略)	20 000
净利润	(略)	500

要求:
(1)计算杜邦财务分析体系中的下列指标(凡计算指标涉及资产负债表项目数据的,均按平均数计算):① 权益净利率;② 总资产净利率(保留三位小数);③ 营业净利率;④ 总资产周转率(保留三位小数);⑤ 权益乘数。
(2)用文字列出权益净利率与上述其他各项指标之间的关系式,并用本题数据加以验证。

3. 甲公司近年来受宏观经济形势的影响,努力加强资产负债管理,不断降低杠杆水平,力争在2020年末将资产负债率控制在55%以内。为考察降杠杆对公司财务绩效的影响,现基于杜邦分析体系,将权益净利率指标依次分解为营业净利率、总资产周转率和权益乘数三个因素,采用连环替代法予以分析。近几年甲公司有关财务指标如表2-28所示。

表2-28　　　　　　　　　　　　　　　　　　　　　　　　　　单位:万元

项目	2018年末	2019年末	2020年末	2019年度	2020年度
资产总额	6 480	6 520	6 980		
负债总额	4 080	3 720	3 780		
所有者权益总额	2 400	2 800	3 200		
营业收入				9 750	16 200
净利润				1 170	1 458

要求:
(1)计算2020年末的资产负债率,并据以判断公司是否实现了降杠杆目标。
(2)计算2019年和2020年的权益净利率(涉及的资产、负债、所有者权益均采用平均值计算)。
(3)计算2019年和2020年的权益乘数(涉及的资产、负债、所有者权益均采用平均值计算)。

(4)计算2020年与2019年权益净利率之间的差额,并利用连环替代法,计算营业净利率、总资产周转率及权益乘数的变化分别对权益净利率的影响(涉及的资产、负债、所有者权益均采用平均值计算)。

4.已知:某企业上年主营业务收入净额为6 900万元,全部资产平均余额为2 760万元,流动资产平均余额为1 104万元;本年主营业务净额为7 938万元,全部资产平均余额为2 940万元,流动资产平均余额为1 323万元。

要求:

(1)计算上年与本年的全部资产周转率(次)、流动资产周转率(次)和资产结构(流动资产占全部资产的百分比)。

(2)运用差额分析法计算流动资产周转率与资产结构变动对全部资产周转率的影响。

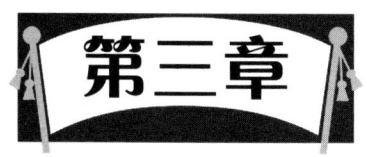

财务管理的基本观念

> **学习要点与要求**
>
> 本章主要介绍资金时间价值的概念与计算、风险与收益的概念及其度量。
>
> 通过本章教学,要求学生了解资金时间价值的概念,风险的概念与构成要素;理解资金时间价值和风险价值的含义;掌握终值与现值的含义与计算方法,年金终值与年金现值的含义与计算方法,折现率、期间和利率的推算方法,风险的类别和衡量方法,期望值、方差、标准离差和标准离差率的计算,组合风险收益的含义与计算;熟练掌握资金时间价值与风险价值在财务管理决策环节中的运用。

第一节 资金时间价值

一、资金时间价值的含义

资金时间价值是指货币经历一定时间的投资和再投资所增加的价值。通常情况下,资金时间价值相当于没有风险、没有通货膨胀的社会平均资金利润率,它是利润平均化规律发生作用的结果。例如,某企业将 10 000 元购买国债,在利率为 4% 的条件下,一年后本利和将达到 10 400 元。假定不存在通货膨胀因素,两者之间的差额 400 元就是时间价值。

资金时间价值理论的精髓在于:

第一,不同时点上的等量货币具有不同的含金量,因而不能直接比较和简单汇总。

第二,不同时点上的货币只有借助于资金时间价值换算为同一时点上的价值,才能汇总、比较和分析。

二、终值与现值的计算

终值又称将来值,是现在一定量现金在未来某一时点上的价值,俗称本利和。比如,存入银行一笔现金 1 000 元,年利率为复利 5%,经过 3 年后一次性取出本利和 1 157.63元,这 3 年后的本利和 1 157.63 元即为终值。

现值又称本金,是指未来某一时点上的一定量现金折合为现在的价值。上述 3 年后的 1 157.63 元折合为现在的价值为 1 000 元,这 1 000 元即为现值。

终值与现值的计算涉及利息计算方式的选择。目前有两种利息计算方式,即单利和复利。单利方式下,每期都按初始本金计算利息,当期利息即使不取出也不计入下期本金,计算基础不变。复利方式下,以当期末本利和为计息基础计算下期利息,即利上加利。现代财务管理中一般用复利方式计算终值与现值,因此也有人称之为复利终值和复利现值。

(一)单利的终值和现值

为便于同后面介绍的复利计算方式相比较,加深对复利的理解,这里先介绍单利的有关计算。为计算方便,先设定如下符号标志:I 为利息;P 为现值;F 为终值;i 为每一利息期的利率(折现率);n 为计算利息的期数。

按照单利的计算法则,利息的计算公式为:

$$I = P \cdot i \cdot n$$

单利终值的基本计算公式如下:

$$\begin{aligned} F &= P + I \\ &= P + P \cdot i \cdot n \\ &= P(1 + i \cdot n) \end{aligned}$$

【例 3-1】某企业将暂时不用的 20 万元存入银行,月利率为 3‰,6 个月后的本利和为:

$$200\ 000 \times (1 + 3‰ \times 6)$$
$$= 203\ 600(元)$$

单利计息方式下,现值的计算与终值的计算是互逆的,由终值计算现值的过程称为折现。单利现值的计算公式为:

$$P = F/(1 + i \cdot n)$$

【例 3-2】某人希望在 5 年末取得本利和 20 万元,用以支付一笔款项。则在利率为 5%、单利方式计算条件下,此人现在需存入银行的资金为:

$$P = 20/(1 + 5 \times 5\%)$$
$$= 16(万元)$$

(二)复利的终值和现值

复利又称复利计息,是指每经过一个计息期,要将该计息期内所生利息加入至本金中,在下一个计息期一并计算利息,也就是对利息逐期滚算,俗称"利滚利"。这里所说的计息期是指相邻两次计息的时间间隔,如年、月、日等。除非特殊说明,计息期通常指一年。

1. 复利终值计算。终值是指一定量的本金按复利计算若干期后的本利和,其计算公式如下:

$$F = P(1+i)^n$$

式中:$(1+i)^n$ 称为复利终值系数,记作 $(F/P, i, n)$,可以查表获得。

【例 3-3】某企业从银行借入 50 万元,利率为 10%,每年计息一次,5 年后的还本付息总和应是:

$$\begin{aligned}F &= 500\,000 \times (1+10\%)^5 \\ &= 500\,000 \times 1.610\,5 \\ &= 805\,250(元)\end{aligned}$$

2. 复利现值的计算。现值是指货币的现在价值,即未来某一时期一定数额的货币折合成现在的价值。现值可以用倒求本金的方法计算,即已知终值求现值,也称为贴现或折现。贴现所用的利息称作贴现率或折现率。复利现值的计算公式如下:

$$\begin{aligned}P &= \frac{F}{(1+i)^n} \\ &= F \cdot (1+i)^{-n}\end{aligned}$$

式中:$(1+i)^{-n}$ 称为复利现值系数,记作 $(P/F, i, n)$,它与复利终值系数互为倒数,可查表获得。

【例 3-4】企业拟进行某项投资,5 年后可得收益 200 万元,按年利率 10% 计算,其现值应为:

$$\begin{aligned}P &= 2\,000\,000 \times \frac{1}{(1+10\%)^5} \\ &= 2\,000\,000 \times 0.620\,9 \\ &= 1\,241\,800(元)\end{aligned}$$

(三)年金的终值与现值的计算

年金是指定期、等额的系列收付款项。例如,分期支付、直线法折旧、每月的标准薪金、每期相同的现金流量等,都是年金现象。按年金发生的时点不同,可分为普通年金、预付年金、递延年金以及永续年金等。

1. 普通年金。普通年金又称后付年金,是指各期期末收付的年金。普通年金的收付形式见图 3-1。在图 3-1 中,横线代表时间的延续,用数字标出各期的顺序号;竖线的位置表示支付的时刻,竖线下端数字表示支付的金额。

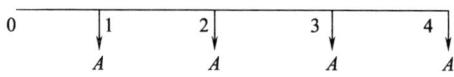

图 3-1 普通年金的收付形式

(1)普通年金终值。普通年金终值是指一定期间内每期期末等额收付款项的复利终值之和。例如按图 3-1,其第 4 期末的普通年金终值计算可见图 3-2。

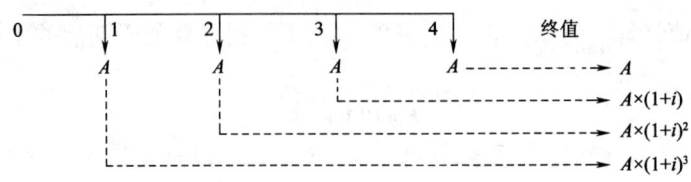

图 3－2 普通年金的终值

普通年金终值的计算公式为：

$$F = A + A(1+i) + \cdots + A(1+i)^{n-1}$$
$$= A \cdot \frac{(1+i)^n - 1}{i}$$

式中：$\frac{(1+i)^n - 1}{i}$ 称为年金系数，记作 $(F/A, i, n)$，可查表获得。

【例 3－5】每年存入银行 2 000 元，共存 30 年，年利率为 5%，到第 30 年末，本利和为多少？

$$F = 2\,000 \times \frac{(1+5\%)^{30} - 1}{5\%}$$
$$= 2\,000 \times (F/A, 5\%, 30)$$
$$= 2\,000 \times 66.438\,85$$
$$= 132\,877.70(\text{元})$$

（2）偿债基金。偿债基金是指为了偿还若干年后归还的债券，而每期必须积累固定数额的资金。偿债基金的计算是年金终值的逆运算。

$$A = F \times \frac{i}{(1+i)^n - 1}$$

式中：$\frac{i}{(1+i)^n - 1}$——称作偿债基金系数，可直接查阅"偿债基金系数表"或通过年金终值系数的倒数推算出来。

【例 3－6】预计 5 年后需要偿还 10 000 元债务，从现在起每年等额存入银行一笔款项。假设银行存款利率 10%，问每年需存入多少款项才能满足偿债的需要？

$$A = 10\,000 \times \frac{1}{(F/A, 10\%, 5)}$$
$$= 10\,000 \times \frac{1}{6.105}$$
$$= 1\,638(\text{元})$$

（3）普通年金现值。普通年金现值是指在一定期间内，每期期末收付款项的复利现值之和。普通年金的现值计算如图 3－3 所示。

普通年金现值的计算公式为：

$$P = A(1+i)^{-1} + A(1+i)^{-2} + A(1+i)^{-3} + \cdots + A(1+i)^{-n}$$
$$= A \cdot \frac{1 - (1+i)^{-n}}{i}$$

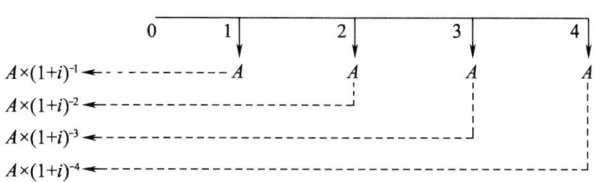

图 3-3 普通年金的现值

式中：$\frac{1-(1+i)^{-n}}{i}$ 称为年金现值系数，记作 $(P/A, i, n)$，可查表获得。

【例 3-7】预计今后 5 年中，每年年末将会产生营业现金流量 500 000 元，贴现率为 6%，其现值为多少元？

$$P = 500\ 000 \times \frac{1-(1+6\%)^{-5}}{6\%}$$
$$= 500\ 000 \times (P/A, 6\%, 5)$$
$$= 500\ 000 \times 4.212$$
$$= 2\ 106\ 000(元)$$

（4）年资本回收额。年资本回收额是指在约定年限内等额回收初始投入资本或清偿所欠债务的金额。年资本回收额的计算是年金现值的逆运算。

【例 3-8】某企业现在借得 200 000 元的贷款，在 10 年内以年利率 10% 等额偿还，则每年应付的金额为多少？

$$A = P \cdot \frac{i}{1-(1+i)^{-n}}$$
$$= 200\ 000 \times \frac{1}{(P/A, 10\%, 10)}$$
$$= 200\ 000 \times \frac{1}{6.144\ 6}$$
$$= 32\ 548.9(元)$$

上述计算过程中的 $\frac{i}{1-(1+i)^{-n}}$ 是普通年金现值系数的倒数，称为资本回收系数。

2. 预付年金。预付年金，又称先付年金，是指在每期期初收付的年金，也称即付年金。预付年金支付形式见图 3-4。

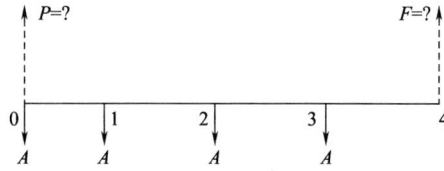

图 3-4 预付年金的终值和现值

（1）预付年金终值。其计算公式为：

$$F = A \cdot \left[\frac{(1+i)^{n+1} - 1}{i} - 1 \right]$$

式中：$\frac{(1+i)^{n+1}-1}{i} - 1$ 为预付年金终值系数。

预付年金终值系数与普通年金终值系数相比，期数加1，系数值减1，可记作$[(F/A, i, n+1) - 1]$，并可利用普通年金终值系数表查得$(n+1)$期的值减去1得出。

【例3-9】5年中每年初存入500元，利率为6%，第5年末存款本息总计为多少？

$$F = 500 \times [(F/A, 6\%, 6) - 1]$$
$$= 500 \times (6.975 - 1)$$
$$= 2\,987.5（元）$$

由于预付年金在期初收付，其实只是比普通年金提前了一期，所以其与普通年金的终值有如下关系：

$$预付年金终值 = 普通年金终值 \times (1+i)$$

用上例计算：

$$F = 500 \times 5.637 \times (1+6\%)$$
$$= 2\,987.61（元）$$

(2) 预付年金现值。其计算公式为：

$$P = A \left[\frac{1 - (1+i)^{-(n-1)}}{i} + 1 \right]$$

式中：$\frac{1-(1+i)^{-(n-1)}}{i} + 1$ 称为预付年金现值系数。

预付年金现值系数与普通年金现值系数相比，期数减1，系数值加1，可记作$[(P/A, i, n-1) + 1]$，可利用普通年金现值系数表查得$n-1$期的值再加1得出。

【例3-10】假设需要6年分期付款购车，每年初付20 000元，利率为10%，其现值是多少元？

$$P = 20\,000 \times [(P/A, 10\%, 5) + 1]$$
$$= 20\,000 \times (3.791 + 1)$$
$$= 95\,820（元）$$

而预付年金现值与普通年金现值也存在如下关系：

$$预付年金现值 = 普通年金现值 \times (1+i)$$

所以，本例也可利用这一关系计算：

$$P = 20\,000 \times 4.355 \times (1+10\%)$$
$$= 95\,810（元）$$

3. 递延年金。递延年金，也称延期年金，是指首次收付额不是从第一期而是在若干期后发生的年金。递延年金的支付形式见图3-5。从图中可以看出，前两期没有发生支付。一般用m表示递延期，本例的$m=2$，第1次支付在第3期末；用n表示连续收支的A的个数，本例的$n=3$。

递延年金的终值计算方法和普通年金终值类似，但只与A的个数有关，与递延期无关。本例中：

$$F = A(F/A, i, n)$$

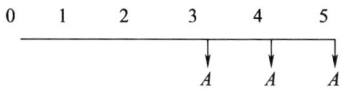

图 3-5 递延年金的支付形式

$$= A(F/A,i,3)$$

递延年金现值的计算方法有两种：

第一种方法是先计算 $(m+n)$ 期的普通年金现值，再减去 m 期的普通年金现值。用公式表示即为：

$$P = A \times [(P/A,i,m+n) - (P/A,i,m)]$$

第二种方法是把递延年金视为 n 期的普通年金，求出递延期末的现值，然后再将此现值调整到第一期期初（即图 3-5 中 0 的位置），用公式表示即为：

$$P = A \times (P/A,i,n) \times (P/F,i,m)$$

【例 3-11】某企业从第 5 年到第 9 年每年年末支取 10 万元用于职工培训，共计 5 年，年利率为 10%，则现在应存入银行多少元？

依题意，$A = 100\,000$ 元，$m = 4$（年），$n = 5$（年），则：

$$P = 100\,000 \times [(P/A,10\%,9) - (P/A,10\%,4)]$$
$$= 100\,000 \times (5.759\,0 - 3.169\,9)$$
$$= 258\,910(元)$$

或：
$$P = 100\,000 \times (P/A,10\%,5) \times (P/F,10\%,4)$$
$$= 100\,000 \times 3.790\,8 \times 0.683$$
$$= 258\,912(元)$$

4. 永续年金。永续年金是指无限期等额收付的特种年金，可视为普通年金的特殊形式。永续年金没有终止期限，也就没有终值，但可以计算现值。即：

$$P = \lim_{n \to \infty} A \times \frac{1-(1+i)^{-n}}{i}$$
$$= A \times \frac{1}{i}$$

【例 3-12】拟建一项永久性奖学金，每年计划颁发 10 000 元奖金，利率为 10%，现在应存入多少元？

$$P = 10\,000 \times \frac{1}{10\%}$$
$$= 100\,000(元)$$

（四）混合现金流的终值与现值计算

混合现金流是指不等额的系列收付款项。

对于混合现金流的终值与现值的计算，需要对每一期的每笔现金流的终值或现值计算，然后进行加总。

1. 混合现金流终值的计算。

【例 3-13】某人计划未来 5 年中每年末存入银行一笔款项，金额分别为 5 万、

8万、10万、12万、15万。假定利率为5%,问5年末的本利和是多少?

$$F = 5 \times (1+5\%)^4 + 8 \times (1+5)^3 + 10 \times (1+5\%)^2 + 12 \times (1+5)^1 + 15$$
$$= 53.96(万元)$$

2. 混合现金流现值的计算。混合现金流是指各年收付不相等的现金流。

【例3-14】某投资项目建成后预计未来3年中分别产生400 000元、300 000元、250 000元的现金流入,假定利率为10%,问共折合现值为多少?

$$P = 400\,000 \times (1+10\%)^{-1} + 300\,000 \times (1+10\%)^{-2} + 250\,000 \times (1+10)^{-3}$$
$$= 799\,399(元)$$

三、折现率、期限的推算

(一)折现率的推算

折现率即利息率,它是衡量资金增值量的相对指标,是资金时间价值计算的关键因素。当终值和现值已知时,可以对折现率进行推算。

【例3-15】要使现在的5 000元在3年后达到5 500元,所需的利率是多少?

$$i = \left(\frac{5\,500}{5\,000}\right)^{\frac{1}{3}} - 1$$
$$= 1.032\,28 - 1$$
$$= 3.228\%$$

【例3-16】某人每年年末有50 000元的可支配收入,拟全部进行投资,期望在5年后增值到300 000元。其收益率需达到多少?

$$(F/A, i, 5) = \frac{300\,000}{50\,000}$$
$$= 6$$

查年金终值系数表得:利率等于9%时,5年期的年金终值系数等于5.985;利率等于10%时,年金终值系数为6.105。利用插值法计算如下:

$$\frac{i - 9\%}{10\% - 9\%} = \frac{6 - 5.985}{6.105 - 5.985}$$
$$i = 9.13\%$$

(二)期限的推算

期限的推算与折现率的推算原理相同。现举例说明如下:

【例3-17】要使现在的5 000元增值为5 500元,若利率为3%,需要几年时间?

$$5\,000 \times (1+3\%)^n = 5\,500$$
$$(1+3\%)^n = 1.1$$

查复利终值系数表得:期限等于3时,利率为3%的复利终值系数等于1.092 7;期限等于4时,利率为3%的复利终值系数等于1.125 5。利用插值法计算如下:

$$\frac{n-3}{4-3} = \frac{1.1 - 1.092\,7}{1.125\,5 - 1.092\,7}$$
$$n = 3.22$$

四、年内多次计息的处理

上面讨论的计算均假定利率为年利率,每年复利一次。但实际上,也可能会出现计息期短于一年也就是一年内多次计息的情形,如每半年计息一次、每季度计息一次等。

在年内多次计息的情况下,会产生实际利率与名义利率的差异。

【例3-18】假设有本金1 000元,利率为8%,每年复利一次,一年后的本利是多少?

$$F = 1\,000 \times (1 + 8\%)$$
$$= 1\,080(元)$$
$$I = F - P = 1\,080 - 1\,000$$
$$= 80(元)$$
$$i = \frac{80}{1\,000} \times 100\%$$
$$= 8\%$$

此时,即计息期为一年时,名义利率与实际利率相等。

而当复利的计息期短于一年,也就是一年内要复利几次时,所给出的特定年利率叫作名义利率。

上例若每季复利一次,则:

$$F = 1\,000 \times (1 + 2\%)^4$$
$$= 1\,082.43(元)$$
$$I = 1\,082.43 - 1\,000$$
$$= 82.43(元)$$
$$i = \frac{82.43}{1\,000} \times 100\%$$
$$= 8.24\%$$

此时,即当一年复利几次时,实际的利息率水平要比名义利率高。

实际年利率和名义利率之间的关系是:

$$1 + i = \left(1 + \frac{r}{m}\right)^m$$

式中:r——名义利率;
m——每年复利次数;
i——实际利率。

以上例数据计算:

$$i = \left(1 + \frac{8\%}{4}\right)^4 - 1$$
$$= 8.24\%$$

在每年计息多次的情况下可以采用两种方法计算时间价值。

第一种方法是将名义利率调整为实际利率,按照实际利率计算。

【例3-19】某企业从银行借入50万元,利率为8%,每半年计息一次,5年后的还本付息总和应是：

$$i = \left(1 + \frac{8\%}{2}\right)^2 - 1$$
$$= 8.16\%$$
$$F = 500\,000 \times (1 + 8.16\%)^5$$
$$= 500\,000 \times 1.480\,2$$
$$= 740\,100(元)$$

第二种方法是将名义利率调整为每期利率,按照每期利率计算。

以上例数据计算：

$$F = 500\,000 \times (F/P, 4\%, 10)$$
$$= 500\,000 \times 1.480\,2$$
$$= 740\,100(元)$$

第二节　风险和收益

与资金时间价值一样,风险与收益也是财务管理的主要基本概念。正确理解风险与收益之间存在的权衡关系是现代投资理论的核心思想。

一、风险与风险收益

(一)风险的概念

从一般意义上讲,企业财务活动是在风险状态下进行的。风险一般是指某一个行动的结果具有变动性。

在理论上风险和不确定性不是同一概念。例如,企业投资于某项目,经过预测,该项目建成时,如经济情况良好,投资报酬率能达到20%；如经济情况一般,投资报酬率能达到12%；如经济情况较差,则投资报酬率只能达到8%。而且可以预计每一情况发生的概率,如经济情况良好的可能性是30%,经济情况一般的可能性是50%,经济情况较差的可能性是20%。与此种预计相关的投资决策通常属于风险性投资决策。不确定性是指未来情况不仅不能完全确定,而且也无法预计可能出现的结果；或是虽然知道将会出现的结果但却无从预计各种结果出现的可能性。如某公司投800万元资金用于寻找与公司生产有关的原材料矿藏,能否找到无法确定,更不能对其进行计量,这就是不确定性。与此相应的投资决策叫作不确定性投资。

在财务管理中,通常对风险和不确定性是不做区分的。无论是风险还是不确定性,如从财务管理角度看都表现为无法达到预期报酬的可能性。而且在财务管理中,一般对"不确定性"做出决策时,通常也设定一个主观的概率对其进行定量分析。

(二)风险与收益的权衡关系

风险与收益之间存在着一定的内在联系。企业冒了较大的风险,就自然期望得到较高的回报,否则,其冒险行为就失去了意义。我们把投资者由于冒险投资而要求的超过时间价值的那部分额外收益,称为投资的风险收益,或称风险报酬、风险价值。投资人要求的必要收益率的计算公式为：

投资人要求的必要收益率 = 无风险收益率 + 风险收益率

风险与收益之间的关系如图 3-6 所示。

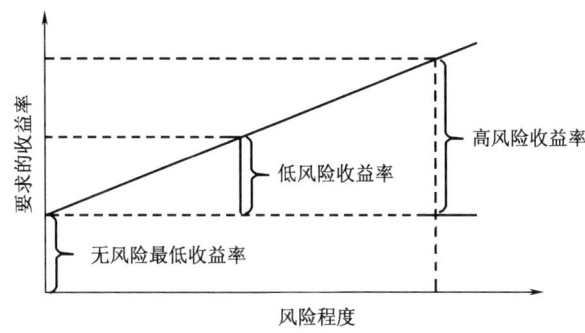

图 3-6 风险与收益的关系

二、个别资产的风险与收益

对于个别资产或单个投资项目的风险衡量，需要用概率和数理统计方法。

（一）概率分布

概率是用来表示随机事件发生的可能性大小的数值。所谓随机事件，是指在相同条件下，可能发生，也可能不发生的事件。我们把随机事件某种结果可能出现的机会（也就是概率）一一列示，即构成这一事件的概率分布。

概率分布一般用 P_i 表示，必须符合以下两个要求：

第一，所有的概率 P_i 都在 0 和 1 之间，即 $0 \leq P_i \leq 1$。

第二，同一事项所有结果的概率和等于 1，即 $\sum_{i=1}^{n} p_i = 1$。

（二）期望收益率

期望收益率是概率分布中随机变量的各种取值的平均值，即以相应的概率为权数计算出的每一种可能的预计收益值的加权平均数。其计算公式如下：

$$\overline{K} = \sum_{i=1}^{n} P_i K_i$$

式中：$\overline{K}$——期望收益率；

K_i——第 i 种可能实现的收益率；

P_i——第 i 种可能结果的概率；

n——可能结果的个数。

（三）离散程度

表示随机变量离散程度的量数，最常用的是方差和标准差。

1. 方差。方差是用来表示随机变量与期望值之间离散程度的一个量,它是离散平方的平均数。总体方差的计算公式为:

$$总体方差 = \sum (X_i - \bar{X})^2 / N$$

总体,是指我们准备加以测量的一个满足指定条件的元素或个体的集合,也称母体。在实际工作中,为了了解研究对象的某些数学特性,往往只能从总体中抽出部分个体作为资料,用数理统计的方法加以分析。这种从总体中抽取部分个体的过程称为抽样,所抽得部分为样本。样本方差的计算公式为:

$$样本方差 = \sum (X_i - \bar{X})^2 / (n - 1)$$

其中,n 为样本个数,$(n-1)$ 称为自由度,自由度反映分布或差异信息的个数。

在已经知道每个变量值出现概率的情况下,方差可以按下式计算:

$$\sigma^2(方差) = \sum_{i=1}^{n} (K_i - \bar{K})^2 \times P_i$$

2. 标准差。标准差也叫均方差,是方差的平方根,是各种可能的报酬率偏离预期报酬率的综合差异。其计算公式有三种:

$$总体标准差 = \sqrt{\frac{\sum_{i=1}^{n}(X_I - \bar{X})^2}{N}}$$

$$样本标准差 = \sqrt{\frac{\sum_{i=1}^{n}(X_I - \bar{X})^2}{n-1}}$$

$$有概率情况标准差(\sigma) = \sqrt{\sum_{i=1}^{n}(K_i - \bar{K})^2 \times P_i}$$

【例 3-20】A,B 两个公司预期收益率及相应概率估算如表 3-1 所示。

表 3-1

经济情况	发生概率	预期可能收益率	
		A 公司	B 公司
繁荣	0.3	40%	30%
正常	0.5	15%	15%
衰退	0.2	-15%	0%

首先,计算期望收益率:

$$\bar{K}_A = 40\% \times 0.3 + 15\% \times 0.5 + (-15\%) \times 0.2$$
$$= 16.5\%$$

$$\bar{K}_B = 30\% \times 0.3 + 15\% \times 0.5 + 0\% \times 0.2$$
$$= 16.5\%$$

其次,计算期望收益率标准差:

$$\sigma_A = \sqrt{(40\% - 16.5\%)^2 \times 0.3 + (15\% - 16.5\%)^2 \times 0.5 + (-15\% - 16.5\%)^2 \times 0.2}$$
$$= 19.11\%$$

$$\sigma_B = \sqrt{(30\% - 16.5\%)^2 \times 0.3 + (15\% - 16.5\%)^2 \times 0.5 + (0\% - 16.5\%)^2 \times 0.2}$$
$$= 10.5\%$$

有以上计算结果可知,两个公司的期望收益率均为 16.5%,但 A 公司的期望收益率标准差大于 B 公司,故其风险更大。

标准差是以均值为中心计算出来的,因而有时直接比较标准差是不准确的,需要剔除均值大小的影响。为了解决这个问题,引入了变化系数(离散系数)的概念。

3. 变化系数。当存在两个或多个期望收益率不同的投资项目时,将无法用期望收益率标准差的大小来判断不同项目风险的高低。

变化系数是期望收益率标准差与期望收益率的比值,计算公式如下:

$$V = \frac{\sigma}{\overline{K}}$$

式中:V——变化系数;

$\overline{K}$——期望值。

上例中,两个公司的期望收益率相同,因而可以直接依据期望收益率标准差比较风险的大小。如果两个公司的期望收益率和标准差均不相同,则不能依据标准差判断项目风险的大小,而必须通过计算变化系数进行判断。

【例 3-21】假定甲、乙两支股票的历史收益率的有关资料如表 3-2 所示。

表 3-2 甲、乙两资产的历史收益率

年 份	甲股票的收益率	乙股票的收益率
2010	-10%	15%
2011	5%	10%
2012	10%	0%
2013	15%	-5%
2014	20%	25%

首先,估算两项资产的预期收益率:

甲股票的预期收益率 = (-10% + 5% + 10% + 15% + 20%)/5
= 8%

乙股票的预期收益率 = (15% + 10% + 0 - 5% + 25%)/5
= 9%

其次,估算两项资产的标准差:

$$\text{甲股票的标准差} = \sqrt{\frac{(-10\% - 8\%)^2 + (5\% - 8\%)^2 + (10\% - 8\%)^2 + (15\% - 8\%)^2 + (20\% - 8\%)^2}{5 - 1}}$$
$$= 11.51\%$$

$$\text{乙股票的标准差} = \sqrt{\frac{(15\% - 9\%)^2 + (10\% - 9\%)^2 + (0 - 9\%)^2 + (-5\% - 9\%)^2 + (25\% - 9\%)^2}{5 - 1}}$$
$$= 11.94\%$$

再次,估算两项资产的变化系数:

甲股票变化系数 = 11.51% ÷ 8%
= 1.44
乙股票变化系数 = 11.94% ÷ 9%
= 1.33

因此,甲股票的风险较大。

三、组合资产的风险收益

(一)资产组合的预期报酬率和标准差

投资组合理论认为,投资组合收益是加权平均的收益,投资组合的风险不是加权平均的风险,投资组合能够降低风险。

1. 组合收益的确定。投资组合的期望收益率是投资组合中的单项资产预期收益率的加权平均值。其计算公式如下:

$$\bar{R_p} = \sum_{i=1}^{n} W_i R_i$$

2. 标准差与相关性。资产组合的标准差,并不是单个证券标准差的简单加权平均。证券组合风险不仅取决于组合内的各资产的风险,还取决于各个资产之间的关系。

【例 3-22】假设投资 100 万元,A 和 B 各占 50%。如果 A 和 B 完全负相关,即一个变量的增加值永远等于另一个变量的减少值,则组合的风险被全部抵消,如表 3-3 所示。如果 A 和 B 完全正相关,即一个变量的增加值永远等于另一个变量的增加值,则组合的风险不减少也不扩大,如表 3-4 所示。

表 3-3 A 和 B 完全正相关时的证券组合风险

方案	A		B		组合	
年度	收益	报酬率	收益	报酬率	收益	报酬率
01	20	40%	20	40%	40	40%
02	-5	-10%	-5	-10%	-10	-10%
03	17.5	35%	17.5	35%	35	35%
04	-2.5	-5%	-2.5	-5%	-5	-5%
05	7.5	15%	7.5	15%	15	15%
平均数	7.5	15%	7.5	15%	15	15%
标准差		22.6%		22.6%		22.6%

表 3-4 A 和 B 完全负相关时的证券组合风险

方案	A		B		组合	
年度	收益	报酬率	收益	报酬率	收益	报酬率
01	20	40%	-5	-10%	15	15%
02	-5	-10%	20	40%	15	15%

续表

方案	A		B		组合	
年度	收益	报酬率	收益	报酬率	收益	报酬率
03	17.5	35%	-2.5	-5%	15	15%
04	-2.5	-5%	17.5	35%	15	15%
05	7.5	15%	7.5	15%	15	15%
平均数	7.5	15%	7.5	15%	15	15%
标准差		22.6%		22.6%		0%

实际上,各资产之间不可能完全正相关,也不可能完全负相关,所以不同资产的投资组合可以降低风险,但又不能完全消除风险。一般而言,组合的资产种类越多,风险越小。

（二）投资组合的风险计量

投资组合的风险与单项资产风险之间的关系却要复杂得多,就两种资产组合来说,可用公式表示为：

$$\sigma_p = \sqrt{W_1^2\sigma_1^2 + W_2^2\sigma_2^2 + 2W_1W_2 \cdot \sigma_1\sigma_2 \cdot r}$$

式中：σ_p——标准差；

σ_1——资产 A_1 的标准差；

σ_2——资产 A_2 的标准差；

r——两项资产之间的相关系数。

相关系数只能在 ±1 之间取值。

当 $r = +1$ 时,表示两个变量完全正相关,两者发生同向变动；

当 $r = -1$ 时,表示两个变量完全负相关,两者发生反向变动；

当 $r = 0$ 时,表示两个变量不相关。

在多数情况,两个随机变量之间的相关系数介于 0 和 1 之间。

如果投资组合包括三种资产 A_1、A_2、A_3,则投资组合总体风险为：

$$\sigma_p = \sqrt{W_1^2\sigma_1^2 + W_2^2\sigma_2^2 + W_3^2\sigma_3^2 + 2W_1W_2\sigma_1 \cdot \sigma_2 \cdot r_{12} + 2W_1W_3\sigma_1\sigma_3 \cdot r_{13} + 2W_2 \cdot W_3\sigma_2\sigma_3 \cdot r_{23}}$$

其中 $\sigma_i \cdot \sigma_j \cdot r$ 被称为协方差。

推而广之,当投资组合包括 n 种资产时,计算投资组合总体风险的根号下应有 n 个方差和 $(n^3 - n)$ 个协方差,即根号下共有 n^2 项。

随着投资组合中包括资产数目的增加,单个资产的标准差对投资组合总体的标准差形成的影响程度越来越小；而各种资产之间协方差（形成的影响程度）越来越大。当投资组合中包括资产的数目趋向于无穷大时,单个资产的标准差对投资组合总体的标准差形成的影响程度趋向于零。这就意味着通过多种资产的组合,可以使隐含在单个资产中的风险得以分散,从而降低投资组合总体风险。

【例3-23】假设 A 证券的预期报酬率为 10%,标准差是 12%。B 证券的预期报酬率是 18%,标准差是 20%。假设 A 证券的投资比重为 80%,B 证券的投资比重为

20%,A 和 B 的相关系数为 0.2。则:

$$\text{组合报酬率} = \text{加权平均的报酬率}$$
$$= 10\% \times 0.8 + 18\% \times 0.2$$
$$= 11.6\%$$

$$\text{组合标准差} = \sqrt{(0.8 \times 12\%)^2 \times 1 + 2 \times (0.8 \times 12\%) \times (0.2 \times 20\%) \times 0.2 + (0.2 \times 20\%)^2 \times 1}$$
$$= 11.11\%$$

(三)风险的分类

从投资者的角度看,风险可以分为非系统风险(又称可分散风险)和系统风险(又称不可分散风险)。那些只反映资产本身特性,可通过增加组合中资产的数目而最终消除的风险被称为非系统风险。那些反映资产之间的相互关系,并且共同运动、无法最终消除的风险被称为系统风险。

1. 非系统风险与风险分散。非系统风险又称为企业特有风险或可分散风险,是可以通过资产组合而分散掉的风险。它是指由于某种特定原因对某特定资产收益率造成影响的可能性。它是特定企业或特定行业所特有的,与政治、经济和其他影响所有资产的市场因素无关。对于特定企业而言,企业特有风险可进一步分为经营风险和财务风险。经营风险是指因生产经营方面的原因给企业目标带来不利影响的可能性,如由于原材料供应地的政治经济情况变动、新材料的出现等因素带来的供应方面的风险;由于生产组织不合理而带来的生产方面的风险;由于销售决策失误带来的销售方面的风险。财务风险又称筹资风险,是指由于举债而给企业目标带来的可能影响。企业举债经营,全部资金中除自有资金外还有一部分借入资金,这会对自有资金的获利能力造成影响;同时,借入资金需还本付息,一旦无力偿付到期债务,企业便会陷入财务困境甚至破产。当企业息税前资金利润率高于借入资金利息率时,使用借入资金获得的利润除了补偿利息外还有剩余,因而使自有资金利润率提高。但是,当企业息税前资金利润率低于借入资金利息率时,使用借入资金获得的利润不够支付利息,需动用自有资金来支付利息,从而使自有资金利润率降低。用自有资金支付利息可能使企业发生亏损;若企业亏损严重,导致财务状况恶化,丧失支付能力,就会出现破产的危险。

值得注意的是,在风险分散的过程中,不应当过分夸大资产多样性和资产个数的作用。实际上,在资产组合中资产数目较低时,增加资产的个数,分散风险的效应会比较明显,但资产数目增加到一定程度时,风险分散的效应就会逐渐减弱。经验数据表明,组合中不同行业的资产个数达到 20 个时,绝大多数非系统风险均已被消除掉。此时,如果继续增加资产数目,对分散风险已经没有多大的实际意义,只能增加管理成本。另外,不要指望通过资产多样化达到完全消除风险的目的,因为系统风险是不能够通过风险的分散来消除的。

2. 系统风险及其衡量。系统风险又被称为市场风险或不可分散风险,是影响所有资产的、不能通过风险分散而消除的风险。这部分风险是由那些影响整个市场的风险因素所引起的。这些因素包括宏观经济形势的变动、国家经济政策的变化、税制改革、企业会计准则改革、世界能源状况、政治因素等。

尽管绝大部分企业和资产都不可避免地受到系统风险的影响,但这并不意味着系统风险对所有资产或所有企业有相同的影响。有些资产受系统风险的影响大一些,而有些资产所受的影响则较小。单项资产或资产组合受系统风险影响的程度,可以通过系统风险系数(β 系数)来衡量。

β 系数是一种风险指数。它用于衡量个股报酬率的变动对市场组合报酬率变动的敏感性。但由于可分散风险可以通过投资多样化加以消除,所以,它只用于衡量不可分散风险,即计量系统风险。

β 系数是个股超额报酬率的变化与市场组合超额报酬率变化的比率。

若 $\beta=1$,则意味着个股超额报酬率与市场组合超额报酬率等比例变化,说明个股风险与市场组合风险一致。

若 $\beta>1$,说明个股风险大于市场组合风险。

若 $\beta<1$,说明个股风险小于市场组合风险。

证券投资组合的 β 系数是个别证券 β 系数的加权平均数。因此,若个别证券的 β 系数低,则由它们所构成的投资组合的 β 系数也低。掌握这一关系,可以正确进行投资决策。证券投资组合的 β 系数的计算公式为:

$$\beta_P = \sum_{i=1}^{n} W_i \beta_i$$

【例 3-24】某投资者持有 100 万元组合投资,该组合中共有三只股票,它们各自的金额及 β 系数如表 3-5 所示。

表 3-5

股票类别	黄海股份	长江股份	京沪股份	合 计
投资额(万元)	50	30	20	100
投资比重(%)	50	30	20	100
β 系数	0.6	0.6	0.6	/

则该投资组合的 β 系数为:

$$\beta_P = 50\% \times 0.6 + 30\% \times 0.6 + 20\% \times 0.6$$
$$= 0.6$$

若将京沪股份出售,买进同样金额的高科股份,其 β 系数为 1.0,则:

$$\beta_P = 50\% \times 0.6 + 30\% \times 0.6 + 20\% \times 1.0$$
$$= 0.68$$

可见,组成组合的个别股票的 β 系数提高,组合的 β 系数也因此提高,使得投资组合的风险加大;反之,则风险减小。

四、资本资产定价模型

资本资产定价模型(CAPM),是一种描述风险与报酬之间关系的模型。它是 1964 年,由威廉·夏普(William Sharpe)根据投资组合理论提出的。这里的资本资产(capital asset)是指股票、债券等有价证券,它代表对真实资产所产生的报酬的求偿权利。资本资产定价模型的重要贡献在于它提供了一种与组合资产理论相一致的有关个别证券的风险量度。这种模型使投资者能够估计单项资产的不可分散风险,形成最优投资组合,引导投资者做出合适的投资决策。同时,这种模型对于财务学的发展有极其重要的作用,并且被广泛地用于资本预算编制、资产估价、确定股权资本的成本和解释利率的结构风险。

在这一模型中,某种证券的期望报酬率就是无风险报酬率加上这种证券的系统风险溢价。其可用公式表述如下:

$$\overline{R}_i = R_F + \beta_i \times (R_M - R_F)$$

式中:$\overline{R}_i$——第 i 种股票或第 i 种证券组合的必要报酬率;

R_F——无风险报酬率;

β_i——第 i 种股票或第 i 种证券组合的 β 系数;

R_M——市场组合的期望报酬率;

$R_M - R_F$——市场风险溢价。

【例 3 – 25】假设当前国债收益率为 4%,股票价格指数平均收益率为 10%,某公司股票的 β 系数为 1.5,则该股票的必要收益率为:

$$\begin{aligned}\overline{R}_i &= R_F + \beta_i \times (R_M - R_F)\\ &= 4\% + 1.5 \times (10\% - 4\%)\\ &= 13\%\end{aligned}$$

任何经济模型都是建立在一定假设的基础上,资本资产定价模型也不例外。其基本假设为:

第一,资本市场是有效率的,信息可为所有投资者共享,信息的交易成本很低,投资的限制很少;

第二,所有投资者都有相同的预期并且他们的预期都是建立在一个共同的持有期(如 1 年)之上的;

第三,所有投资者都力图规避风险,并追求终期财富预期效用的最大化;

第四,存在无风险资产,所有投资者都可按无风险利率不受限制地借贷资金;

第五,所有的资产都是完全可以分割的,都是极具流动性的。

思考题

1. 如何理解资金的时间价值?
2. 实际利率与名义利率差异何在? 如何计算实际利率和名义利率?
3. 如何理解系统风险与非系统风险?
4. 如何理解组合收益与组合风险的影响因素?
5. 如何对组合风险进行计量?
6. 资本资产定价模型给我们哪些启示?

练习题

1. 某人在 2020 年 1 月 1 日存入银行 1 000 元,年利率为 10%。

要求:

(1)每年复利一次,计算 2023 年 1 月 1 日存款账户的余额。

(2)每季度复利一次,计算 2023 年 1 月 1 日存款账户的余额。

(3)若将 1 000 元分别在 2020 年、2021 年、2022 年和 2023 年 1 月 1 日存入 250 元,仍按 10% 计利率,每年复利一次,计算 2023 年 1 月 1 日存款账户的余额。

(4)假定分 4 年存入相等金额,为了达到第一问所得到的账户余额,计算每期应存入多少金额。

2. 某公司拟购置一处房产,房主提出三种付款方案:

(1)从现在起,每年年初支付 20 万元,连续支付 10 次,共 200 万元。

(2)从第 5 年开始,每年年末支付 25 万元,连续支付 10 次,共 250 万元。

(3)从第 5 年开始,每年年初支付 24 万元,连续支付 10 次,共 240 万元。

假设该公司的资金成本率(即最低报酬率)为 10%,你认为该公司应选择哪个方案。

3. 假定甲、乙两项资产的历史收益率的有关资料如表 3-6 所示。

表 3-6 甲、乙两资产的历史收益率

年 份	甲资产的收益率	乙资产的收益率
2007	-10%	15%
2008	5%	10%
2009	10%	0%
2010	15%	-10%
2011	20%	30%

要求:

(1)估算两项资产的预期收益率。

(2)估算两项资产的标准差。

(3)估算两项资产的变化系数。

4. 假设有 A,B 两种证券构成证券投资组合,证券 A 的预期报酬率为 10%,方差是 0.014 4;证券 B 的预期报酬率为 18%,方差是 0.04。证券 A 的投资比重占 80%,证券 B 的投资比重占 20%。

要求:

(1)计算 A,B 投资组合的平均预期收益率。

(2)如果 A,B 的相关系数是 0.2,计算 A,B 两种证券投资组合的标准差。

(3)如果 A,B 的相关系数是 0.5,计算投资于 A 和 B 的组合预期收益率与组合风险。

(4)如果 A,B 的相关系数是 1,计算投资于 A 和 B 的组合预期收益率与组合风险。

(5)说明相关系数的大小对投资组合的预期收益率和风险的影响。

5.某公司拟进行股票投资,计划购买 A,B,C 三种股票,并分别设计了甲乙两种投资组合。

已知三种股票的 β 系数分别为 1.5,1.0 和 0.5,它们在甲种投资组合下的投资比重为 50%,30% 和 20%;乙种投资组合的风险收益率为 3.4%,市场平均收益率为 12%,无风险收益率为 8%。

要求:

(1)根据 A,B,C 股票的 β 系数,分别评价这三种股票相对于市场投资组合而言的投资风险大小。

(2)按照资本资产定价模型计算 A 股票的必要收益率。

(3)计算甲种投资组合的 β 系数和风险收益率。

(4)计算乙种投资组合的 β 系数和必要收益率。

(5)比较甲乙两种投资组合的 β 系数,评价它们的投资风险大小。

6.表 3-7 给出了四种状况下"成熟股"和"成长股"两项资产相应可能的收益率和发生的概率(假设对两种股票的投资额相同)。

表 3-7

经济状况	出现概率	成熟股	成长股
差	0.1	-3%	2%
稳定	0.3	3%	4%
适度增长	0.4	7%	10%
繁荣	0.2	10%	20%

要求:

(1)计算两种股票的期望收益率。

(2)计算两种股票各自的标准差。

(3)计算两种股票的投资组合收益率。

(4)若两种股票的相关系数为 0.89,计算两种股票的投资组合标准差。

筹资管理

学习要点与要求

本章主要介绍筹资管理、资本成本、财务风险和资本结构决策。通过本章教学,要求学生了解筹资的分类、筹资的含义与动机;理解资本成本、经营风险、财务风险以及复合风险的含义;掌握各种筹资方式的特点,筹资需要量的预测方法;熟练掌握资本成本计算,经营风险、财务风险和复合风险的衡量方法,以及最优资本结构的确定方法。

第一节 筹资管理概述

一、企业筹资的含义

所谓筹资,就是企业从自身的生产经营现状以及资金运用情况出发,根据企业未来经营策略和发展需要,经过科学的预测和决策,通过一定的渠道,采用一定的方式,获取所需资金的行为。

企业筹资过程中会面临许多问题,如何时筹资,通过什么渠道,采用什么方式筹资,以及筹资多少等。为了提高筹资综合效益,应遵循下列基本要求。

(一)科学确定筹资数量,控制资金投放时间

企业再生产过程的实现是以资金的正常周转为前提的,如果资金不足,会影响经营活动正常、有序地进行;如果资金过剩,会影响资金使用效益,造成资金的浪费。为此,筹集资金必须保证企业正常周转的资金需要。由于企业在正常生产经营中,各个阶段、各个时期的资金需要量并不完全一致,所以,保证正常周转资金的需要,必须从数量和时间两方面着手。

从数量上保证,是指根据企业生产经营具体情况,成本、费用支出及销售情况,采用

科学方法对企业未来资金的注入量和流出量进行测算,确定资金的需要量和增加量,并据以确定筹资方式和筹资数量。

从时间上保证,是指在测定资金需要量和确定筹资方式时,不仅要考虑全年的情况,还应在年内分季、分月进行估算并做出安排,做到有计划地调度资金,并在时间上衔接。

(二)认真选择筹资渠道和筹资方式,降低资金成本

企业筹资渠道有多种,取得资金的方式也很多,但不论通过什么渠道,采用什么方式筹资,都要付出一定的代价。该付出的代价我们称为资金成本。资金成本是对筹资效益的扣除。如果资金成本太高,不仅会影响筹资和投资的效益,甚至会使企业出现亏损。因此,在筹集资金时必须对各个渠道、各种方式进行选择、比较,选择最佳的资金来源渠道和筹资方式进行筹资,以降低资金成本。

(三)注意安排筹资结构,降低筹资风险

筹资结构是指各种资金来源占全部资金来源的比重,以及各类资金来源之间的比例关系。例如,债务资本与权益资本的比例、长期资金来源与短期资金来源的比例以及权益资本的构成比例等。

筹资风险是指筹资中各种不确定因素给企业带来损失的可能性,具体再现为利率变动风险、汇率变动风险、无力偿付债务风险等。但是,在市场经济条件下,从不同来源、用不同方式筹集的资金,由于使用时间、筹资条件、筹资成本各不相同,给企业带来的风险大小亦不相同。只要企业合理安排,选择最佳的结构筹集资金,就能起到回避风险和降低风险的目的。

二、企业筹资的动机

企业筹资的基本动机是为了自身的生存与发展,但每次具体的筹资活动往往动机不同。

(一)创业性动机

企业处于创业阶段需要大量资金投入,必须根据经营方针所确定的生产经营规模核定资金需要量,同时筹措相应的资本金,即权益资本。权益资本不足时则需筹措债务资本。

(二)扩张性动机

企业扩大经营规模或者对外追加投资会产生大量资金需求。处于成长阶段的企业筹资的扩张性动机比较明显。这一动机的直接结果是企业资产总额和权益总额的增加。

(三)调整性动机

企业在保持资本总额不变的前提下,为了优化资本结构产生的筹资动机一般出于调整性动机。其具体形式有:借新债还旧债、以债转股、以股转债等。

（四）混合性动机

在实务中,企业筹资的目的可能不是单纯和唯一的,通过追加筹资,既满足了经营活动、投资活动的资金需要,又达到了调整资本结构的目的,可以称之为混合性的筹资动机。如企业扩大生产经营规模需要增加长期资金,其资金来源通过增加长期贷款或发行公司债券解决,这种情况既扩张了企业规模,又使得企业的资本结构有较大的变化,兼具扩张性筹资动机和调整性筹资动机的特性。

三、筹资管理的相关概念

（一）筹资渠道和筹资方式

筹资渠道又称为资金来源渠道,是指企业取得资金的来源。筹资方式是指取得资金的具体方式。研究和掌握筹资渠道和筹资方式是筹资的必要前提。

1. 筹资渠道。企业筹资渠道受制于国家经济体制和国家对国有资金的管理政策,也与企业所有制形式和企业组织形式密切相关。目前,我国企业的筹资渠道主要有以下几种。

（1）国家财政资金。它是指国家以财政拨款形式投入企业的资金。国家投入企业的资金包括固定资金、流动资金和专项拨款等。1983年以后,国家不再给国有企业增拨流动资金;1985年以后,国有企业基本建设资金的来源也由国家拨款改为向银行借款方式。但是,改革后原有的国家拨款按规定仍留在国有企业让其继续使用。因此,国家财政资金仍然是国有企业资金的主要来源。

（2）银行信贷基金。它是指各商业银行借贷给企业使用的资金。银行信贷基金过去、现在和将来都是企业一项十分重要的资金来源。

（3）非银行金融机构资金。非银行金融机构是指各种从事金融业务的非银行机构。非银行金融机构用多种不同的方式集中资金,也用多种方式向企业提供资金,同时还提供各种特定服务。今后,它也将成为企业资金的主要来源。

（4）其他企业和单位的资金。其他企业是指与企业有各种业务活动联系的企业。其他单位是指非营利组织,如各种基金会、社会团体等。上述企业和单位在组织生产经营活动或其他业务活动中暂时或长期闲置的资金,也可供企业调剂使用。

（5）职工和民间资金。它是指企业职工城乡居民闲置的消费资金。随着我国经济的发展和人民生活水平的提高,职工和民间资金已成为企业不可忽视的一种资金来源。

（6）企业自留资金。它是指在生产经营活动中提取留用的资金,如折旧基金盈余公积金、公益金和未分配利润等。

2. 筹资方式。资金来源的多渠道要求筹资方式多样化,筹资方式同样与国家经济管理体制、财务管理体制等直接相关。此外,筹资方式还取决于资金市场的发展和完善状况。从目前来看,企业筹资方式主要有吸收国家投资、吸收其他企业投资、企业内部资本积累、发行股票、长短期借款、发行债券、融资租赁和商业信用等（这些方式的具体运用将在以后有关章节详细说明）。

（二）短期资金来源和长期资金来源

按照企业筹集资金可使用的时间的长短来区分，有短期资金来源和长期资金来源两种，简称为短期资金和长期资金。

1. 短期资金。它通常是指使用期在1年或一个经营周期以内的资金，具有使用期短、周转速度快、筹资成本低、还本付息负担小等特点。短期资金可以用短期借款和商业信用等方式筹集。

2. 长期资金。它是指使用期超过1年的资金。长期资金具有使用期长、周转速度慢、筹资成本高、还本付息负担大等特点，一般可以用长期借款、发行股票、发行债券、吸收其他单位投资等方式筹集。

（三）权益资本和债务资本

根据企业资金来源性质的不同，可将全部资金来源分为权益资本来源和债务资本来源两大部分。

1. 权益资本。权益资本又称为主权资本或自有资本，它是企业最基本的资金来源，是企业用吸收直接投资、内部留存收益积累、发行股票等形式筹集的资本。在财务报表中，它是指实收资本（股本）、资本公积、盈余公积和未分配利润等项目的总和。权益资本的所有权属于投资者，企业在经营期内可自主安排使用，不需要归还，因此能降低企业财务风险。

一个企业的权益资本是否充足，表明该企业有没有资金实力和竞争能力，因此，它是企业组织生产经营活动和向外举债的基础。

2. 债务资本。债务资本又称借入资本，它是企业用多种举债形式（如向银行借款、发行债券、融资租赁、商业信用等方式）筹集的资本，在财务报表上表现为流动负债和长期负债。债务资本使用期有长有短，短的仅几个月，长的超过1年，甚至长达数十年。

债务资本也是企业资金的重要来源。但是，债务资本到期必须偿还，并要支付固定的费用，如利息、租金等。如果到期偿付不了本金和利息，债权人有权依法要求企业破产还债。由此可见，企业使用债务资本的负担较重，财务风险大。

（四）内部筹资和外部筹资

按照资金筹措的地点不同，可将筹资分为内部筹资和外部筹资两种。

1. 内部筹资。它主要是指利用留存收益。留存收益是企业从税后利润提取的盈余积金，根据股东投资人的意愿和企业经营发展需要留存的未分配利润。利用留存收益是企业将利润转化为股东对企业追加投资的过程。

2. 外部筹资。它是指在企业内部的投资不能满足需要的时候，向企业外部筹集资金。企业外部筹资方式很多，如商业信用、银行信用、证券筹资等都属于外部筹资。

（五）直接筹资和间接筹资

按照筹资是否通过金融中介机构，可将筹资分为直接筹资和间接筹资两种。

1. 直接筹资。它是指企业直接与资金供应者达成协议而取得资金。直接筹资可用的筹资渠道和筹资方式有多种，如发行股票、债券、可转换证券等。直接筹资可以将社会闲散资金迅速转化为生产资金,筹资数额大,资金使用时间长,但筹资成本高。

2. 间接筹资。它是指企业通过银行或其他金融中介机构所进行的筹资活动。间接筹资最典型的方式是银行借款,它是我国企业最常用的一种外部筹资方式,是借入资金的主要来源。间接筹资的优点是筹资成本低,借款数额、使用时间、还本付息等较灵活。其缺点是筹资数量有限,且容易受金融政策变动的影响。

第二节 筹资规划

一、资金需要量的确定方法

企业筹集资金首先要对资金需要量进行预测,即对企业未来组织生产经营活动的资金需要量进行预测、估计、分析和判断。由于企业资金主要占用在固定资产和流动资产上,而这两项资产的性质、用途和占用资金的数额都不相同,所以分别测算。企业固定资产资金需要量的预测一般是通过投资决策、编制资本预算完成的。在企业正常经营的情况下,主要是对流动资金需要量进行预测。预测的方法通常分为如下两类。

(一)定性预测法

定性预测法是根据调查研究所掌握的情况和数据资料,凭借预测人员的知识和经验,对资金需要量所作的判断,其一般在缺乏完备、详细的历史资料时采用。预测的主要程序是:首先,由熟悉企业经营情况和财务情况的专家,根据其经验对未来情况进行分析判断,提出资金需要量的初步意见;其次,通过各种形式,如信函调查、开座谈会等形式,参照本地区同类企业情况进行分析判断,最终得出预测结果。

定性预测法使用简便、灵活,但它不能提示资金需要量和有关因素之间的数量关系,为此,它应与定量预测法结合运用。

(二)定量预测法

定量预测法是指以资金需要量及有关因素之间的关系为依据,在掌握大量历史数据资料的基础上,选用一定的数学方法加以计算,并将计算作为预测数的一种方法。定量预测法种类很多,如趋势分析法、相关分析法、线性规划法等。

二、销售百分比法

销售百分比法是一种在分析报告年度资产负债表有关项目与销售额关系的基础上,根据市场调查和销售预测取得的资料,确定资产、负债和所有者权益的有关项目占销售额的百分比,并以此推算出资金需要量或外部融资额的一种方法。

(一)资金需求的预测

预测的步骤如下:

第一,对资产负债表有关项目进行分析,找出随销售收入变动而直接变动的敏感性项目。一般来说,流动资产中的主要项目(如货币资金、应收账款、存货)都会随销售收入变动而变动;流动负债中的有些项目也会随销售收入变动而变动,如应付账款、应付费用等。流动负债中的短期借款,虽然也与销售收入的多少有一定的联系,但银行借款的取得必须经过提出申请、审查批准、协议等程序,因此不能将短期借款看成是随销售收入变动而直接变动的项目。

第二,计算敏感性项目占销售收入的百分比,并预计总资产以及不增加借款情况下的总负债。

第三,计算留存收益的增加额,并预计股东权益。其中:

$$留存收益增加 = 预计销售收入 \times 预计销售净利率 \times (1 - 股利支付率)$$

第四,预测外部融资额。销售百分比法是指在假定预测期敏感性项目占销售收入的百分比保持不变的情况下,确定预测期外部融资额。其计算公式为:

$$外部融资需求 = 预计总资产 - 预计总负债 - 预计股东权益$$

【例 4 – 1】富利股份有限公司 2020 年 12 月 31 日经整理后的资产负债表资料如表 4 – 1 所示。

表 4 – 1　资产负债表

2020 年 12 月 31 日　　　　　　　　　　　　　　　　　　单位:万元

资产	金额	负债及股东权益	金额
货币资金	344	短期借款	268
应收账款	856	应付款项	1 652
存货	1 000	长期借款	300
长期资产	3 500	负债合计	2 220
		实收资本	500
		资本公积	80
		留存收益	2 900
		股东权益	3 480
合计	5 700	合计	5 700

企业 2020 年在生产设备等固定资产满负荷运转的条件下,实现销售收入 9 000 万元,下年计划实现销售收入 10 000 万元,则富利公司融资需求销售百分比如表 4 – 2 所示。

表 4 – 2　富利公司融资需求

敏感性项目	2020 年占销售额(%)
货币资金	3.822 2
应收款项	9.511 1
存货	11.111 1
长期资产	38.888 9
资产合计	63.333 3
应付款项	18.355 6

当预计2021年销售收入为10 000万元时,有关资产和负债计算如下:

$$总资产 = 10\ 000 × 63.333\ 3\%$$
$$= 6\ 333.33(万元)$$
$$应付款项 = 10\ 000 × 18.355\ 56\%$$
$$= 1\ 835.56(万元)$$

预计不增加借款情况下的总负债(无关项目按上年数计算):

$$总负债 = 268 + 300 + 1\ 835.56$$
$$= 2\ 403.56(万元)$$

一般而言,股东权益随着留存收益同向变化。留存收益具有内部融资性质,它的增加可以缓解企业的外部融资需求,弥补企业资金的不足。留存收益的多少取决于盈利支付率的高低。即:

$$留存收益增加 = 预计销售收入 × 预计销售净利率 × (1 - 股利支付率)$$

假定富利公司股利支付率为35%,销售净利率维持上年的5.7%,则有:

$$留存收益增加 = 10\ 000 × 5.7\% × (1 - 35\%)$$
$$= 370.50(万元)$$

于是,根据会计方程式可以计算外部融资需求:

$$外部融资需求 = 预计总资产 - 预计总负债 - 预计股东权益$$
$$= 6\ 333.33 - 2\ 403.56 - (3\ 480 + 370.50)$$
$$= 79.27(万元)$$

富利公司为完成销售额10 000万元,需要增加资金633.33万元(6 333.33 - 5 700),负债的自然增长提供183.56万元(1 835.56 - 1 652),留存收益提供370.50万元,因此,应当再融资79.27万元(633.33 - 183.56 - 370.50)。

上述方法是根据销售总额进行预测的,此外,也可根据销售增量直接预测。销售增长会引起融资增加,那么两者之间必然存在一定的函数关系:

$$外部融资需求 = \left(\frac{资产销售}{百分比} × 新增销售额\right) - \left(\frac{负债销售}{百分比} × 新增销售额\right) - 计划销售额 × 计划销售净利率 × 留存比率$$

上例中:

$$新增销售额 = 10\ 000 - 9\ 000$$
$$= 1\ 000(万元)$$

代入有关数据:

$$外部融资需求 = 63.333\ 3\% × 1\ 000 - 18.355\ 6\% × 1\ 000 - 10\ 000 × 5.7\% × (1 - 35\%)$$
$$= 79.28(万元)$$

(二)增长率与资金需求

1. 外部融资销售增长比。既然销售增长会带来资金需求的增加,那么销售增长和融资需求之间就会有函数关系,根据这种关系,就可以直接计算特定增长下的融资需求。假设它们呈正比例,两者之间有稳定的百分比,即销售额每增长1元需要追加的外

部融资额,可将其称为"外部融资额占销售增长的百分比",简称"外部融资销售增长比"。其计算方法如下:

由于:

外部融资额 = 基期销售额 × 增长率 × (敏感资产销售百分比 - 敏感负债销售百分比) - 计划销售净利率 × 基期销售额 × (1 + 增长率) × 留存比率

两边同除"基期销售额 × 增长率":

外部融资销售增长比 = 敏感资产销售百分比 - 敏感负债销售百分比 - 计划销售净利率 × $\dfrac{1+增长率}{增长率}$ × 留存比率

代入富利公司资料:

增长率 = $\dfrac{10\,000 - 9\,000}{9\,000}$ = 11.11%

外部融资销售增长比 = 0.633 3 - 0.183 6 - 0.057 × $\dfrac{1+11.11\%}{11.11\%}$ × 0.65

= 0.079 2

外部融资额 = 外部融资销售额增长比 × 销售增长

= 0.079 2 × 1 000

= 79.2(万元)

外部融资销售增长比不仅可以用于融资预测,而且可以用于调整股利政策和预计通货膨胀对融资的影响。例如,富利公司预计增长率为5%,则:

外部融资需求 = [0.633 3 - 0.183 6 - 0.057 × (1.05 ÷ 0.05) × 0.65] × 450

= -147.76(万元)

表明该企业有剩余资金 147.76 万元,可用于增发股利或短期投资。

如果预计下年通货膨胀 10%,销售增长 5%,则:

销售名义增长 = (1 + 10%)(1 + 5%) - 1

= 15.5%

外部融资销售增长比 = 0.633 3 - 0.183 6 - 0.057 × (1.155 ÷ 0.155) × 0.65

= 0.173 6

表明该企业按销售名义增长的 17.36% 补充资金才能满足需要。

2. 内含增长率。销售增长引起的融资需求增加,可以用自身积累和外部融资两种途径来满足。我们把不从外部融资,依靠自身积累实现的销售增长率称为"内含增长率"。令外部融资为零,则有:

0 = 资产销售百分比 - 负债销售百分比 - 计划销售净利率 × [(1 + 增长率) ÷ 增长率] × 留存比率

依上例:

0 = 0.633 3 - 0.183 6 - 0.057 × [(1 + 增长率) ÷ 增长率] × 0.65

解之得:内含增长率 = 8.98%。

三、资金习性预测法

资金习性预测法是指根据资金习性预测未来资金需要量的一种方法。这里所说的资金习性是指资金变动与产销量变动之间的依存关系。按照资金习性可将资金分为不变资金、变动资金和半变动资金。

资金习性预测法有两种形式。一种是根据资金占用总额同产销量的关系来预测资金需要量,另一种是采用先分项后汇总的方式预测资金需要量。

设产销量为自变量 x,资金占用量为因变量 y,它们之间的关系可用下式表示:

$$Y = a + bx$$

式中:a 为不变资金;

b 为单位产销量所需变动资金,其数值可采用高低点法或回归直线法求出。

(一)高低点法

高低点法的计算公式为:

$$b = \frac{最高业务量期的资金占用 - 最低业务量期的资金占用}{最高业务量 - 最低业务量}$$

$$a = 最高收入期资金占用量 - 最高销售收入 \times b$$

$$= 最低收入期资金占用量 - 最低销售收入 \times b$$

【例 4-2】某企业 2017~2020 年销售收入与资产情况如表 4-3 所示。

表 4-3   单位:万元

时间	销售收入	现金	应收账款	存货	固定资产	流动负债
2017	600	1 400	2 100	3 500	6 500	1 080
2018	500	1 200	1 900	3 100	6 500	930
2019	680	1 620	2 560	4 000	6 500	1 200
2020	700	1 600	2 500	4 100	6 500	1 230
合计	2 480	5 820	9 060	14 700	6 500	4 440

要求:采用高低点法分项建立资金预测模型,并预测当 2012 年销售收入为 2 700 万元时企业的资金需要总量。

本题可以采用先分项后汇总的方式预测资金需要量。

解:现金占用情况:

$$b_{现} = \triangle Y / \triangle X$$
$$= (1\,600 - 1\,200)/(700 - 500)$$
$$= 2$$
$$a_{现} = Y - bX$$
$$= 1\,600 - 2 \times 700$$
$$= 200$$

应收账款占用情况:

$$b_{应} = \triangle Y / \triangle X$$
$$= (2\,500 - 1\,900)/(700 - 500)$$
$$= 3$$

$$a_{应} = Y - bX$$
$$= 2\,500 - 3 \times 700$$
$$= 400$$

存货占用情况：

$$b_{存} = \triangle Y / \triangle X$$
$$= (4\,100 - 3\,100)/(700 - 500)$$
$$= 5$$
$$a_{存} = Y - bX$$
$$= 4\,100 - 5 \times 700$$
$$= 600$$

固定资产占用：

$$a_{固} = 6\,500$$

流动负债占用情况：

$$b_{流} = \triangle Y / \triangle X$$
$$= (1\,230 - 930)/(700 - 500)$$
$$= 1.5$$
$$a_{流} = Y - bX$$
$$= 1\,230 - 1.5 \times 700$$
$$= 180$$

汇总计算：

$$b = 2 + 3 + 5 - 1.5$$
$$= 8.5$$
$$a = 200 + 400 + 600 + 6\,500 - 180$$
$$= 7\,520$$
$$y = a + b \cdot x$$
$$= 7\,520 + 8.5x$$

当 2021 年销售收入预计达到 2 700 万元时，预计需要的资金总额为：$7\,520 + 8.5x = 30\,470$（元）。

（二）回归直线法

回归直线法是一种根据若干期产销量和资金占用的历史资料，利用最小平方法原理进行预测的方法。

具体测算时，应首先按下列方程组确定 a、b 两个参数值，得出预测方程，再预测资金需要量。

$$\begin{cases} \sum y = na + b\sum x \\ \sum xy = a\sum x + b\sum x^2 \end{cases}$$

式中：n——观察次数。

【例 4-3】华泰公司 2014～2020 年的销售额和资金年平均占用额如表 4-4 所示。

表 4-4　销售收入和资金占用变化情况表　　　　　　　单位:万元

年度	销售额(x)	营运资金年平均占用额(y)
2014	100	60
2015	120	80
2016	110	80
2017	130	80
2018	150	90
2019	160	90
2020	180	100

为便于确定 a,b 值,现将有关数据及计算结果列于表 4-5 中。

表 4-5　有关参数值计算表　　　　　　　单位:万元

n	x	y	xy	x^2
2014	100	60	6 000	10 000
2015	120	80	9 600	14 400
2016	110	80	8 800	12 100
2017	130	80	10 400	16 900
2018	150	90	13 500	22 500
2019	160	90	14 400	25 600
2020	180	100	18 000	32 400
$n=7$	$\sum x = 950$	$\sum y = 580$	$\sum xy = 80\ 700$	$\sum x^2 = 133\ 900$

将上表有关数据代入上述方程组,得:

$$\begin{cases} 7a + 950b = 580 \\ 950a + 133\ 900b = 80\ 700 \end{cases}$$

解之得:

$$\begin{cases} a = 28.6 \\ b = 0.4 \end{cases}$$

于是,预测方程为:

$$y = 28.6 + 0.4x$$

最后,根据 2020 年的销售预测值 200 万元,测算该公司 2020 年营运资金平均需要量为:

$$y = 28.6 + 0.4 \times 200$$
$$= 108.6(万元)$$

四、可持续增长率

（一）可持续增长率的概念

由于企业要以发展求生存，销售增长是任何企业都无法回避的问题。企业增长的财务意义是资金增长。在销售增长时企业往往需要补充资金，这主要是因为销售增加通常会引起存货和应收账款等资产的增加。销售增长得越多，需要的资金越多。

从资金来源上看，企业增长的实现方式有以下三种：

第一，完全依靠内部资金增长。有些小企业无法取得借款，有些大企业不愿意借款，它们主要是靠内部积累实现增长。完全依靠内部来源支持的增长率，就是前面提到的"内含增长率"。但应注意的是，企业内部的财务资源往往是有限的，会限制企业的发展，无法充分利用扩大企业财富的机会。

第二，主要依靠外部资金增长。从外部来源筹资，包括增加债务和股东投资，也可以提高增长率。主要依靠外部资金实现增长是不能持久的。增加负债会使企业的财务风险增加，筹资能力下降，最终会使借款能力完全丧失；增加股东投入资本，不仅会分散控制权，而且会稀释每股盈余，除非追加投资有更高的回报率，否则不能增加股东财富。

第三，平衡增长。平衡增长，就是保持目前的财务结构和与此有关的财务风险，按照股东权益的增长比例增加借款，以此支持销售增长。这种增长率一般不会消耗企业的财务资源，是一种可持续的增长速度。

可持续增长率是指不增发新股并保持目前经营效率和财务政策条件下公司销售所能增长的最大比率。

可持续增长率的假设条件如下：①公司目前的资本结构是一个目标结构，并且打算继续维持下去；②公司目前的股利政策是一个目标股利政策，并且打算继续维持下去；③不愿意或者不打算发售新股，增加债务是其唯一的外部筹资来源；④公司的销售净利率将维持当前水平，并且可以涵盖负债的利息；⑤公司的资产周转率将维持当前的水平。

在上述假设条件成立时，销售的实际增长率与可持续增长率相等。

虽然企业各年的财务比率总会有些变化，但上述假设基本上符合大多数公司的情况。大多数公司不能随时增发新股。据国外的有关统计资料显示，上市公司平均20年出售一次新股。我国上市公司增发新股亦有严格的审批程序，并且至少要间隔一定年限。改变经营效率（体现于资产周转率和销售净利率）和财务政策（体现于资产负债率和收益留存率），对于一个理智的公司来说是件非常重大的事情。

平衡增长的资产、负债和股东权益的关系如图4-1所示。

可持续增长的思想，不是说企业的增长不可以高于或低于可持续增长率，问题的关键在于管理人员必须事先预计并解决在公司超过可持续增长率之上的增长所导致的财务问题。超过部分的资金只有两个解决办法：提高资产收益率，或者改变财务政策。提高经营效率并非总是可行的，改变财务政策是有风险和限制的，因此超常增长

图 4-1 平衡增长的资产、负债和股东权益

只能是短期的。尽管企业的增长时快时慢,但从长期来看总是受到可持续增长率的制约。

(二)可持续增长率的计算

1. 根据期初股东权益计算可持续增长率。限制销售增长的是资产,限制资产增长的是资金来源(包括负债和股东权益)。不改变经营效率和财务政策的情况下(即企业平衡增长),限制资产增长的是股东权益的增长率。因此,可持续增长率的计算公式可推导如下:

$$\begin{aligned}
\text{可持续增长率} &= \text{股东权益增长率} \\
&= \frac{\text{股东权益本期增加}}{\text{期初股东权益}} \\
&= \frac{\text{本期净利} \times \text{本期收益留存率}}{\text{期初股东权益}} \\
&= \text{期初权益资本净利率} \times \text{本期收益留存率} \\
&= \frac{\text{本期净利}}{\text{本期销售}} \times \frac{\text{本期销售}}{\text{期末总资产}} \times \frac{\text{期末总资产}}{\text{期初股东权益}} \times \text{本期收益留存率} \\
&= \text{销售净利率} \times \text{总资产周转率} \times \text{收益留存率} \times \text{期初权益期末总资产乘数}
\end{aligned}$$

应注意,"权益乘数"是用"期初权益"计算的,不要用期末权益计算。

【例 4-4】A 公司 2016 年至 2020 年的主要财务数据如表 4-6 所示。

表 4-6 根据期初权益计算的可持续增长率 单位:万元

年 度	2016	2017	2018	2019	2020
收入	1 000.00	1 100.00	1 430.00	1 352.46	1 487.71
税后利润	50.00	55.00	71.50	67.62	74.39
股利	20.00	22.00	28.60	27.05	29.75
留存利润	30.00	33.00	42.90	40.57	44.63
股东权益	330.00	363.00	405.90	446.47	491.11
负债	60.00	66.00	151.80	80.99	89.10
负债及权益(总资产)	390.00	429.00	557.70	527.46	580.21
可持续增长率的计算:					

续表

年　度	2016	2017	2018	2019	2020
销售净利率	5.00%	5.00%	5.00%	5.00%	5.00%
销售/总资产	2.564 1	2.564 1	2.564 1	2.564 1	2.564 1
总资产/期初股东权益	1.300 0	1.300 0	1.536 4	1.299 5	1.299 5
留存率	0.6	0.6	0.6	0.6	0.6
可持续增长率	10.00%	10.00%	11.82%	10.00%	10.00%
实际增长率		10.00%	30.00%	-5.42%	10.00%

根据可持续增长率公式(期初股东权益)计算如下:

可持续增长率(2017 年) = 销售净利率×资产周转率×期初权益乘数×收益留存率
$$= 5\% \times 2.564\ 1 \times 1.3 \times 0.6$$
$$= 10\%$$

实际增长率(2017 年) = (本年销售 - 上年销售)/上年销售
$$= (1\ 100 - 1\ 000)/1\ 000$$
$$= 10\%$$

其他年份的计算方法与此相同。

2. 根据期末股东权益计算的可持续增长率。可持续增长率也可以全部用期末数和本期发生额计算,而不使用期初数。

由于不增发股票(包括不回购股票),因此:

期初权益 = 期末权益 - 本期增加留存收益

根据前述利用期初权益计算可持续增长率公式整理可得:

$$\frac{可持续}{增长率} = \frac{留存率 \times 销售净利率 \times 权益乘数 \times 资产周转率}{1 - 留存率 \times 销售净利率 \times 权益乘数 \times 资产周转率}$$

使用例 4-4 的数据,根据本公式计算的可持续增长率见表 4-7。

表 4-7　根据期末股东权益计算的可持续增长率　　　　　　　　单位:万元

年　度	2016	2017	2018	2019	2020
收入	1 000.00	1 100.00	1 430.00	1 352.46	1 487.71
税后利润	50.00	55.00	71.50	67.62	74.39
股利	20.00	22.00	28.60	27.05	29.75
留存利润	30.00	33.00	42.90	40.57	44.63
股东权益	330.00	363.00	405.90	446.47	491.11
负债	60.00	66.00	151.80	80.99	89.10
负债及权益(总资产)	390.00	429.00	557.70	527.46	580.21
可持续增长率的计算:					
销售净利率	5.00%	5.00%	5.00%	5.00%	5.00%

续表

年 度	2016	2017	2018	2019	2020
销售/总资产	2.564 1	2.564 1	2.564 1	2.564 1	2.564 1
总资产/期末所有者权益	1.181 8	1.181 8	1.374 0	1.181 4	1.181 4
留存率	0.60	0.60	0.60	0.60	0.60
可持续增长率	10.00%	10.00%	11.82%	10.00%	10.00%
实际增长率		10.00%	30.00%	-5.42%	10.00%

根据表中所给数据和可持续增长率(期末股东权益)公式计算可持续增长率：

$$可持续增长率(2017年) = \frac{5\% \times 2.564\ 1 \times 1.181\ 8 \times 0.6}{1 - 5\% \times 2.564\ 1 \times 1.181\ 8 \times 0.6}$$
$$= 10\%$$

通过比较表4-6和表4-7可以看出，两个公式计算的可持续增长率是一致的。

(三) 可持续增长率与实际增长率

通过上面的举例可以看出，可持续增长率与实际增长率是两个概念。可持续增长率是企业当前经营效率和财务政策决定的内在增长能力，而实际增长率是本年销售额比上年销售额的增长百分比，它们之间有一定联系。

1. 如果不发股票，且某一年的经营效率和财务政策与上年相同，则实际增长率等于上年的可持续增长率。例如，2017年的经营效率和财务政策与2018年相同，2017年的实际增长率(10%)与根据2016年有关财务比率计算的可持续增长率(10%)相同。这种增长状态，在资金上可以永远持续发展下去，称之为平衡增长。当然，外部条件是公司不断增加的产品能为市场所接受。

2. 如果某一年的公式中的4个财务比率有一个或多个数值增加，则实际增长率就会超过上年的可持续增长率。例如，2018年权益乘数提高(其他比率不变)使得实际增长率上升到30%，超过上年的可持续增长率(10%)。由此可见，超常增长是"改变"财务比率的结果，而不是持续当前状态的结果。企业不可能每年提高这4个财务比率，也就不可能使超常增长继续下去。

3. 如果某一年的公式中的4个财务比率有一个或多个数值比上年下降，则实际销售增长就会低于上年的可持续增长率。例如，2019年权益乘数下降(其他比率不变)使得实际增长率下降到-5.42%，低于上年的可持续增长率(10%)。即使该年的财务比率恢复到2016年和2017年的历史正常水平，下降也是不可避免的。超常增长之后，低谷必然到来，对此事先要有所准备。如果不愿意接受这种现实，继续勉强冲刺，现金周转的危机很快就会来临。

可持续增长率的高低，取决于公式中的4项财务比率。销售净利率和资产周转率的乘积是资产净利率，它体现了企业运用资产获取收益的能力，决定于企业的综合实力。至于采用"薄利多销"还是"厚利少销"的方针，则是政策选择问题。收益留存率和权益乘数的高低是财务政策选择问题，取决于决策人对收益与风险的权衡。企业的实力和承担风险的能力,决定了企业的增长速度。因此,一个理智的企业在增长率问题上并没有多少回旋余地,尤其是从长期来看更是如此。一些企业由于发展过快陷入危机甚至破产,另一些企业由于增长太慢遇到困难甚至被其他企业收购,就说明不当的速度可以毁掉一个企业。

第三节　中长期筹资方式

企业全部资本按其所有权归属,分为权益资本和债务资本。权益资本筹资是指企业通过吸收直接投资、发行股票等方式筹集资金,债务资本筹资是指企业通过中长期借款和发行债券等方式筹集资金。

一、普通股股票筹资

普通股股票是公司股票中最普遍的形式。用普通股筹集的资金称为普通股股本,它是公司权益资本的最基本的组成部分。

(一)普通股筹资的优点

与其他筹资方式相比,利用普通股筹资主要有以下优点:

1. 发行普通股筹措的资本具有永久性,无到期日,不需归还。这对保证公司对资本的最低需要、维持公司的长期稳定发展极为有益。

2. 公司没有支付普通股股利的法定义务。这使得公司可以根据具体情况行事。由于没有固定的股利负担,股利的支付与否与支付多少,视公司有无盈利和经营需要而定,经营波动给公司带来的债务负担相对较小。

3. 发行普通股筹集的资本是公司最基本的资金来源。这反映了公司的实力,可作为其他方式筹资的基础,尤其可为债权人提供保障,增强公司的举债能力。

4. 由于普通股的预期收益较高并可一定程度地抵消通货膨胀的影响(通常在通货膨胀期间,不动产升值时股票也随之升值),因此,普通股筹资容易吸收资金。

另外,如果不受公司法等有关法规限制,公司可用普通股的买进或卖出来临时改变公司资本结构。例如,在公司盈利较高时,为防止现金的大量流失,公司可以在未公布盈利前,在市场上购买自己的普通股,作为库藏股储存起来;在公司经营不景气致使普通股市价下跌时,如果公司预测未来经营情况良好,亦可购进自己的股票储存起来,等盈利增多时再予抛售。这样一方面可以有效地阻止股价下跌,坚定股东信心;另一方面又可以获得可观的利润。

(二)普通股筹资的缺点

利用普通股筹资的缺点主要表现为以下两点。

1. 筹资的资本成本较高。这首先表现在筹措普通股时发生的费用(如包销费)较高。其次,从投资者角度而言,投资于普通股风险较高,因而相应要求有较高的投资报酬率。再次,对筹资公司而言,普通股股利从税后支付,不像债券利息那样可以作为费用从税前支付,因而不具有抵税作用。

2. 以普通股筹资会增加新股东,这可能分散公司的控制权。此外,新股东可分享公司未发行新股前积累的盈余,会降低普通股的每股净收益,从而可能引发股价的下跌。

二、中长期借款筹资

中长期借款,是企业向银行或其他非银行金融机构借入的期限超过1年的借款。

(一)中长期借款的种类

中长期借款的种类较多,各企业可根据自身情况,从不同的来源取得。

1. 按贷款有无担保品,可将中长期借款分为信用贷款和抵押贷款。

(1)信用贷款,一般是指不要求企业提供抵押品作担保,仅凭借款企业信用和担保人信誉发放的贷款。例如,我国国有企业向各银行借入的款项,一般都是信用贷款。

(2)抵押贷款,是指要求企业以不动产和其他资产(如机器设备、股票、债券等)作抵押而取得的贷款。如果借款企业到期不归还贷款,银行或其他金融机构有权取消企业对抵押品的赎回权,并将其出售变卖,所得款项用于归还贷款。

2. 从取得的来源不同,可将中长期借款分为政策性银行贷款、商业银行贷款、保险公司贷款等。

(1)政策性银行贷款,一般是指执行国家政策性贷款业务的银行向企业发放的贷款。例如,国家开发银行提供的贷款,主要是满足企业承建国家重点建设项目的资金需要;进出口信贷银行则为大型成套设备的进出口提供买方和卖方信贷。

(2)商业银行贷款,是指由各商业银行向各工商企业提供的贷款,主要满足企业建设项目的资金需要。企业取得贷款后应自主决策、自担风险、自负盈亏、到期归还。

(3)保险公司贷款,是指由保险公司向企业提供的贷款,贷款期限一般比银行贷款长,但利率较高,对贷款单位的选择也较严。

除以上由各金融机构提供的贷款以外,企业还可以取得财政周转金贷款。财政周转金是国家预算采用信用形式安排的支出。周转金可贷放给企业有偿使用,到期收回,周转使用。财政周转金贷款的许多手续比较简便,利率一般低于银行贷款利率,但由于数额有限,主要用于国有企业投资少、期限短、见效快的技术改造等项目。

除此以外,企业还可以从信托投资公司取得实物和货币形式的信托投资贷款,从财务公司取得各种中长期贷款等。外商投资企业还可以从国外银行取得贷款。

(二)中长期借款筹资的优缺点

1. 企业利用中长期借款筹资的优点如下。

(1)各类金融机构提供的中长期借款种类较多,便于企业选择利用。

(2)中长期贷款的手续比较简便,取得速度较快。

(3)中长期借款在使用期内,如果企业经营情况发生变化,需要调整贷款数量和时间时,可与有关金融机构协商,增减借款数量和延长、缩短借款时间,弹性较大。

2. 企业利用中长期借款筹资的缺点如下。

(1)中长期借款具有较强的计划性和政策性,容易受国家经济政策变动的影响。

(2)中长期借款必须按期归还,财务风险较大。如果借款时金融机构规定的限制性条款太多,会影响企业的筹资、投资活动。

(3)中长期借款数额有限,不可能像发行债券筹资那样一次筹集大量资金。

三、债券筹资

(一)债券及其种类

债券是各经济主体为筹集资金而向债权人出具的,承诺按一定比例定期支付利息,到期偿还本金的债权债务凭证。其中,由企业按照法定程序发行,约定在一定期限内还本付息的债券称为企业债券或公司债券。

在发达的资本市场中,企业债券的种类较多,一般有以下分类。

1. 按是否记名进行的分类。

(1)记名债券。记名债券是指在券面上注明债权人姓名,同时在发行公司的名册上做同样登记的债券。转让记名债券时,要在债券上背书和在公司名册上更换债权人姓名。债券投资者必须凭印鉴领取本息。它的优点是比较安全,但转让时手续复杂、流动性差。

(2)无记名债券。无记名债券是指在券面上无须注明债权人姓名,也不在公司名册上登记的债券。无记名债券在转让时无须背书和在发行公司的名册上更换债权人姓名,因此流动性强;但缺点是遗失或毁损时,不能挂失和补发,安全性较差。一般来说,无记名债券的持有者可以要求公司将债券改为记名债券。

2. 按能否转换为本公司股票进行的分类。若公司债券能转换为本公司股票,称为可转换债券;反之,称为不可转换债券。一般来说,可转换债券的利率要低于不可转换债券的利率。

3. 按是否有特定的财产担保进行的分类。

(1)抵押债券。抵押债券是指发行公司以特定财产作为抵押品的债券。其具体又可分为:一般抵押债券,即以公司产业的全部作为抵押品而发行的债券;不动产抵押债券,即以公司的不动产为抵押而发行的债券;设备抵押债券,即以公司的机器设备为抵押而发行的债券;证券信托债券,即以公司持有的股票证券以及其他担保证书交付给信托公司作为抵押而发行的债券等。

(2)信用债券。信用债券是指没有特定财产作为抵押,凭信用发行的债券。通常只有实力雄厚、信用可靠的公司才能发行信用债券。

4. 按是否参加公司盈余分配进行的分类。

(1)参加公司债券。参加公司债券是指除了可以获得预先规定的利息收入以外,还可以在一定程度上参加公司盈余分配的债券。此种债券兼有债券和股票的性质,发行人大多是经营一般、声誉不太高的企业。

(2)非参加公司债券。非参加公司债是指债券持有人只能按照事先约定的利率获得利息,无权参与公司盈余分配的债券。它是公司债券的主要形式。

5. 按利率的不同进行的分类。

(1)固定利率债券。固定利率债券是指将利率明确记载于债券上,按这一固定利率向债权人支付利息的债券。

(2) 浮动利率债券。浮动利率债券是指债券上明确利率,发放利息时利率水平按某一标准(如政府债券利率、银行存款利率)的变化而同方向调整的债券。

6. 按能否上市进行的分类。可在证券交易所挂牌交易的债券为上市债券;反之,为非上市债券。上市债券信用度高,价值高,且变现快,易于吸引投资者;但上市债券上市条件严格,并要承担上市费用。

7. 按偿还方式进行的分类。发行公司于债券到期日一次集中清偿本金的,为到期一次债券;一次发行而分期、分批偿还的债券为分期债券。分期债券的偿还又有不同办法。

8. 按其他特征进行的分类。

(1) 收益债券。收益债券是指只能从公司足够的盈余中支付利息的债券。公司只有在有盈余的时候才对收益债券支付利息。在某一年份未支付的利息可以累积起来,如果公司未来年份产生了盈利,就得在盈余允许的范围内支付这些累积未付利息。当然累积未付利息通常只限于不超过三年的时间。这种证券承诺向投资者支付固定收益率,但这种承诺的可靠性较低。尽管如此,收益债券仍优先于优先股及普通股。与优先股不同的是,收益债券不太受投资者的欢迎,主要是在企业重整时才发行。

(2) 附认股权债券。附认股权债券是指附带允许债券持有人按特定价格认购公司股票权利的债券。这种认购股权通常随债券发放,具有与可转换债券类似的属性。附认股权债券与可转换债券一样,票面利率通常低于一般公司债券。

(3) 附属信用债券。附属信用债券是指当公司清偿时,受偿权排列顺序低于其他债券的债券。这种债券的利率高于一般债券,但如其可转换为普通股,出售价格又会低于一般信用债券。

(二)债券发行价格的制定

债券的发行价格是债券发行时使用的价格,亦即投资者购买债券时所支付的价格。公司债券的发行价格通常有三种:平价、溢价和折价。

平价发行是指以债券的票面金额为发行价格;溢价发行是指以高出债券票面金额的价格为发行价格;折价发行是指以低于债券票面金额的价格为发行价格。债券发行价格的形成受诸多因素的影响,其中,主要的是票面利率与市场利率的一致程度。债券的票面金额、票面利率在债券发行前即已参照市场利率和发行公司的具体情况确定下来,并载明于债券之上,但在发行债券时,已确定的票面利率不一定与当时的市场利率一致。为了协调债券购销双方在债券利息上的利益,就要调整发行价格,即:当票面利率高于市场利率时,以溢价发行债券;当票面利率低于市场利率时,以折价发行债券;当票面利率与市场利率一致时,则以平价发行债券。

债券发行价格的计算公式为:

$$P = \frac{M}{(1+r)^n} + \sum_{t=1}^{n} \frac{M \cdot i}{(1+r)^t}$$

式中:P——债券发行价格;

M——票面金额;

r——市场利率;

t——付息期数;

n——债券期限;

i——票面利率。

【例4-5】A公司发行面额为1 000元,票面利率为10%,期限为10年的债券,每年末付息一次。其发行价格可分下述三种情况来分析计算:

1.市场利率为10%,与票面利率一致,为等价发行。债券发行价格可计算如下:

$$\frac{1\,000}{(1+10\%)^{10}}+\sum_{t=1}^{10}\frac{100}{(1+10\%)^t}=1\,000(元)$$

2.市场利率为8%,低于票面利率,为溢价发行。债券发行价格可计算如下:

$$\frac{1\,000}{(1+8\%)^{10}}+\sum_{t=1}^{10}\frac{100}{(1+8\%)^t}=1\,134(元)$$

3.市场利率为12%,高于票面利率,为折价发行。债券发行价格可计算如下:

$$\frac{1\,000}{(1+12\%)^{10}}+\sum_{t=1}^{10}\frac{100}{(1+12\%)^t}=886(元)$$

(三)债券筹资的优缺点

1.债券筹资的优点。

(1)债券筹资的资金成本低于股票。债券的利息按规定可以计入税前成本费用,可以起到抵税的作用。

(2)债券持有者是企业债权人,无权参与企业经营管理和对利润的分配,因而不会影响所有者的控制权和利润分配权。

2.债券筹资的缺点。

(1)债券有固定的利息负担和到期日,一旦企业经营不善或经济状况对企业发展不利时,会使企业的资金周转受到影响。如果企业不能按期还本付息,将会降低企业信誉,甚至会使企业面临破产局面,财务风险较大。

(2)债券筹资手续比长期借款复杂,限制条件多,筹资费用高。

四、可转换债券筹资

可转换证券,是指发行人依照法定程序发行的,持有人有权在规定期限内按预告确定的条件,将其转换为一定数量的公司股票的一种有价证券。最常用的可转换证券是可转换债券。

(一)可转换债券的性质

可转换债券具有如下性质。

1.债券性。这是可转换债券的首要性质。可转换债券以公司债券作为载体,持有者若在规定的转换期限内未将其转换成股票,则发行公司必须到期无条件偿还本息。

2.期权性。这是可转换债券区别于非转换普通债券的根本属性。它体现在可转换债券具有明显的期权特征——可转换的选择权,即在规定的转换期限内,投资者可以选择将其持有的可转换债券,按规定的转换价格转换为一定数量的股票,也可以放弃这种权利。而发行公司以及其他任何机构都不得强制投资者执行转换。

3.赎回性。这是为了保护发行公司利益而在发行合约中规定的附加条款。其功能主要是迫使投资者尽快行使转换权,同时也可避免金融市场利率变动而使发行公司承担较高的利率风险。

(二)可转换债券的基本要素

公司发行的可转换债券包含若干重要因素,这些要素基本上决定了该可转换债券的总体特征、价值及其属性。

1.基准股票。它是指可转换债券可转换的发行公司的具体某一种股票。发行公司的股票可能有普通股和优先股,普通股还可分为A股、B股、H股等多种形式,发行时必须对基准股票加以确定,并应在发行公告书中加以明确。

2.票面利率。它是指可转换债券的票面利率。由于可转换债券中包含有公司股票的买进期权,这就决定了它的票面利率必然低于不可转换债券的利率。

相同的情况下,较高的票面利率对投资者更具有吸引力,发行容易成功,但转换前发行公司需支付较多的利息,且影响到转换比例,因而转换容易失败;反之,较低的票面利率加大了发行风险,但转换前所支付的利息较少,且在股份持续上涨的情况下转换容易成功。发行公司应根据证券市场的实际情况和自身的经营状况确定合适的票面利率,使公司的风险与收益组合达到最优化。

3.转换价格与转换比率。转换价格是指可转换债券在有效期间内转换为基准股票的每股价格。转换价格一般高于发行时的股票市价。转换比率是指可转换债券在实际转换时一个单位的债券能转换的股票数量。两者存在以下关系:

$$单位可转换债券面值 = 转换价格 \times 转换比率$$

转换价格与转换比率的确定,直接关系到投资者与公司现有股东的利益。转换价格定得太高,或者转换比率定得过低,会降低可转换债券的投资价值,削弱对投资者的吸引力,增大发行风险;反之,转换价格定得过低,或者转换比率定得过高,尽管提高了可转换债券的投资价值,有效地吸引了投资,但加大了发行公司股权的稀释程序,会损害公司原有股东的利益。因此,应设计科学、合理的转换价格和转换比率,以兼顾投资者和原有股东双方的利益。

4.转换期限。它是指可转换债券转换为基准股票的起讫时间,是发行公司受理债权转股权的期限。转换期限通常有四种规定:发行后某日至到期前日、发行后某日至到期日、发行日至到期日以及发行日至到期前日。

5.赎回条款。赎回是指发行人按照事先约定的价格和条件,提前赎回未到期的发行在外的可转换债券。其目的主要是为了避免金融市场利率下降,使公司承担较高利息的风险,同时为了迫使投资者行使其转换权。其赎回条款一般包含以下三个要素:

(1)赎回条件。这是赎回条款中最重要的因素,通常有两种类型:①无条件赎回

（硬赎回），即直接规定赎回起止时间，通常自第一次赎回直至到期前，发行人按照约定的价格和时间表公告赎回；②有条件赎回（软赎回），即当发行公司有股票价格在一段时间内连续高于转换价格而达到一定幅度时，或出现税收政策改变、公司增发新的可转换债券、银行利率下调到一定幅度等其他条件时，发行公司按事先约定的赎回价格买回未转股的发行在外的可转换债券。

（2）赎回时间。这是指可转换债券进入可赎回的时间，通常有两种形式：①定时赎回，即规定一系列的指定日期，到此日期，发行公司有权按原先确定的赎回价格赎回部分或全部可转换债券；②不定时赎回，即根据发行公司股票价格的走势，按原先的有关规定赎回。

（3）赎回价格。赎回价格通常要高于可转换债券面值，但可转换债券赎回的时间越接近到期日，赎回价格越低，最后甚至可以按面值赎回。

6. 回售条款。它是在可转换债券发行公司的股票价格达到某种恶劣程度时，债券持有人有权按照约定的价格将可转换债券卖给发行公司的有关规定。回售条款具体包括回售时间、回售价格等内容。设置回售条款是为了保护债券投资人的利益，使他们能够避免遭受过大的投资损失，从而降低投资风险。合理的回售条款，可以使投资者具有安全感，因而有利于吸引投资者。

7. 转换调整条件。这是指发行公司在发生重大资本调整行为时（例如，股利分配、增资扩股、资产重组、股权融资、并购等），会引起公司股票价格下跌，因而应调整转换价格。一般来说，调整转换价格时最大向下修正到原转换价格的80%，故又称"向下修正条款"。此条款是保护发行人和投资人的双向条款。通常调整转换价格，使转换的可能性提高。

（三）可转换债券筹资的优缺点

1. 可转换债券筹资的优点。

（1）降低融资成本。由于可转换债券包含了股票期权因素，投资者愿意接受比普通债券更低的利率（现阶段，我国规定可转换债券利率不应高于同期银行存款利率），可使发行公司在转换前降低利息费用支出。此外，发行可转换债券无须资产抵押，有利于公司资产处置和追加借贷资金。

（2）减缓股权稀释。发行可转换债券与发行新股不同，不会立即产生大面积稀释每股盈利的负面影响；在可转换债券转换成股份之后，发行公司的股本结构发生变化，会出现每股盈利稀释的现象，但由于可转换债券的转换期限较长，其股权稀释会因公司盈利的增加而得以相互抵消。这也在客观上保护了现有投资者的利益。

（3）调整资本结构。企业融资的目标之一是优化资本结构。可转换债券的引入，可使发行公司的资本结构增加弹性。在发行初期，可转换债券属于债务资本，一旦转换为股份，股权资本增加，债务资本减少，会降低公司的负债比例。因此，公司可在不追加资金来源的情况下，自动调整资本结构。

（4）拓宽融资渠道。在股票市场低迷或公司营运状况不佳时，通过发行新股或公司债券筹资较困难,而可转换债券结构灵活,投资者在购买债券的同时获得了按特定条件转换为股票的权利,故这种新的投资工具大大吸引了那些既渴望得到较高收益又不希望错过股票升值的潜在收益的投资者。因此,采取了可转换债券融资,无疑可以开拓资金来源渠道,实现多元化筹资。

(5)增加理财灵活性。公司发行债券时,债权人通常在债务契约中设定许多约束性条款,如债务资本的用途约束、数量限制、担保约束、产权比率约束等。而可转换债券投资者是企业的潜在股东,与企业的利益冲突相对要小得多,因此可转换债券所筹资金的使用约束较少,从而使发行公司的财务管理拥有更大的灵活性。

2. 可转换债券筹资的缺点。

(1)股价上涨风险。虽然可转换债券的转换价格高于其发行时的股票价格,但如果转换时股票价格大幅上涨,公司只能以较低的固定转换价格换出股票,会降低公司的股权筹资额。

(2)股价低迷风险。发行可转换债券后,如果股价没有达到转股所需要的水平,可转换债券持有者没有如期转换普通股,则公司只能继续承担债务。在订有回售条款的情况下,公司短期内集中偿还债务的压力会更明显。

五、租赁筹资

(一)租赁的类型

租赁是指出租人与承租人通过签订契约的形式明确双方权利和义务关系,出租人让渡财产使用权和在一定范围内对财产的处分权的行为。

租赁契约是明确出租人和承租人双方权利和义务,规范双方行为的书面文件。其内容一般包括:租赁物的归属,租金的数额,租赁物的使用、维修和保养责任等。

2018年12月7日,财政部修订发布了《企业会计准则第21号——租赁》。按照新租赁准则,承租人会计处理不再区分经营租赁和融资租赁,而是采用单一的会计处理模型,也就是说,除采用简化处理的短期租赁和低价值资产租赁外,对所有租赁均确认使用权资产和租赁负债。短期租赁,是指在租赁期开始日,租赁期不超过12个月的租赁;低价值资产租赁,是指单项租赁资产为全新资产时价值较低的租赁。

出租人租赁仍分为融资租赁和经营租赁两大类,一项租赁属于融资租赁还是经营租赁取决于交易的实质,而不是合同的形式。如果一项租赁实质上转移了与租赁资产所有权有关的几乎全部风险和报酬,出租人应当将该项租赁分类为融资租赁。出租人应当将除融资租赁以外的其他租赁分类为经营租赁。

(二)租赁的一般程序

1. 选择租赁公司。企业决定采用租赁方式获取某项设备时,首先需要了解各家租赁公司的经营范围、业务能力、资信情况以及与其他金融机构的关系,取得租赁公司的融资条件和租赁费率等资料,加以分析比较,从中择优选择。

2. 办理租赁委托。企业选定租赁公司后,便可向其提出申请,办理委托。这时,承租企业需填写"租赁申请书",说明所需设备的具体要求,同时还要向租赁公司提供财务状况条件,包括资产负债表、利润表和现金流量表等资料。

3. 签订购货协议。由承租企业与租赁公司的一方或双方合作组织选定设备供应厂商,并与其进行技术和商务谈判,在此基础上签订购货协议。

4. 签订租赁合同。租赁合同由承租企业与租赁公司签订。它是租赁业务的重要文件,具有法律效力。融资租赁合同的内容可分为一般条款和特殊条款两部分。

一般条款主要包括:①合同说明:主要明确合同的性质、当事人身份、合同签订的日期等;②名词释义:解释合同中所使用的重要名词,以避免歧义;③租赁设备条款:详细列明设备的名称、规格型号、数量、技术性能、交货地点及使用地点等;④租赁设备交货、验收、税务、使用条款;⑤租赁期限及起租日期条款;⑥租金支付条款:规定租金的构成、支付方式和货币名称,这些内容通常以附表形式列为合同附件。

特殊条款主要规定:①购货协议与租赁合同的关系;②租赁设备的产权归属;③租期中不得退租;④对出租人和对承租人的保障;⑤承租人违约及对出租人的补偿;⑥设备的使用和保管、维修、保障责任;⑦保险条款;⑧租赁保证金和担保条款;⑨租赁期满时对设备的处理条款等。

5. 办理验货与保险。承租企业按购货协议收到租赁设备时,要进行验收,验收合格后签发交货及验收证书,并提交租赁公司。租赁公司据以向供应厂商支付设备价款。同时,承租企业向保险公司办理投保事宜。

6. 支付租金。承租企业在租赁期内按合同规定的租金数额、支付方式等,向租赁公司支付租金。

7. 合同期满后的设备处理。融资租赁合同期满时,承租企业根据合同约定,对设备续租、退租或留购。

(三)租赁筹资的优缺点和管理要求

1. 租赁筹资的优缺点。

(1)租赁筹资的优点有:限制条件少;可以减少中间环节,及时得到新设备;可以掌握先进技术,提高营运生产率。融资租赁也是引进外资的一种重要形式。在企业缺少筹资渠道的情况下,可以及时得到资金,并能起到"借鸡下蛋,以蛋还租"的效果。

(2)租赁筹资的缺点有:这种方式的资本成本高(租金总额通常高出设备价值的30%)。

2. 租赁筹资的管理要求。租赁筹资必须加强管理,应注意以下问题:

(1)在租赁前应对租金数额进行预计,并制定相应的支付租金的期限及第一次支付租金的时间等对策,以便向出租方提出申请,并在签订租赁合同时注明。另外,还应事先对租金的支付来源做出规划,以维护企业的信誉。

(2)由于租金的数额和支付方式对企业未来财务状况具有直接的影响,所以财务人员应熟悉租金的构成,并计算支付方式,以做出正确的筹资决策。

(四)租金的确定

租赁的租金一般包括设备购进成本、租赁成本及利润等部分内容。设备购进成本由设备的买价、运杂费、途中保险费等构成；设备租赁成本及利润则是指出租公司购买租赁设备的融资成本——利息，出租公司承办租赁业务的营业费用和出租公司应获得的利润，通常总称为租赁手续费。除此以外，租金的支付方式和支付期限的长短也会影响租金数额。

租金支付可采用的方式有：等额支付和不等额支付；年初支付或年末支付；每年支付一次或多次，或者第一次开始支付租金可以在设备使用后的某年开始等。我国租赁业务计算租金的方式一般采用附加利率法和等额年金法。

①附加利率法。这是一种在租赁资产概算成本的基础上，附加一定比例计算租金的方法。附加利率由出租人根据其所冒风险的程度（利率变动风险、汇率变动风险、承租人无力偿付租金风险等）以及要求获得的利润来决定。使用附加利率法时，每期支付租金的计算公式为：

$$MT = \frac{p(1+ni)}{n} + pr$$

式中：MT——每期的租金；

p——租赁资产的概算成本；

n——租赁年数；

i——每期的利率；

r——附加利率。

【例4-6】ABC企业租赁设备10台，概算成本为200万元，租金分5年归还，年利率为5%，附加利率为5%。试计算每期平均租金支付额。

$$MT = \frac{200 \times (1+5 \times 5\%)}{5} + 200 \times 5\%$$

$$= 60(万元)$$

附加利率法的支付特点为：每期末支付租金；单利计息；每期租金金额相等。

②等额年金法。此种方法要求在租赁期内每年支付相等的租金。租金的计算公式如下：

$$MT = \frac{P}{(P/A, i, n)}$$

式中：p——租赁资产购置成本；

i——租赁折现率。

我国租赁筹资实务中，租金的计算大多采用等额年金法。等额年金法下，通常要根据利率和租赁手续费率确定一个租费率，作为折现率。

【例4-7】虹元洗衣机厂拟于2021年1月1日从租赁公司租入一套生产线，价值600万元，租赁期满时预计残值50万元，归租赁公司。租期6年，年利率8%，租赁手续费率每年2%。租金每年年末支付一次，则：

$$MT = [600 - 50 \times (P/F, 10\%, 6)]/(P/A, 10\%, 6) = 131.283(万元)$$

为了便于有计划地安排租金的支付，承租企业可编制租金摊销计划表。根据本例的有关资料编制租金摊销计划如表4-8所示。

表 4-8　租金支付计划表　　　　　　　　　　　　　　　单位：万元

年份	期初本金(1)	支付租金(2)	应计租费(3)=(1)×10%	本金偿还额(4)=(2)-(3)	本金余额(5)=(1)-(4)
2021	600.00	131.28	60	71.28	528.72
2022	528.72	131.28	52.87	78.41	450.31
2023	450.31	131.28	45.03	86.25	364.06
2024	364.06	131.28	36.41	94.87	269.19
2025	269.19	131.28	26.92	104.36	164.83
2026	164.83	131.28	16.48	114.80	50.03*
合计		787.68	237.71	549.97	50.03

注：*50.03 即为到期残值，尾数0.03系中间计算过程四舍五入的误差导致。

第四节　资本成本

一、资本成本的含义

资本成本是企业财务管理中的一个重要概念，对于企业筹资而言，它是选择资金来源、确定筹资方案的重要依据，企业总是力求以最低的资本成本筹集所需要的资金；对于企业投资而言，资本成本是评价投资项目、决定投资取舍的重要标准。

资本成本是指企业为筹集和使用资金而付出的代价，包括资本筹集费和资本占用费。资本筹集费是指在资本筹集过程中支付的各项费用，如发行股票、债券而支付的印刷费，以及发行手续费、宣传广告费、律师费、资信评估费、公证费、担保费等。资本占用费是企业占用资本支付的费用，如银行借款利息、债券利息、股票股息和红利等。

从投资者的角度来看，资本成本是资本所有者让渡资本使用权而要求的投资回报率。

企业的资金来源包括权益和负债。各种资金来源都有成本，但由于短期负债使用时间短、成本低，一般都不把它纳入资本成本的研究范围，所以，本章所指的资本成本是长期资金来源的成本。

资本成本因筹资方式、筹资条件和筹资数额的不同而有所不同。为了便于分析比较，资本成本通常用相对数表示，即：

$$资本成本 = \frac{实际占用费}{实际筹资额}$$

二、个别资本成本的测算

企业的资本来自不同的渠道，如银行借款、企业债券、优先股、普通股、留存收益等。由于不同来源的资本所承担的风险不同，所要求的报酬也不同，所以它们的个别成本也是不同的。个别资本成本是指各种筹资方式的成本。其中主要包括长期借款成本、债券成本、优先股成本、普通股成本、留存收益成本,前两者统称债务资本成本,后三者统称权益资本成本。

(一)长期借款成本

通常情况下,长期借款的筹资费用较低,其利息支出具有抵税作用。因此,对于一次还本、分期付息的长期借款成本而言,其计算公式如下:

$$K_L = \frac{i_L}{1-f_L}(1-T)$$

式中:K_L——长期借款成本;
　　i_L——长期借款利息率;
　　T——企业所得税率;
　　f_L——长期借款手续费率。

若无借款手续费或手续费很少以至于可以忽略不计,则上式可简化为:

$$K_L = i_L(1-T)$$

【例4-8】A公司所得税税率为25%,该公司计划借入一笔5年期、利率为10%的长期借款500万元,每年付息一次,到期一次还本。若手续费忽略不计,则该长期借款的成本为:

$$K_L = 10\% \times (1-25\%)$$
$$= 7.5\%$$

(二)债券成本

债券成本计算原理同长期借款成本类似。其计算公式为:

$$K_B = \frac{I_b(1-T)}{B(1-F)}$$

式中:K_B——长期债券成本;
　　I_b——债券年利息;
　　B——债券筹资额;
　　F——债券筹资费用率。

【例4-9】B公司发行面额为500万元的10年债券,票面利率12%,发行费用率为5%,发行价格为600万元,所得税税率为25%。该债券成本为:

$$K_b = \frac{500 \times 12\% \times (1-25\%)}{600 \times (1-5\%)}$$
$$= 7.89\%$$

(三)优先股成本

企业发行优先股,既要支付筹资费用,又要定期支付股利。优先股成本的计算方法与债券成本的计算几乎完全相同,但优先股的股利要用税后利润支付。这意味着在计算优先股的成本时不用考虑所得税的影响。

按照同样的原理,我们可以得到优先股成本的计算方法,可用公式表示为:

$$K_p = \frac{D_p}{P_p(1-f_p)}$$

式中：D_p——优先股每股支付的固定股利；
　　　P_p——优先股的发行价格；
　　　f_p——优先股的筹资费用率。

【例4-10】C公司发行优先股，每股发行价格为100元，每股每年支付固定现金股利5元。筹资费用率为2%。则其成本如下：

$$优先股发行净收入 = 100 \times (1 - 2\%)$$
$$= 98(元)$$
$$优先股成本 = 5/98$$
$$= 5.10\%$$

（四）普通股成本

普通股的资本成本就是普通股投资的必要收益率。计算普通股成本主要有如下三种方法。

1. 股利增长模型。优先股股利基本上是固定的，而普通股股利的金额则不确定。这是计算普通股成本的难点所在。股东们通常期望股利和持有股票的价值将逐年增长，而不是一成不变，因此在计算普通股成本时可以假定股利有一个固定增长率。由戈登（Myron Gordon）研究而成的股利增长模型正是反映了这种预期，从而被认为是求解普通股成本的一种方法。

在该模式中，投资者原则上被视为相当于购买一系列股利，这些股利之和应正好等于股票售价。即：

$$P_0 = \sum_{1}^{\infty} d_1(1+g)^{n-1}/(1+k_s)^n$$

上式简化得到：

$$P_0 = d_1/(k_s - g)$$

于是：

$$k_s = \frac{d_1}{P_0} + g$$

式中：k_s——普通股成本；
　　　d_1——预期一年后股利；
　　　g——股利固定增长率。

对于新发行普通股，则有：

$$k_s = \frac{d_1}{P_0 - F} + g$$

式中：F——发行费。

【例4-11】A公司发行在外的普通股目前市价为每股2元，预期下一年度的每股股利为0.14元，并且以后每年都以5%的速度增长。则该公司的普通股成本为：

$$k_s = \frac{0.14}{2} + 0.05$$
$$= 12\%$$

2. 资本资产定价模型。按照资本资产定价模型法，股票资本成本的计算公式为：

$$K_s = R_f + \beta_i(R_m - R_f)$$

【例4-12】B公司股票的β系数为0.7,市场回报率R_m为15%,无风险利率R_f为6%,则该公司的普通股成本为:

$$K_s = 6\% + 0.7 \times (15\% - 6\%)$$
$$= 12.3\%$$

3.风险溢价法。根据投资"风险越大,要求的报酬率越高"的原理,普通股股东对企业的投资风险大于债券投资者,因而会在债券投资者要求的收益率上再要求一定的风险溢价。依照这一理论,股票的成本公式为:

$$K_s = K_b + RP_C$$

式中:K_b——债务成本;

RP_C——股东比债权人承担更大风险所要求的风险溢价。

风险溢价是凭经验估计的。一般认为,某企业普通股风险溢价对其自己发行的债券来讲在3%至5%之间。

(五)留存收益成本

留存收益是由企业经营利润形成的,似乎是不存在筹资成本的。但对于股东而言,它是具有机会成本的筹资方式。因为如果将这些留存收益分配给股东,股东可以用这些资金投资于其他项目并产生收益。所以,留存收益的本质是股东对企业追加投入的资金,是普通股权益资本的重要组成部分。因此,不应当忽略留存收益的资本成本。在实务分析中,通常都采用普通股的成本作为留存收益的成本,只是不用考虑筹资费用。

三、加权平均资本成本

从上面的讨论中,我们已掌握了如何利用现行资本市场价格及对相关资本项目现金流量预测的方法计算个别资本的成本。但是,不同的资本来源有不同的筹资成本,那么,在对投资项目进行评估时,对预期的现金流量应选择哪个贴现率呢?或者在组合筹资决策中如何比较不同筹资方案呢?这就涉及加权平均资本成本的问题。

加权平均资本成本(Weighted Average Cost of Capital,WACC)是企业各种形式的个别资本成本与该类资本在企业资本总额中所占的比例的乘积之和。其计算公式为:

$$WACC = \sum_{i=1}^{n} K_i W_i$$

式中:$WACC$——加权平均资本成本;

K_i——第i种资本的个别资本成本;

W_i——第i种个别资本占总资本成本。

从公式中可以看出,企业加权平均资本成本不仅与个别资本成本大小有关,而且与资本结构权重有关。从理论上说,计算加权平均资本成本时所用的权重应基于新项目的融资组合。但由于个别资本的成本依赖于企业的筹资风险,而筹资风险又与企业资本结构有关,如果企业管理层改变当前资本结构,个别资本的成本也将发生变化,从而更难计算企业的加权平均资本成本。因此,在计算时通常假定企业的融资组合相对稳定,具有一个目标资本结构,这个目标资本结构在很长时间里都是保持不变的。这就为计算加权平均资本成本提供了适宜的权重,即目标价值权数。当然,这个假设可能不严格满足某个特定年份的融资组合,这种情况使得企业目标资本结构只是一个标准,实际构成比例在其附近上下波动。

比如,假定某企业目前资本结构为:权益资本占 69.7%,债务资本占 30.3%。这表明企业的目标比例大致是 70:30。如果该企业准备为一个新项目筹资 100 万元,那么要保持目前的资本结构,就要发行 70 万元的普通股和 30 万元的债券。但实务中,企业不愿意这么做,因为无论是发行股票还是发行债券都需要支付一定的固定成本。为一个项目筹资发生两项固定成本,显然是不合算的,所以企业一般只选择其中一种方式筹资 100 万元,这使得企业原有的目标资本结构发生了偏移。同理,企业下一次需要融资时将选择另一种方式。由于企业很难客观合理地确定证券的目标价值,又使得这种计算方法不易推广,因此,通常采用市场价值权数或账面价值权数计算加权平均资本成本。

【例 4-13】中欧公司的资本来源包括以下两种形式:

(1)100 万股面值为 1 元的普通股。假设公司预计下一年度股利为每股 0.10 元,并且以后将以每年 10% 的速度增长。该普通股目前市价为 1.80 元/股;

(2)面值为 80 万元的债券,该债券在 3 年后到期,每年末按面值 11% 支付利息,3 年后按面值购回,该债券目前市场价格为 95 元/张,面值为 100 元。

若公司所得税税率为 25%,按市场价值权重计算该公司的加权平均资本成本。

(1)确定个别资本成本。其计算过程如下:

$$k_s = \frac{0.10}{1.80} + 10\%$$
$$= 15.6\%$$
$$\approx 16\%$$

$$k_b = \frac{100 \times 11\% \times (1-25\%)}{95} \times 100\%$$
$$= 8.68\%$$

(2)计算个别资本权重,如表 4-9 所示。

表 4-9 个别资本权重

项 目	金 额	比 重
普通股	100×1.80=180(万元)	0.70
债券	80×95/100=76(万元)	0.30
资本总规模	256(万元)	1.00

(3)计算加权平均资本成本。其计算过程如下:

$$WACC = 15.6\% \times 0.70 + 8.68\% \times 0.30$$
$$= 10.92\% + 2.60\%$$
$$= 13.52\%$$

除了目标价值权数和市场价值权数之外,也可以按照账面价值权数计算个别资本占总资本的比重,其优点是资料容易取得。但当资本的账面价值与市场价值差异较大时,如股票、债券的市场价格发生较大变动,计算结果会与实际有较大差距,从而贻误筹资决策。

第五节 杠杆效应

在物理学中,杠杆效应意味着运用较小的力以抬升某种更重的物体。财务管理中也存在类似的杠杆效应,表现为:由于特定费用(如固定成本或固定财务费用)的存在而导致的,当某一财务变量以较小幅度变动时,另一相关财务变量以较大幅度变动。合理运用杠杆原理,有助于规避风险,提高资金营运效率。在这里,我们着重讨论经营杠杆和财务杠杆。前者源自与产品或服务生产有关的固定经营成本的存在,而后者则源自固定的融资成本(主要指债务利息费用)的存在。两种类型的杠杆效应都会影响到企业税后收益的水平和变动程度,从而也影响到企业综合的风险和收益。

要了解杠杆原理,需要首先了解成本习性、边际贡献和息税前利润等相关术语的含义。

一、成本习性、边际贡献和息税前利润

(一)成本习性

所谓成本习性,是指成本总额与业务量之间在数量上的依存关系。按成本习性可把全部成本划分为固定成本、变动成本和混合成本三类。

1. 固定成本。固定成本是指其总额在一定时期和一定业务量范围内不随业务量发生任何变动的那部分成本。属于固定成本的主要有按直线法计提的折旧费、保险费、管理人员工资、办公费等。正是由于这些成本是固定不变的,因而,随着产销量的增加,单位固定成本逐渐变小。

2. 变动成本。变动成本是指其总额在一定时期和一定业务量范围内随业务量成正比例变动的那部分成本。直接材料、直接人工等都属于变动成本。但从产品的单位成本来看,则恰恰相反,产品单位变动成本保持不变。

3. 混合成本。有些成本虽然也随业务量的变动而变动,但不成同比例变动,这类成本称为混合成本。采用一定的方法可将混合成本分解为固定成本和变动成本。

(二)边际贡献及其计算

边际贡献是指销售收入减去变动成本以后的差额,这是一个非常有用的价值指标。其计算公式为:

$$M = QP - QV = Q(P - V) = mQ$$

式中:M——边际贡献;
P——销售单价;
V——单位变动成本;
Q——产销量;
m——单位边际贡献。

(三)息税前利润及其计算

息税前利润是指企业支付利息和缴纳所得税之前的利润。成本按习性分类后,息税前利润可用下列公式计算:

$$EBIT = Q(P-V) - F$$

式中:$EBIT$——息税前利润;

F——固定成本。

显然,不论利息费用的习性如何,它不会出现在息税前利润的计算公式之中,上述固定成本和变动成本均不包括利息费用因素。

二、经营风险与经营杠杆

(一)经营风险

经营风险是指企业由于经营上的原因导致销售收入减少、利润下降的风险。影响经营风险的因素有以下几种。

1. 产品需求。企业如果生产经营需求稳定的产品,则面临的经营风险小;反之,企业面临的经营风险就大。

2. 产品售价。产品售价变动大将导致需求或者收入不稳定,因此,产品售价的波动会使经营风险加大。

3. 产品成本。它是收入的抵减项目,在收入一定的情况下,成本不稳定会导致销售利润不稳定。因此,产品成本波动大的企业,经营风险就大。

4. 企业调整价格的能力和可能性。在产品成本变动时,如果企业能及时调整产品售价,就能维持利润的稳定性。所以,企业调整价格的能力和可能性大,该企业经营风险就会相应降低。

5. 固定成本的比重。一个企业,如果在全部成本中固定成本所占比重大,单位产品分摊的固定成本就多,若产量发生变动,单位产品分摊的固定成本会随之变动,最终将会导致利润更大幅度地变动,经营风险就大;反之,经营风险就少。

(二)经营杠杆

为了准确地衡量经营风险的大小,我们引入经营杠杆系数的概念。经营杠杆系数是指息税前利润变动对销售量变动的反应程度。经营杠杆系数越大,表明经营风险越高。其计算公式如下:

$$经营杠杆系数(DOL) = \frac{息税前利润变动率}{销售量变动率}$$

如果用 $EBIT$ 和 $\triangle EBIT$ 表示息税前利润及其变动额,用 Q 和 $\triangle Q$ 表示销售量及销售量变动数,则经营杠杆系数可用下列公式表示:

$$DOL = \frac{\triangle EBIT/EBIT}{\triangle Q/Q}$$

因为:
$$EBIT = Q(P-V) - F$$
$$\triangle EBIT = \triangle Q(P-V)$$

所以：
$$DOL = \frac{\triangle Q(P-V)}{Q(P-V)-F} \div \frac{\triangle Q}{Q}$$
$$= \frac{Q(P-V)}{Q(P-V)-F}$$

式中：P——单位售价；

V——单位产品变动成本；

F——固定成本。

由于 QP 和 QV 分别表示销售额和变动成本总额，所以，以上计算公式也可以用销售额和成本表示：

$$经营杠杆系数 = \frac{销售额 - 变动成本}{销售额 - 变动成本 - 固定成本}$$

$$= \frac{边际贡献}{息税前利润}$$

$$= 1 + \frac{固定成本}{息税前利润}$$

【例4-14】设 A，B 两个企业有关资料如表 4-10 所示。

表 4-10   单位：元

项 目	A 企业		B 企业	
	2019 年	2020 年	2019 年	2020 年
销售量	120 000	200 000	120 000	200 000
销售收入（单价2元）	240 000	400 000	240 000	400 000
固定成本	20 000	20 000	40 000	4 000
单位变动成本	1.50	1.50	1.20	1.20
变动成本	180 000	300 000	144 000	240 000
息税前利润	40 000	80 000	56 000	120 000

方法一：利用变动率的对比关系计算经营杠杆系数。

A 企业：

$$息税前利润变动率 = \frac{80\,000 - 40\,000}{40\,000}$$
$$= 100\%$$
$$销售量变动率 = \frac{200\,000 - 120\,000}{120\,000}$$
$$= 66.67\%$$
$$经营杠杆系数 = \frac{100\%}{66.67\%}$$
$$= 1.50$$

B 企业：

$$息税前利润变动率 = \frac{120\,000 - 56\,000}{56\,000}$$

$$销售量变动率 = \frac{200\,000 - 120\,000}{120\,000}$$

$$= 114.29\%$$

$$= 66.67\%$$

$$经营杠杆系数 = \frac{114.29\%}{66.67\%}$$

$$= 1.71$$

经营杠杆系数为 1.50 和 1.71，表明息税前利润的增长是销售量增长的 1.50 或 1.71 倍；或者表明息税前利润的降低是销售量降低的 1.50 或 1.71 倍。

方法二：利用前述推导公式计算经营杠杆系数。

A 企业当销售量为 120 000 单位时：

$$经营杠杆系数 = \frac{120\,000 \times (2 - 1.50)}{120\,000 \times (2 - 1.50) - 20\,000}$$

$$= \frac{60\,000}{40\,000}$$

$$= 1.50$$

当销售量为 200 000 单位时：

$$经营杠杆系数 = \frac{200\,000 \times (2 - 1.50)}{200\,000 \times (2 - 1.50) - 20\,000}$$

$$= \frac{100\,000}{80\,000}$$

$$= 1.25$$

B 企业当销售量为 120 000 单位时：

$$经营杠杆系数 = \frac{120\,000 \times (2 - 1.20)}{120\,000 \times (2 - 1.20) - 40\,000}$$

$$= \frac{96\,000}{56\,000}$$

$$= 1.71$$

当销售量为 200 000 单位时：

$$经营杠杆系数 = \frac{200\,000 \times (2 - 1.20)}{200\,000 \times (2 - 1.20) - 40\,000}$$

$$= \frac{160\,000}{120\,000}$$

$$= 1.33$$

计算结果与第一种方法相同。但第二种计算方法更加清晰地表明不同指标对应的是哪一销售水平。这表示不同销售水平时，其经营杠杆系数各不相同。

经营杠杆系数的计算表明：

1. 企业固定成本比例愈高，将来息税前利润的潜在变动幅度越大。上例中，若 A 企业改变固定成本与变动成本的比例，比如固定成本上升 15%，其他条件不变，则 A 企业在销售 120 000 单位的水平上经营杠杆系数为 1.62。可见，同一企业，固定成本增大，其经营杠杆系数也会相应提高；不同企业，固定成本比例越高，则其经营杠杆系数越大。

2. 在固定成本不变的情况下,经营杠杆系数说明了销售额增长(减少)所引起利润增加(减少)的幅度。

3. 在固定成本不变的情况下,销售额越大,经营杠杆系数越小,经营风险越小;反之,销售额越小,经营杠杆系数越大,经营风险越大。

三、财务风险与财务杠杆

(一)财务风险

财务风险是指当企业有负债、租赁、优先股时,债务利息、租金、优先股息等固定支出必将影响税后利润,使每股收益发生变化,并由此带来的风险。它产生于企业定期付息还本的义务。如果现金流转入不敷出,债权人通常有权强迫企业清算。显然,若企业没有债务,便只有经营风险,而一旦举债,则财务风险随之而来。

(二)财务杠杆

企业负债筹资,通常必须定期支付利息费用,而不管企业盈亏水平的高低。债务使用越多,固定融资成本(主要指利息)也越多,财务风险也就越大。固定融资成本的增加扩大了所有者收益的不稳定性。我们把固定融资成本的这种作用称为财务杠杆效应。利用债务筹资这个杠杆给企业所有者带来的额外收益被称为财务杠杆利益,亦即财务杠杆的正效应。当企业按固定成本筹资所获得的收益超过所支付的固定融资成本时,说明企业具有正的杠杆效应,支付固定融资成本之后的任何利润都属于所有者。当企业的收益没有达到固定融资成本时,说明企业具有负的杠杆效应。

为了衡量财务风险的大小,我们引入财务杠杆系数的概念。

财务杠杆系数是指普通股股东可得净收益变动对息税前利润变动的反应程度。财务杠杆系数越大,表明财务风险越高。其计算公式如下:

$$财务杠杆系数(DFL) = \frac{每股收益变动率}{息税前利润变动率}$$

如果用 EPS 和 $\triangle EPS$ 表示每股收益和每股收益变动额,则财务杠杆系数可用下列公式表示:

$$DFL = \frac{\triangle EPS/EPS}{\triangle EBIT/EBIT}$$

因为:
$$EPS = [(EBIT - I)(1 - T) - PD]/N$$
$$\triangle EPS = \triangle EBIT(1 - T)/N$$

所以:
$$DFL = \frac{\triangle EBIT(1-T)/N}{[(EBIT-I)(1-T)-PD]/N} \div \frac{\triangle EBIT}{EBIT}$$
$$= \frac{EBIT}{EBIT - I - \frac{PD}{1-T}}$$

若没有优先股,则:
$$DFL = \frac{EBIT}{EBIT - I}$$

式中：I——利息；

　　　T——所得税税率；

　　　N——流通在外的普通股股数；

　　　PD——优先股股利。

【例4-15】天北、天东、天西三家公司，经营业务相同，资本总额都是200万元，但是，它们的资本结构不同，有关情况如表4-11所示。

表4-11

公司名称	天北公司	天东公司	天西公司
股权资本(万元)	200	150	100
发行股数(万股)	2	1.5	1
债务资本(利率8%)	0	50	100
资本总额(万元)	200	200	200
息税前利润(万元)	20	20	20
利息(8%)	0	4	8
税前利润(万元)	20	16	12
所得税(33%)	6.6	5.28	3.96
税后利润(万元)	13.4	10.72	8.04
每股收益(元)	6.7	7.15	8.04
财务杠杆系数	1	1.25	1.67

天北公司：

$$DFL = 20 \div (20-0) = 1$$

天东公司：

$$DFL = 20 \div (20-4) = 1.25$$

天西公司：

$$DFL = 20 \div (20-8) = 1.67$$

通过计算可以看出：

第一，当各企业的其他情况相同，只是负债比例不同时，财务杠杆系也不同。天北公司的财务杠杆系数最小，天西公司的财务杠杆系数最大，说明全部资本中负债比例越大，财务风险也越大。

第二，在投资报酬率相同(10%)且大于利率(8%)的情况下，负债比例越大，财务风险越大，权益报酬率也越大。

注意，如果没有债务，那么财务杠杆系数恰好是1，权益报酬率或每股收益没有任何程度的扩大。债务的使用将使财务杠杆系数上升到超过1。因此,财务杠杆系数是衡量权益报酬率或每股收益的放大系数。

(三)复合杠杆

经营杠杆的作用通过扩大销售量影响息税前利润,而财务杠杆的作用则通过扩大息税前利润影响每股收益,销售量的变动经过两级放大产生更大的每股收益称为复合杠杆利益。通常,把经营杠杆和财务杠杆的连锁作用称为复合杠杆效应。

复合杠杆效应的大小可以用复合杠杆系数(亦称总杠杆系数)表示。它是经营杠杆系数和财务杠杆系数的乘积。其计算公式为:

$$复合杠杆系数(DTL) = DOL \cdot DFL$$

$$= \frac{\Delta EPS/EPS}{\Delta Q/Q}$$

如果运用经营杠杆系数和财务杠杆系数的点估计表达式计算,则:

$$DTL = \frac{Q(P-V)}{Q(P-V)-F-I}$$

$$= \frac{QP-QV}{QP-QV-F-I}$$

复合杠杆系数的意义如下:首先,运用复合杠杆系数能够估计出销售变动对每股收益造成的影响。例如,某公司的复合杠杆系数为3,表明该公司销售每增长(或减少)1倍,就会造成每股收益增长(或减少)3倍。其次,它使我们看到经营杠杆系数和财务杠杆系数的不同组合能够产生相同的复合杠杆系数。所以在某种程度上,企业可在经营杠杆和财务杠杆之间做出抉择。经营杠杆系数较高的企业可能在较低的程度上使用财务杠杆。另一种情况是,经营杠杆系数较低的企业可能寻求较高的财务杠杆系数。这有待公司在考虑了各有关的具体因素之后做出选择。

第六节 资本结构

企业用各种筹资方式筹资时,付出的代价是不相同的;而且,用不同的筹资方式筹资还会给企业带来不同的风险。为了降低筹资成本和筹资风险,提高筹资效益,有必要研究资本结构问题。

资本结构是指企业各种长期资本筹集来源的构成和比例关系。短期资本的需要量和筹集是经常变化的,且在整个资本总量中所占比重不稳定,因此不列入资本结构管理范围,而是作为营运资本管理。在通常情况下,企业的资本结构由长期债务资本和权益资本构成。资本结构指的就是长期债务资本和权益资本各占多大比例。

一、资本结构理论

人们对资本结构有着若干不同认识。最早提出资本结构理论这一问题的是美国经济学家戴维·杜兰德。杜兰德认为,早期企业的资本结构理论是按照净收益法、净营业收益法和传统折中法建立的。1958年,莫迪格利尼和米勒又提出了著名的MM理论。

在此基础上,后人又进一步提出了代理理论和等级筹资理论。

（一）MM 理论

1958 年,莫迪格利尼和米勒提出了著名的 MM 理论。在无税收、资本可以自由流通、充分竞争、预期报酬率相同的证券价格相同、信息完全、利率一致、高度完善和均衡的资本市场等一系列假定之下,MM 理论提出了两个重要命题:

命题Ⅰ:无论企业有无债权资本,其价值(普通股资本与长期债权资本的市场价值之和)等于公司所有资产的预期收益额按适合该公司风险等级的必要报酬率予以折现。其中,企业资产的预期收益额相当于企业扣除利息、税收之前的预期盈利即息税前利润,企业风险等级相适应的必要报酬率相当于企业的加权资金成本率。

命题Ⅱ:利用财务杠杆的公司,其股权资金成本率随筹资额的增加而提高。因为便宜的债务给公司带来的财务杠杆利益会被股权资金成本率的上升而抵消,所以,公司的价值与其资本结构无关。因此,在没有企业和个人所得税的情况下,任何企业的价值,不论其有无负债,都等于经营利润除以适用于共同风险等级的收益率。风险相同的企业,其价值不受有无负债及负债程度的影响。

修正的 MM 资本结构理论提出,有债务的企业价值等于有相同风险但无债务的企业价值加上债务的节税利益。因此,在考虑所得税的情况下,由于存在税额庇护利益,企业价值会随负债程度的提高而增加,股东也可获得更多好处。于是,负债越多,企业价值也会越大。

（二）权衡理论

所谓权衡理论,就是强调在平衡债务利息的抵税收益与财务困境成本的基础上,实现企业价值最大化时的最佳资本结构。此时所确定的债务比率使债务抵税收益的边际价值等于增加的财务困境成本的现值。权衡理论认为,如果使用过多的债务,会导致企业陷入财务困境,出现财务危机甚至破产。企业陷入财务困境后所引发的成本包括企业因破产、进行清算或重组所发生的法律费用和管理费用等;也包括因财务困境所引发的企业资信状况恶化以及持续经营能力下降而导致的企业价值损失。具体表现为企业客户、供应商、员工的流失,投资者的警觉与谨慎导致的融资成本增加,被迫接受保全他人利益的交易条款等。因此,负债在为企业带来抵税收益的同时,也给企业带来了陷入财务困境的成本。

（三）代理理论

代理理论的创始人詹森和麦克林认为,企业资本结构会影响经理人员的工作水平和其他行为选择,从而影响企业未来现金流入和企业市场价值。该理论认为,公司债务的违约风险是财务杠杆系数的增函数,随着公司债权资本的增加,债权人的监督成本随之上升,债权人会要求更高的利率。这种代理成本最终要由股东承担(即股权代理成本增加),公司资本结构中债权比率过高会导致股东价值的降低。均衡的企业所有权结构是由股权代理成本和债权代理成本之间的平衡关系来决定的,债权资本适应的资本结构会增加股东的价值。除债务的代理成本之外,还有一些代理成本涉及公司雇员、消费者和社会等,在资本结构决策中也应予以考虑。

(四)优序筹资理论

1984年,梅耶斯等学者提出了一种新的优序筹资理论。该理论认为:首先,外部筹资的成本不仅包括管理和证券承销成本,还包括不对称信息所产生的"投资不足效应"而引起的成本。为消除"投资不足效应"而引起的成本,企业可以选择用内部积累的资金去满足净现值为正的投资机会。所以通过比较外部筹资和内部筹资的成本,当企业面临投资决策时,理论上首先考虑运用内部资金;其次,债务筹资优于股权投资。优序筹资理论的两个中心思想是:①偏好内部筹资;②如果需要外部筹资,则偏好债务筹资。由于企业所得税的节税利益,负债筹资可以增加企业的价值,即负债越多,企业价值增加越多,这是负债的第一种效应;但是,财务危机成本期望值和代理成本的现值会导致企业价值下降,即负债越多,企业价值减少额越大,这是负债的第二种效应。负债比率较小时,第一种效应大;负债比率较大时,第二种效应大。由于上述两种效应相互抵消,企业可以适度负债。最后,由于非对称信息的存在,企业需要保留一定的负债容量以便当有利可图的投资机会来仓促发行债券。按照等级筹资理论,不存在明显的目标资本结构,因为虽然留存收益和增发新股均属股权筹资,但前者最先选用,后者最后选用;获利能力较强的公司之所以安排较低的债权比率,并非是由于已确立较低的目标债权比率,而是由于不需要外部筹资;获得能力较差的公司选用债权筹资是由于没有足够的留存收益,而且在外部筹资选择中债权筹资为首选。

从成熟的证券市场来看,企业的筹资优序模式首先是内部筹资,其次是借款、发行债券、可转换债券,最后是发行新股筹资。但是,对于新兴证券市场来说却未必如此。

20世纪80年代,新兴证券市场具有明显的股权融资偏好(比如在中国),企业筹资顺序的选择几乎与等级筹资模型是背道而驰的。其原因主要有以下三点:第一,在不健全的资本市场机制前提下,市场和股东对代理人(董事会和经理)的监督效率很低,经理们有较多的私人信息和可自由支配的现金流量;第二,代理人认为企业股权筹资的成本是以股利来衡量的,而股利的发放似乎是按代理人的计划分配的,从而使他们认为股票筹资的成本是低廉的;第三,经理利用股权筹资可使他们承担较小的破产风险。在我国现阶段的证券市场,企业的股利支付率很低,使代理人错误地认为股权筹资的成本很低。在我国企业的财务实务中,有相当多的代理人还没有把最优债务比理论和筹资优序理论应用到企业筹资中去,多半是以简单的直观判断和表面的资金成本来选择筹资方式,这无疑走进了股权投资偏好的误区。实际上,在我国证券市场进行股票筹资的成本是较高的,远远高于银行目前的贷款利率,对于处于稳定成长期或成熟期的企业来讲,股权筹资并不经济。

由此可以得出如下启示:股票筹资的成本并不低,不是上市公司或拟上市公司筹资的唯一途径。对于已经进入稳定成长期或成熟期的企业来说,其筹资的最优策略选择应是发行债券及可转换债券,或通过银行等金融机构进行商业借贷。无理性地进行大规模的股票筹资,不仅会带来资金成本的提高,而且其产生的经营业绩压力也是不容忽视的,这也是西方国家在进入成熟期后举债筹资回购股票的主要原因。因此,股票筹资并不是企业筹资策略的唯一途径。

二、资本结构决策方法

(一)比较筹资成本法

比较筹资成本法是指对各种资金来源的成本核算进行比较从而进行筹资决策的方法。由于企业的资金是由多种方式筹集的资金组合起来的,因此,这种比较实际上是对不同的筹资组合的综合筹资成本进行比较。

【例 4-16】天蓝公司年初的资本结构如表 4-12 所示。

表 4-12 天蓝公司年初资本结构

资金来源	金额(万元)	比重(%)
长期债券(年利率9%)	800	36.4
优先股(年股息率8%)	400	18.2
普通股(100万股)	1 000	45.4
合 计	2 200	100.0

其中,普通股市价每股 10 元,预计本年股利可达每股 1.25 元,且以后每年增长 4%。

假定该企业所得税税率为 25%,发行各种债券均无筹资费。该企业拟增资 800 万元,有以下两个方案可供选择:

A 方案:发行长期债券 800 万元,年利率为 10%。此时普通股股利可增加到每股 1.5 元,以后每年还可增加 5%,但因风险增加,普通股市价将跌至每股 9 元。

B 方案:发行长期债券 400 万元,年利率为 10%,另发行普通股 400 万元。此时普通股股利也可增加到每股 1.5 元,以后每年还可增加 5%。因经营状况良好,普通股市价将提高到每股 12.5 元。

根据以上资料分别计算 A,B 两种不同资本结构方案的加权平均资本成本。如表 4-13 和表 4-14 所示。

表 4-13 A 方案加权平均资本成本

资本来源	金额(万元)	比重(%)	资本成本
原有长期债券	800	27.59	$9\% \times (1-25\%) = 6.75\%$
新增长期债券	800	27.59	$10\% \times (1-25\%) = 7.50\%$
优先股	400	13.79	8.00%
普通股	900	31.03	$\frac{1.5}{9} + 5\% = 21.67\%$
合 计	2 900	100.00	11.76%

表 4-14 B 方案加权平均资本成本

资本来源	金额(万元)	比重(%)	资本成本
原有长期债券	800	23.88	9%×(1-25%)=6.75%
新增长期债券	400	11.94	7.50%
优先股	400	11.94	8.00%
普通股	1 750	52.24	$\frac{1.5}{12.5}+5\%=17\%$
合 计	3 350	100.00	12.34%

表 4-13 和表 4-14 采用的是以市场价值作为权数计算加权平均成本的方法。A 方案的普通股市价为 900 万元(100×9),B 方案的普通股市价为 1 750 万元(100×12.5+40×12.5)。计算结果显示,A 方案的加权平均资本成本为 11.36%,低于 B 方案的加权平均资本成本。因此,A 方案的资本结构较佳。

(二)息税前利润—每股收益分析法

息税前利润—每股收益分析法也称为每股收益无差别点分析法,即 EBIT-EPS 分析法。所谓每股收益无差别点,是指每股收益不受融资方式影响的息税前利润水平。

这是一种通过计算两种筹资方式的每股收益无差别点来选用筹资方式的方法。下面举例说明这种方法的应用。

【例 4-17】假设大方公司目前有资金 850 000 万元,现因生产发展需要准备再筹集 250 000 万元资金,这些资金可以利用发行股票来筹集,也可以利用发行债券来筹集。原资金结构和筹资后资金结构情况见表 4-15。要求根据资金结构的变化情况进行 EBIT-EPS 分析。

表 4-15 大方公司资金结构变化情况表 单位:万元

筹资方式	原资金结构	增加筹资后资金结构	
		增发普通股(A)	增发公司债(B)
公司债(利率8%)	100 000	100 000	350 000
普通股(面值10元)	200 000	300 000*	200 000
资本公积	250 000	400 000*	250 000
留存收益	300 000	300 000	300 000
资金总额合计	850 000	1 100 000	1 100 000
普通股股数(股)	20 000	30 000	20 000

*发行新股票时,每股发行价格为 25 元,筹资 250 000 万元需发行 10 000 万股,普通股股本增加 100 000 万元,资本公积金增加 150 000 万元。

EBIT-EPS 分析实质上是分析资金结构对普通股每股盈余的影响,详细的分析情况见表 4-16。

表4-16 大方公司不同资金结构下的每股盈余

项目	增发股票	增发债券
预计息税前盈余(万元)	300 000	300 000
减:利息(万元)	8 000	28 000
税前盈余(万元)	292 000	272 000
减:所得税(25%)	73 000	68 000
税后盈余(万元)	219 000	204 000
普通股股数(万股)	30 000	20 000
每股盈余(EPS)(元/股)	7.3	10.2

从表中可以看到,在息税前盈余为300 000万元的情况下,利用增发公司债券的形式筹集资金能使每股盈余上升较多,这可能更有利于股票价格上涨,更符合理财目标。

那么,究竟息税前盈余为多少时发行普通股有利,息税前盈余为多少时发行公司债券有利呢？这就要测算每股盈余无差异点处的息税前盈余。

其计算公式为:

$$\frac{(\overline{EBIT}-I_1)(1-T)-PD_1}{N_1}=\frac{(\overline{EBIT}-I_2)(1-T)-PD_2}{N_2}$$

式中:$\overline{EBIT}$——每股盈余无差异点处的息税前盈余;

I_1,I_2——两种筹资方式下的年利息;

PD_1,PD_2——两种筹资方式下的优先股股利;

N_1,N_2——两种筹资方式下的流通在外的普通股股数。

将大方公司的资料代入上式可得:

$$\frac{(\overline{EBIT}-8\ 000)\times(1-25\%)-0}{30\ 000}=\frac{(\overline{EBIT}-28\ 000)\times(1-25\%)-0}{20\ 000}$$

求得:

$$\overline{EBIT}=68\ 000(万元)$$

在此点:

$$EPS_1=EPS_2=1.5(元/股)$$

上述每股收益无差别点分析,可描绘如图4-2所示。

从图4-2中可以看出,当盈余能力EBIT高于68 000元时,利用负债筹资较为有利,当盈利能力EBIT低于68 000元时,不应再增加负债,以发行普通股为宜。本例EBIT为300 000元,故采用发行公司债券的方式较为有利。

这种分析方法只考虑了资金结构对每股盈余的影响,并假定每股盈余最大,股票价格也就最高,但把资金结构对风险的影响置于视野之外,是不全面的。因为随着负债的增加,投资者的风险加大,股票价格和企业价值也会有下降的趋势,所以,单纯地用EBIT-EPS分析法有时会做出错误的决策。但在资金市场不完善的时候,投资人主要根据每股盈余的多少来做出投资决策,每股盈余的增加也的确有利于股票价格的上升。

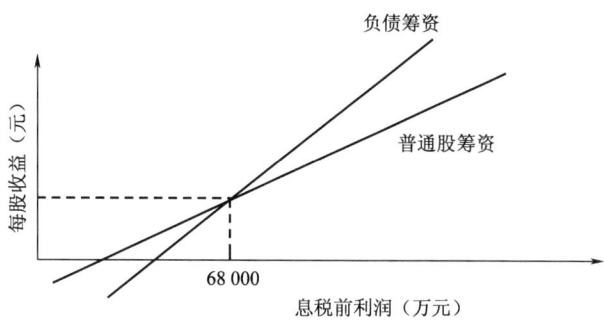

图 4-2

思考题

1. 股票筹资和债券筹资有何异同？
2. 融资租赁有何特点？
3. 可转换债券包括哪些基本要素？这种筹资有何特点？
4. 现代企业可以通过哪些渠道筹资？企业可使用哪些方式筹集权益资本？
5. 影响经营风险的因素有哪些？
6. 资本结构涉及的比例关系有哪些？
7. 计算资金成本有何作用？
8. 如何理解经营杠杆、财务杠杆与复合杠杆？

练习题

1. 某企业历史上现金占用与销售收入之间的关系如表 4-17 所示。

表 4-17

年　度	销售收入(元)	现金占用(元)
1	120 000	80 000
2	140 000	90 000
3	136 000	88 000
4	160 000	100 000
5	158 000	110 000

要求：

(1)采用高低点法计算每元销售收入占用变动资金和销售收入占用不变资金的总额。

(2)当第六年的销售收入为 190 000 元时，预测其需要占用的现金数额。

2.某企业 2016 年至 2020 年的产销量和资金需要数量如表 4-18 所示，若预测 2021 年的预计产销量为 7.8 万吨，试建立资金的回归直线方程，并预测 2021 年的资金需要量。

表 4-18　某企业产销量与资金需要量表

年　度	产销量(X)(万吨)	资金需要量(Y)(万元)
2016	6.0	500
2017	5.5	475
2018	5.0	450
2019	6.5	520
2020	7.0	550

3.ABC 公司 2020 年有关的财务数据如表 4-19 所示。

表 4-19

项　目	金额(万元)	占销售额的百分比
流动资产	1 400	35%
长期资产	2 600	65%
资产合计	4 000	
短期借款	600	无稳定关系
应付账款	400	10%
长期负债	1 000	无稳定关系
实收资本	1 200	无稳定关系
留存收益	800	无稳定关系
负债及所有者权益合计	4 000	
销售额	4 000	100%
净利	200	5%
现金股利	60	

要求：假设该公司实收资本一直保持不变，计算回答以下互不关联的 4 个问题：

(1)假设 2021 年计划销售收入为 5 000 万元，需要补充多少外部融资(保持目前的股利支付率、销售净利率和资产周转率不变)？

(2)假设 2021 年不能增加借款，也不能发行新股，请预测其可实现的销售增长率(保持其他财务比率不变)。

(3)保持目前的全部财务比率，明年可实现的销售额是多少？

(4)若股利支付率为零，销售净利率提高到 6%，目标销售额为 4 500 万元，需要筹集补充多少外部融资(保持其他财务比率不变)？

4. ABC公司正在着手编制明年的财务计划,公司财务主管请你协助计算其加权资金成本,有关信息如下:①公司银行借款利率当前是9%,明年将下降为8.93%;②公司债券面值为1元,票面利率为8%,期限为10年,分期付息,当前市价为0.85元;如果按公司债券当前市价发行新的债券,发行成本为市价的4%;③公司普通股面值为1元,当前每股市价为5.5元,本年派发现金股利0.35元,预计股利增长率维持7%;④公司当前(本年)的资本结构为:银行借款150万元,长期债券650万元,普通股400万元,留存收益869.4万元;⑤公司所得税率为25%;⑥公司普通股的β值为1.1;⑦当前国债的收益率为5.5%,市场上投资组合的平均收益率为13.5%。

要求:

(1)计算银行借款的税后资金成本。

(2)计算债券的税后成本。

(3)分别使用股票股利折现模型和资本资产定价模型估计股票资金成本,并将两种结果的平均值作为股票成本。

(4)如果明年不改变资本结构,计算其加权平均的资金成本(计算时单项资金成本百分数保留2位小数)。

5. 某公司2020年只经营一种产品,息税前利润总额为90万元,变动成本率为40%,债务筹资的利息为40万元,单位变动成本100元,销售数量为10 000台,预计2021年息税前利润会增加10%。

要求:

(1)计算该公司的经营杠杆系数、财务杠杆系数、复合杠杆系数。

(2)预计2021年该公司的每股收益增长率。

6. 已知某公司当前资本结构如表4-20所示。

表4-20

筹资方式	金额(万元)
长期债券(年利率8%)	1 000
普通股(4500万股)	4 500
留存收益	2 000
合计	7 500

因生产发展,公司年初准备增加资金2 500万元,现有两个筹资方案可供选择:甲方案为增加发行1 000万股普通股,每股市价2.5元;乙方案为按面值发行每年年末付息、票面利率为10%的公司债券2 500万元。假定股票与债券的发行费用均可忽略不计;适用的企业所得税税率为33%。

要求:

(1)计算两种筹资方案下每股收益无差别点的息税前利润。

(2)计算处于每股收益无差别点时乙方案的财务杠杆系数。

(3)如果公司预计息税前利润为 1 200 万元,指出该公司应采用的筹资方案。

(4)如果公司预计息税前利润为 1 600 万元,指出该公司应采用的筹资方案。

(5)若公司预计息税前利润在每股收益无差别点上增长 10%,计算采用乙方案时该公司每股收益的增长幅度。

资本预算

学习要点与要求

本章主要介绍资本预算的原理、现金流量的确定、资本预算中常用的评价指标和资本预算实务中要考虑的一些复杂情况。

通过本章教学,要求学生了解静态投资回收期、投资报酬率、净现值、内部收益率等评价指标的优缺点,以及风险投资决策的基本方法;理解项目投资和现金流量的定义,项目计算期的构成和投资构成的内容,静态投资回收期、投资报酬率、净现值、内部收益率的定义;掌握现金流量的估算方法;熟练掌握静态投资回收期、投资报酬率、净现值、内部收益率的计算方法,以及资本预算实务中各种方法的应用技巧和适用范围。

第一节 资本预算原理

一、资本预算过程

资本预算是指提出长期投资方案(其回收期长于一年)并进行分析、选择的过程。资本预算的主要内容是通过投资预算的分析与编制对投资项目进行分析与评价,因此也称为投资项目的分析与评价。企业出于扩大经营的动机,准备扩充资本,投资于新的产品、流水线,或者进行大规模技术改造,就应了解需要多少投资,何时可收回全部投资,投资项目是否具有财务可行性,哪种方案最好,等等。这些都需要精心细致地策划、选择,这一过程就是资本预算。一项资本预算从产生设想到最后实现,整个过程可以分为五步:新创意的产生、提出投资建议、审查现有项目和设施、评价所提出的项目、针对可行项目提出一整套资本支出计划等。

第一,新创意的产生。一个项目要想取得正的净现值,它必须是一个有创意的投资项目。重复过去的投资项目或者别人的已有做法，最多只能取得平均的报酬率，维持而不是增加股东财富。

第二，提出投资建议。广义的投资，是指为了将来获得更多现金流入而现在付出现金的行为。这里所论述的投资只是投资中的一种类型，即企业进行的生产性资本投资。

第三，审查现有项目和设施。新的创意可能会减少现有项目的价值或者使它变得毫无意义。

第四，评价所提出的项目。项目评价的内容丰富，涉及项目建设与运营的方方面面，但一般来说，主要从技术、组织管理、社会、市场营销、财务、经济等方面进行分析评价。本章所讨论投资项目评价是假定该项目已经具备国民经济可行性和技术可行性，仅需进行财务可行性评价。

第五，针对可行项目提出一整套资本支出计划，报请批准。

二、资本预算项目的类型

资本预算项目大致可以分为以下几种。

（一）以新增生产能力为目的的新建项目

这些对于制造企业来说可能主要包括新产品开发或现有产品的规模扩张。这种资本预算通常涉及添置新的资产，并增加企业的营业现金流入。新建项目按其所涉及增加的资产投入还可进一步细分为单纯固定资产投资项目和完整工业投资项目。单纯固定资产投资项目简称为固定资产投资，其特点在于：在投资中只包括为取得固定资产而发生的垫支资本投入而不涉及周转资本的投入；完整工业投资项目则不仅包括固定资产投资，而且还涉及营运资本投资，甚至包括无形资产、其他长期资产项目的投入。这项投资建议主要来源于营销部门，也可能来源于研究与开发部门。

（二）以恢复或改善生产能力为目的的更新改造项目

这种资本预算通常要涉及更换固定资产。这项投资建议主要来自生产部门，也可能来源于生产之外的其他部门。

（三）研究与开发项目

研究与开发项目立足于企业未来更长期的分析和调研，难以预计其具体的收益，至少没有即时效益。此类投资需要给予持续性的监控。这项投资建议主要来自研究开发部门，也可能来自营销和计划部门。

（四）其他项目

其他项目包括劳动保护设施建设投资、购置污染控制装置等。这些决策不直接产生营业现金流入，而是企业在履行社会责任方面的义务，它们有可能减少未来的现金流出。

本书所讨论的资本预算项目主要针对第一种和第二种。

三、资本预算项目的特点

企业的生产性资本投资与其他类型的投资相比，主要有以下两个特点。

(一)投资的对象是长期资本投资

投资按对象可以划分为生产性资产投资和金融性资产投资。生产性资产投资又进一步分为营运资产投资和长期资本投资。本章所讨论的是长期资本投资。

长期资本投资是一种长期投资行为,一般具有如下特点。

1. 投资回收时间较长。长期资本投资决策一经做出,便会在较长时间内影响企业,一般的长期资本投资都需要几年甚至十几年才能收回。因此,长期资本投资对企业今后长期的经济效益,甚至对企业的命运都有着决定性的影响。这就要求企业进行长期资本投资时必须小心谨慎,事前进行认真的可行性研究。

2. 长期资本投资的变现能力较差。长期资本投资的实物形态主要是厂房和机器设备等长期资产,这些资产不易改变用途,出售困难,变现能力较差。因此,项目投资一经完成,再想改变用途,不是无法实现,就是代价太大。所以,有人称长期资本投资具有不可逆转性。

3. 长期资本投资的资金占用数量相对稳定。长期资本投资一经完成,在资金占用数量上便保持相对稳定,而不像流动资产投资那样经常变动。这是因为,营业量在一定范围内增加,往往并不需要立即增加投资,通过挖掘潜力、提高效率可以完成需要增加的业务量。而业务量在一定范围内减少,企业为维持一定的生产能力,也不必大量出售长期资产。

4. 长期资本投资的实物形态与价值形态可以分离。长期资本投资完成并投入使用以后,随着所形成资产的磨损,长期资本投资价值便有一部分脱离其实物形态,转化为货币准备金,而其余部分仍存在于实物形态中。在使用年限内,保留在项目投资实物形态上的价值逐年减少,而脱离实物形态转化为货币准备金的价值却逐年增加。直到资产报废,其价值才得到全部补偿,实物也得到更新。这样,项目投资的价值与其实物形态又重新统一起来。这一特点说明,由于企业各种长期资本投资所形成的长期资产的新旧程度不同,实物更新时间不同,企业可以在某些长期资产需要更新之前,利用脱离实物形态的货币准备金去投资兴建新的项目,再利用新项目投资所形成的货币准备金去更新旧的项目,可以充分发挥资金的使用效能。

5. 长期资本投资的次数相对较少。与流动资产投资相比,长期资本投资一般较少发生,特别是大规模的长期资本投资,一般要几年甚至十几年才发生一次。虽然投资次数少,但每次资金的投放量却比较多,对企业未来的财务状况有较大影响。根据这一特点,在进行长期资本投资时,应利用较多的时间进行专门的研究和评价,并要为项目投资做专门的筹资工作。

(二)投资的主体是企业

财务管理所讨论的投资,其主体是企业,而非个人、政府或专业投资机构。不同主体的投资目的不同,并因此导致决策的标准和评价方法等方面存在诸多的区别。企业从金融市场筹集资金,然后投资于生产经营性资产,期望能运用这些资产赚取报酬,增加企业价值。企业作为金融市场上取得资金的一方,取得资金后所进行的投资,其报酬必须超过金融市场上提供资金者所要求的报酬率,从而增加企业价值,否则会减少企价值。因此，投资项目评价优劣的标准，应以投资人要求的必要报酬率或资本成本为基础。

个人投资者是金融市场上提供资金的一方。他们把属于自己的现金投资于金融市场，目的是通过放弃现在的消费而换取将来更高的消费。专业投资机构是一种中介机构，如基金管理公司、投资银行等。这些机构投资的目的，是把众多的投资者的资金集中投资，属于"投资学"研究的内容。

政府投资不以赢利为目的，而是为了社会的公平、稳定和可持续发展等。其投资项目的评价不仅要关注对整个国民经济的影响，还要考虑许多非经济因素。

第二节 现金流量的确定

一、现金流量的含义与内容

（一）现金流量的含义

在项目投资决策中，现金流量是指一个项目引起的企业现金支出和收入增加的数额。需要注意的是，首先，这里所谈的现金流量是指某一特定项目引起的现金流量，而非指整个企业营运期间的现金流量，这与财务会计中现金流量表所说的现金流量不同；其次，这里强调的是增量现金流量，即接受或拒绝某个项目后企业总现金流量发生的变化，只有增量现金流量才是与项目相关的现金流量；最后，这里的现金是广义的现金，不仅包括各种货币资金，而且还包括项目动用企业非货币资源的变现价值，如某一新项目要使用企业原有的厂房，则厂房的变现价值就是这个项目的现金流量。

（二）现金流量的内容与估算

现金流量包括现金流出量、现金流入量和现金净流量三个具体概念。

1. 现金流入量。一个方案的现金流入量，是指该方案所引起的企业现金收入的增加额。其具体包括以下内容。

（1）营业收入。营业收入是指项目投产后每年实现的全部销售收入或业务收入，它是经营期主要的现金流入科目。对于营业收入的估算，应按照项目在经营期内有关产品（产出物）的各年预计单价（不含增值税）和预测销售量进行估算。在按总价法核算现金折扣和销售折让的情况下，营业收入是指不包括折扣和折让的净额。此外，为简化核算，可假定正常经营年度每期发生的赊销额与回收的应收账款大体相等。

（2）回收固定资产余值。回收固定资产余值是指投资项目的固定资产在终结点报废清理或中途转让处理时所回收的价值。对于回收固定资产余值的估算，为了简化，我们假设主要固定资产的折旧年限等于生产经营期，因此，对于投资项目来说，通常只要按主要固定资产的原值乘以其法定净残值率即可估算出在终结点发生的回收固定资产余值；在生产经营期内提前回收的固定资产余值可根据其预计净残值估算。

（3）回收营运资本。这主要是指新建项目在项目寿命期完全终止时因不再发生新的替代投资而回收的原垫付在各种流动资产上的全部营运资本投资额。营运资本属于周转性资金,于生产经营期开始时投出,生产经营期结束时收回,在项目终结点一次回收的营运资本应等于各年垫支的营运资本投资额的合计数。

(4)其他现金流入量。这是指除以上三项指标以外的现金流入量项目。

2. 现金流出量。一个方案的现金流出量,是指该方案所引起的企业现金支出的增加额,其具体包括以下内容。

(1)资本投资。资本投资又称原始总投资或初始投资,是反映项目所需现实资金水平的价值指标。从项目投资的角度看,原始总投资是企业为使项目完全达到设计生产能力、开展正常经营而投入的全部现实资金,包括建设投资和营运资本投资两项内容。

①建设投资。建设投资是指在建设期内按一定生产经营规模和建设内容进行的固定资产投资(包括固定资产的购入以及建造成本、运输成本和安装成本等)、无形资产投资和开办费投资等项投资的总称,它是项目建设期内发生的主要现金流出。对于建设投资的估算,其中固定资产投资主要应当根据项目规模和投资计划所确定的各项建筑工程费用、设备购置成本、安装工程费用和其他费用来估算;对于无形资产投资和开办费投资,应根据需要和可能,逐项按有关的资产评估方法和计价标准进行估算。

②营运资本投资。营运资本投资是指用于生产经营周转使用的营运资本投资,包括对材料、在产品、产成品和现金等流动资产的投资。对于营运资本投资的估算,首先应根据与项目有关的经营期每年流动资产需用额和每年流动负债需用额的差额来确定本年营运资本需用额,然后用本年营运资本需用额减去截至上年年末的营运资本占用额(即以前年度已经投入的营运资本累计数)确定本年的营运资本增加额。其计算公式为:

本年营运资本需用数 = 该年流动资产需用数 − 该年流动负债需用数

本年营运资本增加额(垫支数) = 本年营运资本需用数 − 上年营运资本需用数

【例5-1】企业拟新建一条生产线,需要在建设起点一次投入固定资产投资100万元,无形资产投资10万元。投产第一年预计流动资产需用额为30万元,流动负债需用额为15万元;投产第二年预计流动资产需用额为40万元,流动负债需用额为20万元。

根据上述资料可计算该项目有关指标如下:

投产第一年的营运资本需用额为15万元(30 − 15);

首次营运资本投资额为15万元(15 − 0);

投产第二年的营运资本需用额为20万元(40 − 20);

投产第二年的营运资本投资额为5万元(20 − 15);

营运资本投资合计为20万元(15 + 5);

建设投资额为110万元(100 + 10);

原始总投资额为130万元(110 + 20)。

(2)付现的经营成本。付现的经营成本是指在生产经营期内为满足正常生产经营而动用现实货币资金支付的成本费用,它是生产经营阶段最主要的现金流出量。与项目相关的某年付现的经营成本等于当年的总成本费用扣除该年折旧额、无形资产和开办费的摊销额的差额。这是因为总成本费用中包含了一部分非现金流出的内容,这些项目大多与固定资产、无形资产和开办费等长期资产的价值转移有关,不需要动用现实货币资金。项目每年总成本费用可在经营期内一个标准年份的正常产销量和预计消耗水平的基础上进行测算;年折旧额、年摊销额可根据本项目的固定资产原值、无形资产和开办费投资,以及这些项目的折旧或摊销年限进行估算。

（3）其他支出。这是指除以上指标以外的现金流出量项目。

3. 现金净流量（Net Cash Flow，NCF）。净现金流量又称现金净流量,是指在项目计算期内由每年现金流入量与同年现金流出量之间的差额所形成的序列指标,它是计算项目投资决策评价指标的重要依据。

根据净现金流量的定义,可将其理论计算公式归纳为：

$$净现金流量 = 现金流入量 - 现金流出量$$

（三）现金流量的构成

在实务中更加重视按项目计算期的不同阶段考虑现金流量,这样便于计算项目投资决策评价指标。

项目计算期是指投资项目从投资建设开始到最终清理结束整个过程的全部时间,即该项目的有效持续期间。完整的项目计算期包括建设期和生产经营期。其中的第 1 年初称为建设起点,建设期的最后 1 年末称为投产日;项目寿命期的最后 1 年末称为终结点。从投产日到终结点之间的时间间隔称为生产经营期(如图 5 - 1 所示)。

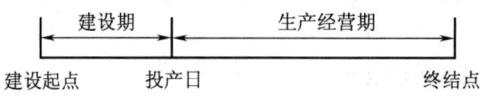

图 5 - 1

因此,项目计算期、建设期和生产经营期之间的关系为：

$$项目计算期 = 建设期 + 生产经营期$$

考虑项目计算期的不同阶段,项目投资决策中的现金流量一般由以下三个部分构成：

1. 初始现金流量。初始现金流量是指项目投资建设时发生的现金流量,主要包括如下的几个部分：①固定资产投资。这包括固定资产的购入或建造成本、运输成本和安装成本等。②流动资产投资。这包括对材料、在产品、产成品和现金等流动资产的投资。③其他长期资产投资。这包括无形资产投资和开办费投资等。④原有项目资产的变价收入。这主要是指项目投资更新时原有项目资产投资的变卖所得的现金收入。

2. 营业现金流量。营业现金流量是指所投资的项目投入使用后,在其生产经营期内由于生产经营所带来的现金流入和流出的数量。这种现金流量一般按年度进行计算,这里现金流入一般是指营业现金收入,现金流出是指营业现金支出和缴纳的税金。

3.终结现金流量。终结现金流量是指所投资的项目寿命完结时所发生的现金流量,主要包括:固定资产的残值收入或变价收入;原来垫支在各种流动资产上的资金的收回;停止使用的土地的变价收入等。

二、现金流量确定时应注意的问题

(一)只有增量现金流量才是与项目相关的现金流量

在确定投资方案的相关现金流量时,应遵循的最基本的原则是:只有增量现金流量才是与项目相关的现金流量。所谓增量现金流量,是指接受或拒绝某个投资方案后,企业总现金流因此发生的变动。只有那些由于采纳某个项目引起现金支出增加额,才是该项目的现金流出;只有那些由于采纳某个项目引起的现金流入增加额,才是该项目的现金流入。在确定相关现金流量时,应注意以下几方面的问题。

1.要注意区分相关成本和非相关成本。相关成本是指与特定决策有关的、在分析评价时必须加以考虑的成本,通常差额成本、未来成本、重置成本、机会成本等都属于相关成本。与此相反,与特定决策无关、在分析评价时不必加以考虑的成本是非相关成本。例如,沉没成本、过去成本、账面成本等往往是非相关成本。

2.充分关注机会成本。机会成本是指在决策过程中选择某个方案而放弃其他方案所丧失的潜在收益。资金或资产往往都具有多种用途,用在一个项目上,就不能同时用在另一个项目上。因此,一个投资项目的收益往往是建立在放弃另一个项目的收益的基础之上的。由此,尽管放弃的收益不构成公司真正的现金流出,也无须作为账面成本,但是必须作为选中的项目的成本来加以考虑,否则就不能正确判断一个项目的优劣。

3.要考虑项目对企业其他部门的影响。在公司采纳某个项目之后,很可能会对公司的其他部门产生有利或不利的影响,在进行投资决策时也必须将这些影响视为项目的成本或收入,否则也不能正确地评价项目对公司整体产生的影响。例如,新产品的上市,可能会影响原有产品的销路,整个公司的总销售收入也许不会增加,甚至还可能减少。因此,在作投资决策分析时,不应直接将新产品的收入作为增量收入来处理,而是应扣除其他部门因此减少的销售收入。

(二)对资本预算项目评价主要以现金流量为基础的原因

财务会计按权责发生制计算企业的收入和成本,并以收入减去成本后的利润作为收益,用来评价企业的经济效益。在长期投资决策中则不能以按这种方法计算的收入和支出作为评价项目经济效益高低的基础,而应以现金流入作为项目的收入,以现金流出作为项目的支出,以净现金流量作为项目的净收益,并在此基础上评价投资项目的经济效益。投资决策之所以要以按收付实现制计算的现金流量作为评价项目经济效益的基础,主要有以下两个方面的原因:

1.采用现金流量便于正确地考虑时间价值因素。长期投资决策必须认真考虑资金的时间价值因素,这就要求在决策时一定要弄清每笔预期收入款项和支出款项的具体时间,因为不同时间的资金具有不同的价值。因此,在衡量方案优劣时,应根据各投资项目寿命周期内各年的现金流量,按照资本成本,结合资金的时间价值来确定。而利润的计算,并不考虑资金收付的时间,它是以权责发生制为基础的,因此不便于考虑资金时间价值。例如,按会计制度,在固定资产上的资本支出要在后续若干年内提取折旧,折旧及摊销要从每年的应税收入中减去,从而减少了会计利润,但从现金流角度看,固定资产上的资本支出在期初已经发生,因此,折旧和摊销本身不是现金流而是非付现费用,即既不是现金流入,也不是现金流出,只是因税法允许其冲减应税收入,在公司有盈利的条件下,会减少纳税额,即折旧和摊销以减少纳税方式间接带来现金流入。现金流量的确定以收付实现制为基础,反映了收入和成本的发生时间,因此,在投资决策中为了正确考虑时间价值的因素,不宜使用利润来衡量项目的优劣,而应采用现金流量。

2. 在长期投资决策中,应用现金流量能科学、客观地评价投资方案的优劣,而利润的计算没有一个统一的标准,在一定程度上要受存货估价、费用摊配和折旧计提的不同方法的影响,因而,净利润的计算比现金流量的计算有更大的主观随意性,作为决策的主要依据不太可靠。

(三)注意税收的影响

正如个人只对最终可以消费的现金感兴趣一样,企业关心的只是税后现金流量。投资人只对财富的净增加感兴趣,而税收会减少财富的增加。

1. 税后收入。由于所得税的作用,企业营业收入的金额有一部分会流出企业,企业实际得到的现金流入是税后收入。

【例 5-2】某公司今年与上年相比增加了 500 万元的营业收入,所得税税率为 25%,其他资料如表 5-1 所示,本年增加的税后收入为多少?

表 5-1　　　　　　　　　　　　　　　单位:万元

项　目	上　年	今　年
销售收入	2 500	3 000
成本和费用	2 000	2 000
税前利润	500	1 000
所得税(25%)	125	250
税后净利润	375	750
新增税后收入		375

从表 5-1 可以看出,本年增加的税后收入为 375 万元。

税后收入的计算公式一般为:

$$税后收入 = 收入金额 \times (1 - 所得税税率)$$

这里说的收入金额是指根据税法规定需要纳税的收入,不包括项目结束时收回垫支资金等现金流入。

2. 税后成本。对企业来说凡是可以减免税负的项目,实际支付额并不是真实的成本,而应将因此减少的所得税考虑进去。扣除了所得税影响以后的费用净额,称为税后成本。

【例5-3】某公司今年与上年相比增加了100万元的营业成本,所得税税率为25%,其他资料如表5-2所示,问本年增加的税后成本为多少?

表5-2　　　　　　　　　　　　　　　　单位:万元

项　目	上　年	今　年
销售收入	2 500	2 500
成本和费用	2 000	2 100
税前利润	500	400
所得税(25%)	125	100
税后净利润	375	300
新增税后付现成本		75

从表5-2可以看出,本年增加的税后成本为75万元。

税后成本的计算公式一般为:

$$税后成本 = 成本金额 \times (1 - 所得税税率)$$

3.非付现成本抵税。由于所得税是企业的一种现金流出,它的大小取决于利润大小和所得税税率的高低,而利润的大小要受非付现成本的影响,所以在考虑所得税的时候必然会涉及非付现成本抵税问题。由于项目投资决策通常是以一年为一期,所以这里的非付现成本主要是指折旧、长期资产摊销以及长期资产减值准备等。

加大成本会减少利润,从而使企业的所得税负减少。如果不计提折旧或不摊销长期资产,企业的所得税将会增加很多。非付现成本可以起到减少税负的作用,这种作用被称为"非付现成本抵税"或"税收挡板"。

【例5-4】假设有A和B两家公司,全年营业收入、付现成本均相同,所得税税率都为25%,两者的唯一区别在于A公司有一项可计提折旧的资产,每年折旧为20万元,B公司假设没有非付现成本。两家公司的现金流量见表5-3。

表5-3　非付现成本对税负的影响　　　　　　　单位:万元

项　目	A公司	B公司
销售收入	300	300
成本:		
付现成本	100	100
非付现成本	20	0
成本合计	120	100
税前利润	180	200
所得税(25%)	45	50
税后净利润	135	150
非付现成本抵税	5	

A 公司净利润虽然比 B 公司少 15 万元,但现金净流入却可以多出 5 万元,其原因在于有 20 万元的非付现成本计入成本,使应税所得减少 20 万元,从而少纳税 5 万元($20 \times 25\%$)。这笔现金保留在企业里,不必缴出。从增量分析的观点看,由于增加了一笔 20 万元的非付现成本,企业获得了 5 万元的现金流入。非付现成本对税负的影响可按下式计算:

$$非付现成本抵税 = 非付现成本 \times 所得税税率$$

(四)时点化假设

为便于利用资金时间价值的形式,不论现金流量具体内容所涉及的价值指标实际上是时点指标还是时期指标,均假设按照年初或年末的时点指标处理。

选定时间轴很重要。通常的做法是:

第一,以第一笔现金流出的时间为"现在"时间即"零"时点。不管它的日历时间是几月几日。在此基础上,一年为一个计息期。

第二,对于原始投资,如果没有特殊指明,均假设现金在每个"计息期初"支付;如果特别指明支付日期,如 3 个月后支付 100 万元,则要考虑在此期间的时间价值。

第三,对于营业现金流量,尽管其流入和流出都是陆续发生的,均假设营业现金净流入在"计息期末"取得。

(五)实体现金流量与股权现金流量的区别

计算项目的现金流量有两种方法:一种是企业实体现金流量法,即以企业实体为背景,确定项目对企业现金流量的影响,以企业的加权平均成本为折现率;另一种是股权现金流量法,即以所有者为背景,确定项目对股权现金流量的影响,以所有者要求的报酬率为折现率。

【例 5-5】某公司资本结构为负债资金占 45%,所有者权益占 55%,负债的税后资本成本为 6%,所有者权益的资本成本为 10%,故其加权资本成本为 8.2%($6\% \times 45\% + 10\% \times 55\%$)。

若公司正在考虑一个投资项目,该项目需要投资 100 万元,预计每年产生税后息前现金流量 8.2 万元,假设该项目可以不断地持续下去,即可以得到一个永续年金。公司计划按当前资本结构筹集资金,即负债资金 45 万元,权益资金 55 万元,假设税后利息率还是 6%,企业为此每年要承担税后利息 2.7 万元,所有者要求的报酬率为 10%。

若按照实体现金流量法(如图 5-2 所示),项目引起的公司现金净流入增量是每年 8.2 万元,这个现金净流入量由债权人和股东共享,所以应使用两者要求报酬率的加权平均数为折现率。

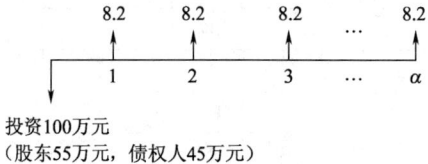

图 5-2 息前税后现金流量

因此,从企业实体角度所计算的净现值为 0(8.2/8.2% -100)。

按照股权现金流量法(如图 5-3 所示),项目为所有者增加的现金流量是每年 5.5 万元(8.2-2.7),这个现金流量归所有者,所以应使用所有者要求的必要报酬率 10% 作为折现率。

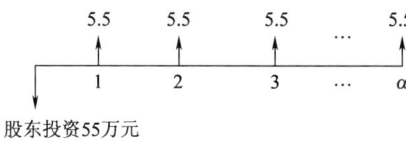

图 5-3 息后税后现金流量

因此,从所有者角度所计算的净现值为 0(5.5/10% -55)。

从这个例子可以看出:

第一,两种方法计算的净现值没有实质区别。如果实体现金流量折现后为零,股权现金流量折现后也为零;如果实体现金流量折现后为正值,股权现金流量折现后也为正值;如果实体现金流量折现后为负值,股权现金流量折现后也为负值。值得注意的是,首先,不能用所有者要求的必要报酬率去折现企业实体现金流量,也不能用企业加权平均资本成本去折现股权现金流量;其次,在计算企业实体现金流量时不应把利息作为现金流出扣除,但是在计算股权现金流量时应把税后利息作为现金流出扣除。

第二,实体现金流量法比股权现金流量法简洁,因为所有者要求的报酬率不但受经营风险影响,而且受财务风险的影响,估计起来比较困难。在财务管理实务中通常是把筹资和投资分开考虑,首先评价项目本身的经济价值而不管筹资的方式如何,如果投资项目有正的净现值,再去处理筹资的细节问题。

本教材所讨论的现金流量都是从企业实体角度来进行计算的。

三、新建项目现金流量的确定

现金流量的确定有两种方法,一种是列表法,另一种是公式法。

(一)列表法

在实务中,确定资本预算项目的现金流量通常是通过编制现金流量表来实现的。

项目投资决策中的现金流量表,是一种能够全面反映某投资项目在其项目计算期内每年的现金流入量和现金流出量的具体构成内容,以及净现金流量水平的预算表。

资本预算现金流量表在结构上可分为表头及主体格式两部分。以完整的工业投资项目为例,全部投资的现金流量表的具体格式如表 5-4 所示。

项目投资决策中的现金流量表与财务会计的现金流量表相比,在形式上主要存在以下差别:

第一,反映对象不同。前者反映的是特定投资项目的现金流量;后者则反映某一企业的现金流量。

第二,期间特征不同。前者包括整个项目计算期;后者则为一个会计期间。

第三,表格结构不同。前者包括表格部分和指标部分,其中表格部分只包括现金流入、现金流出和净现金流量三项内容;后者则分为主表和辅表部分,其中主表包括经营活动的现金流量、筹资活动的现金流量和投资活动的现金流量三大类内容,每类又分为现金流入和现金流出,辅表主要是利用间接法调整编制经营活动现金流量净额。

第四,钩稽关系不同。前者的钩稽关系表现在各年现金流量具体项目与现金流量合计之间的关系上;后者则通过主、辅表分别按直接法和间接法确定的净现金流量进行钩稽。

第五,信息属性不同。前者的信息数据多为预计的未来数据;后者则必须是真实的历史数据。

表 5-4　某完整工业投资项目现金流量表(企业实体角度)　　　单位:万元

项目计算期(第 t 年)	建设期		经营期						合计
	0	1	2	3	4	5	…	N	
1.0 现金流入量			200	200	200	200		370	
1.1 营业收入			200	200	200	200		200	
1.2 回收固定资产余值								20	
1.3 回收营运资本								150	
1.4 其他现金流入量									
2.0 现金流出量	250	150	122	122	122	122		122	
2.1 固定资产投资	150								
2.2 其他长期资产投资	100								
2.3 营运资本投资		150							
2.3 经营成本			80	80	80	80	…	80	
2.4 销售税金及附加			10	10	10	10		10	
2.5 所得税			32	32	32	32		32	
2.6 其他现金流出量									
3.0 净现金流量(1.0-2.0)	-250	-150	78	78	78	78	…	248	
评价指标	净现值(NPV) = 108.93　内部收益率(IRR) = 14.81%　包括建设期的投资回收期(PP) = 6.13								

注:假定本项目的建设期为 1 年,生产经营期 10 年,投资人要求的必要报酬率为 10%。

(二) 公式法

为简化净现金流量的计算,可以根据项目计算期不同阶段上的现金流入量和现金流出量具体内容,直接计算各阶段净现金流量。

1. 建设期的初始净现金流量可按以下简化公式计算:

初始现金流量包括建设投资支出、净营运资金变动以及利用原有旧设备出售时的净现金流量。

资本化支出在项目开始时不会影响所得税,所以:

$$建设投资引起的现金流量 = -该年发生的资本支出$$

投资项目开始时净营运资金的变动也是初始现金流出的一部分,并且也不会影响所得税,所以:

$$净营运资金引起的现金流量 = -净营运资金的增加$$

有时新项目的投资也会有同时利用原有旧资产的情况,这时就会出现初始现金流出的第三部分是旧设备出售时的净现金流量。当出售一项资产时会带来现金流入,同时也会有变现净损益对纳税产生影响,此时,如果资产的销售价格与它出售时的账面净值不一致时,就会有纳税影响,所以:

$$原有旧设备出售引起的现金流量 = 变现价值 + (账面净值 - 变现价值) \times 所得税税率$$

【例5-6】某新项目投资中可利用公司5年前购置的一台旧设备,原值为20 000元,按税法规定每年发生1 800元折旧。该项资产当前账面净值为11 000元(20 000 - 5×1 800)。如果目前能以高于11 000元的价格出售,则会产生固定资产清理收益,在这种情况下,企业要对售价高于账面净值部分纳税;如果目前能以低于11 000元的价格出售,则会产生固定资产清理损失,在这种情况下,企业把售价低于账面净值部分作为利润总额的减项,从而得到税额减免。

若上例假设目前变现价值为8 000元,企业适用的所得税税率为25%,原有旧设备出售引起的现金流量为:

$$8\ 000 + (11\ 000 - 8\ 000) \times 25\% = 8\ 750(元)$$

若上例假设目前变现价值为15 000元,企业适用的所得税税率为25%,原有旧设备出售引起的现金流量为:

$$15\ 000 + (11\ 000 - 15\ 000) \times 25\% = 14\ 000(元)$$

2. 生产经营期现金净流量的确定。生产经营期的营业现金净流量是指由于项目正常运营引起的现金净流量。

由于现金净流量等于当年现金流入减去当年现金流出,所以:

$$\begin{aligned}营业现金净流量 &= 营业收入 - 付现成本 - 所得税\\ &= 营业收入 - (总成本 - 非付现成本) - 所得税\\ &= 净利润 + 非付现成本\end{aligned}$$

根据前面讲到的税后成本、税后收入和非付现成本抵税可知,由于所得税的影响,真正归企业的收入是税后收入,真正由企业自己负担的成本是税后成本,折旧不需要企业付现,但它可以帮助抵减一部分所得税。

因此,营业现金净流量可以按下式计算:

营业现金净流量 = 税后收入 - 税后付现成本 + 折旧抵税
= 收入金额 × (1 - 所得税税率) - 付现成本 ×
(1 - 所得税税率) + 非付现成本 × 所得税税率

3. 终结点净现金流量。终结点净现金流量主要是指回收额。回收额包括回收营运资本,回收长期资产的残值等。终结点回收的营运资本应等于以往各年垫支的营运资本合计;回收的最终残值流量除了应考虑最终残值变现收入,还要考虑最终残值与税法规定账面残值不一致时对税的影响。

【例5-7】某企业计划进行某项投资活动,该投资活动需要在建设起点一次投入固定资产投资200万元,无形资产投资25万元。该项目建设期为2年,经营期为5年,无形资产自投产年份起分5年摊销完毕。投产第一年预计流动资产需用额为60万元,流动负债需用额为40万元;投产第二年预计流动资产需用额为90万元,流动负债需用额为30万元。该项目投产后,预计年营业收入为210万元,年付现经营成本为80万元。按税法规定该类设备折旧年限为5年,按直线法折旧,税法规定的残值率为5%。设固定资产的最终残值为10万元,全部营运资本于终结点一次回收,所得税税率为25%。

要求:计算项目各年净现金流量。

解:

(1)　　　项目计算期 = 2 + 5 = 7(年)
　　　　　固定资产年折旧 = (200 - 10)/5 = 38(万元)
　　　　　无形资产年摊销额 = 25/5 = 5(万元)
　　　　　初始固定资产投资 = 200(万元)
　　　　　初始无形资产投资 = 25(万元)
　　　　　投产第一年营运资本投资额 = 60 - 40 = 20(万元)
　　　　　投产第二年营运资本需用额 = 90 - 30 = 60(万元)
　　　　　投产第二年营运资本投资额 = 60 - 20 = 40(万元)

(2)营业现金流量:
　　　　经营期每年营业现金流量 = (210 - 80 - 38 - 5) × (1 - 25%) + 38 + 5
　　　　　　　　　　　　　　= 108.25(万元)

或:　　　　　　　　　　　　= 210 × (1 - 25%) - 80 × (1 - 25%) + (38 + 5) × 25%
　　　　　　　　　　　　　　= 108.25(万元)
　　　　　　　　终结点回收额 = 10 + 60
　　　　　　　　　　　　　　= 70(万元)

所以各年净现金流量(NCF)如下:

$$NCF_0 = -225(万元)$$
$$NCF_1 = 0$$
$$NCF_2 = -20(万元)$$
$$NCF_3 = 108.25 - 40 = 68.25(万元)$$
$$NCF_{4\sim6} = 108.25(万元)$$
$$NCF_7 = 108.25 + 70 = 178.25(万元)$$

四、更新决策现金流量的确定

固定资产更新决策主要研究两个问题:一个是决定是否更新,即继续使用旧资产还是更换新资产;另一个是决定选择什么样的资产来更新。实际上这两个问题是结合在一起考虑的,如果市场上没有比现有设备更适用的设备,那么就继续使用旧设备。我们以下所讨论的更新决策主要是指继续使用旧设备还是购置新设备的决策。

更新决策不同于一般的投资决策。一般来说,企业的营业收入主要取决于其市场占有率,设备更换并不改变企业的生产能力和销售规模,不增加企业的现金流入。更新决策的相关现金流量主要是现金流出,通常购置新设备投资较多,而旧设备维护运行费会较高。即使有少量的残值变价收入,也属于支出的抵减,而非实质上的流入增加。

在分析继续使用旧设备的相关现金流量时,对继续使用旧设备的初始现金流量应以其变现价值考虑。在进行固定资产更新决策时,我们可以把继续使用旧设备和购置新设备看成是两个彼此互斥的方案。也就是说,要有正确的"局外观",即从局外人角度考察:一个方案是用当前变现价值买旧设备,另一个方案是购置新设备,在此基础上确定各自的现金流量,如果两者的尚可使用年限不同,则不能直接根据各年现金流量的差额计算差量净现金流量。

【例5-8】A公司考虑用一台新的、效率更高的设备来代替4年前购置的一台旧设备,以减少运行成本。若该企业适用的所得税税率为30%,税法规定该类设备的使用年限为8年,残值率为10%,按直线法计提折旧,其他有关资料如表5-5所示。

在考虑所得税影响时,首先,对于初始现金流量,就继续使用旧设备来说,所丧失的旧设备出售的现金流量,除了考虑变现价值,还要考虑对所得税的影响;其次,对于营业现金净流量,要考虑费用化支出的税后流量和折旧抵税影响,需要注意的是折旧抵税要按照税法规定的年限考虑;最后,对于终结点现金流量,要考虑残值净损益对纳税的影响。

表5-5 新旧设备对照表

项 目	旧设备	新设备
原值(万元)	250	300
税法规定年限(年)	8	8
已经使用年限(年)	4	0
尚可使用年限(年)	5	8
第2年末大修费用(万元)	40	0
最终残值(万元)	50	25
目前变现价值(万元)	80	300
年运行成本(万元)	60	40

若继续使用旧设备(见表5－6)：

旧设备的年折旧 $= \dfrac{250 \times (1 - 10\%)}{8} = 28.125$(万元)

旧设备目前变现价值 $= 80$(万元)

旧设备的账面净值 $= 250 - 28.125 \times 4 = 137.5$(万元)

初始丧失的旧设备变现流量

$= -[$变现价值$+$变现损失抵税(或$-$变现收益纳税)$]$

$= -(80 + 57.5 \times 30\%) = -97.25$(万元)

最终残值 $= 50$(万元)

税法规定账面净残值 $= 25$(万元)

清理净收益 $= 25$(万元)

项目终结点回收的流量

$=$ 最终残值 $+$ 清理净损失抵税(或 $-$ 清理净收益纳税)

$= 50 - 25 \times 30\%$

$= 42.5$(万元)

表5－6　继续使用旧设备现金流量表

项目	现金流量(万元)	时间
初始丧失的旧设备变现流量	－97.25	0
每年的税后运行成本	－42[－60×(1－30%)]	1～5
每年折旧抵税	8.4375(28.125×30%)	1～4
两年末大修支出	－28[－40×(1－30%)]	2
项目终结点回收的流量	42.5	5

对于购置新设备(见表5－7)：

年折旧 $= \dfrac{300 \times (1 - 10\%)}{8} = 33.75$(万元)

最终残值 $= 25$(万元)

税法规定账面净残值 $= 30$(万元)

清理净损失 $= 5$(万元)

项目终结点回收的流量

$=$ 最终残值 $+$ 清理净损失抵税(或 $-$ 清理净收益纳税)

$= 25 + 5 \times 30\%$

$= 26.5$(万元)

表5－7　使用新设备现金流量表

项目	现金流量(万元)	时间
初始的设备投资	－300	0
每年的税后运行成本	－28[－40×(1－30%)]	1～8
每年的折旧抵税	10.125(33.75×30%)	1～8
项目终结点回收的流量	26.5	8

第三节　资本预算中常用的评价指标

项目投资决策评价指标是指用于衡量和比较投资项目可行性、据以进行方案决策的定量化标准与尺度,是由一系列综合反映投资效益、投入产出关系的量化指标构成的。项目投资决策评价指标比较多,本章主要从财务评价的角度介绍平均报酬率、静态投资回收期、净现值、现值指数和内部收益率 5 项指标。需要注意的是：首先,项目决策评价指标中尽管会利用到一些指标与企业财务会计报表分析或企业实际财务考核指标名称相同,但由于项目投资决策本身的特殊性,决定了这些指标在计算口径方面有可能存在差别。例如,在项目投资决策中,往往假定营业利润、利润总额和应纳税所得额口径一致,数额相等。这是因为决策使用的数据大多为长期预测估算指标,既不可能又无必要计算得十分精确。不能设想事先把多年以后的营业外收支净额、投资净收益或以前年度利润调整事项估算出来。其次,从企业主体的立场出发,本章介绍的投资决策评价指标不包括某些基于特定投资主体立场而设计的指标：如反映偿债能力的借款偿还期指标、体现国家投资主体立场的投资利税率指标和体现所有者投资主体立场的资本利润率指标。

一、评价指标的分类

(一)按是否考虑资金时间价值分类

评价指标按其是否考虑资金时间价值,可分为静态评价指标和动态评价指标两大类。静态评价指标是指在计算过程中不考虑资金时间价值的指标,包括投资回收期和投资利润率。与静态评价指标相反,在动态评价指标的计算过程中必须充分考虑和利用资金时间价值,因此动态评价指标又称为折现评价指标,包括净现金值、净现值率、现值指数和内含报酬率。

(二)按指标性质不同分类

评价指标按其性质不同,可分为在一定范围内越大越好的正指标和越小越好的反指标两大类。平均报酬率、净现值、净现值率、现值指数和内含报酬率属于正指标;静态投资回收期属于反指标。

(三)按指标数量特征分类

评价指标按其数量特征的不同,可分为绝对量指标和相对量指标。前者包括以时间为计时单位的静态投资回收期指标和以价值量为计量单位的净现值指标;后者除现值指数用指数形式表现外,大多为百分比指标。

二、静态评价指标

(一)静态投资回收期

静态投资回收期(Payback Period)是指以投资项目经营净现金流量抵偿原始总投

资所需要的全部时间。该指标以年为单位,包括两种形式:包括建设期的投资回收期(记作 PP)和不包括建设期的投资回收期(记作 PP')。显然,在建设期为 s 时,$PP' + s = PP$。只要求出其中一种形式,就可很方便地推算出另一种形式。

1. 投资回收期的计算。投资回收期的计算,因每年的营业净现金流量的分布特征不同而有所不同。

(1)简便算法。如果一项长期投资决策方案满足以下特殊条件,即:投资均集中发生在建设期内,项目投产后开头的若干年内每年的净现金流量必须相等,且这些年内的营业现金净流量之和应大于或等于原始总投资,则可按以下简化公式直接求出不包括建设期的投资回收期 PP':

$$\text{不包括建设期的回收期}(PP') = \frac{\text{原始投资额}}{\text{投产后前若干年每年相等的净现金流量}}$$

【例 5-9】现有一组有关净现金流量的数据:$NCF_0 = -350$,$NCF_1 = -150$,$NCF_{2\sim5} = 150$,$NCF_6 = 330$。

要求:判断是否可利用公式法计算静态回收期;如果可以,请计算其结果。

解:

依题意,建设期限为 1 年,投产后前 4 年每年净现金流量 $NCF_{2\sim5} = 150$ 万元,原始投资额为 500 万元(350 + 150)。

因为 $4 \times 150 = 600 >$ 原始投资额 500 万元,所以可以使用简化公式计算静态回收期:

$$PP' = 500/150 \approx 3.33(\text{年})$$
$$PP = PP' + s = 3.33 + 1 = 4.33(\text{年})$$

(2)累计流量法。如果不满足上述简化方法的特殊条件,那么,计算回收期可以通过列表计算"累计净现金流量"的方式,来确定静态投资回收期。该法的原理是:按照静态投资回收期的定义,投资回收期 PP 满足以下关系式,即:

$$\sum_{t=0}^{pp} NCF_t = 0$$

这表明在现金流量表的"累计净现金流量"一栏中,投资回收期 PP 恰好是累计净现金流量为零的年限。在计算时,无非有两种可能:

第一,在"累计净现金流量"栏上可以直接找到零,那么零所在列的 t 值即为所求的静态投资回收期 PP。

第二,若无法在"累计净现金流量"栏上找到零,可按下式计算投资回收期 PP:

设 m 为累计净现金流量为正的第一年,则:

$$\text{静态投资回收期}(PP) = (m-1) + \frac{\text{第}(m-1)\text{年的累计净现金流量的绝对值}}{\text{第}m\text{年的净现金流量}}$$

【例 5-10】A 公司的有关资料详见表 5-8,分别计算甲、乙两个方案的回收期。

表5-8 投资项目现金流量计算表　　　　　　　　　　　　　　　　　　单位:元

年度(t)	0	1	2	3	4	5
甲方案						
项目投资	-50 000					
营业现金流量		25 000	15 000	10 000	16 000	16 000
各年现金净流量	-50 000	25 000	15 000	10 000	16 000	16 000
乙方案						
项目投资	-60 000					
营运资金垫支	-15 000					
营业现金流量		19 000	17 800	26 600	15 400	14 200
项目投资残值						10 000
营运资金回收						15 000
各年现金净流量	-75 000	19 000	17 800	26 600	15 400	39 200

甲、乙两方案都不满足简化方法的假设,所以应先计算其各年累计的净现金流量详见表5-9和表5-10。

表5-9 甲方案　　　　　　　　　　　　　　　　　　　　　　　　　　单位:元

年度(t)	每年净现金流量(NCF_t)	累计的净现金流量($\sum NCF$)
0	-50 000	-50 000
1	25 000	-25 000
2	15 000	-10 000
3	10 000	0
4	16 000	16 000
5	16 000	32 000

表5-10 乙方案　　　　　　　　　　　　　　　　　　　　　　　　　　单位:元

年度(t)	每年净现金流量(NCF_t)	累计的净现金流量($\sum NCF$)
0	-75 000	-75 000
1	19 000	-56 000
2	17 800	-38 200
3	26 600	-11 600
4	15 400	3 800
5	39 200	43 000

甲方案回收期为 3 年；

乙方案回收期为 3.75 年[3 + (11 600/15 400)]。

2. 投资回收期指标的运用原则。各投资方案的投资回收期确定以后,进行决策的标准是,投资回收期最短的方案为最佳方案。因为投资回收期越短,投资风险越小。从这一角度看,还应将各方案的静态投资回收期与基准投资回收期对比,只有投资回收期小于或等于基准投资回收期的方案是可行方案,否则为不可行方案。

3. 投资回收期的特点。投资回收期法的概念容易理解,计算也比较简便,但这一指标的缺点是没有考虑资金的时间价值,没有考虑回收期满以后的现金流量状况。因而回收期指标只能用来衡量流动性而非盈利性。

【例 5 - 11】有两个方案的预计现金流量详见表 5 - 11,试计算回收期,比较优劣。

表 5 - 11　现金流量表比较　　　　　　　　　　　　　单位:元

项目	第 0 年	第 1 年	第 2 年	第 3 年	第 4 年	第 5 年
A 方案现金流量	-20 000	8 000	12 000	4 000	4 000	4 000
B 方案现金流量	-20 000	8 000	12 000	6 000	6 000	6 000

两个方案的回收期相同,都是 2 年,如果用回收期进行评价,似乎两者不相上下,但实际上 B 方案明显优于 A 方案。

事实上,有战略意义的长期投资往往早期收益较低,而中后期收益较高。回收期法优先考虑急功近利的项目,可能会导致放弃长期成功的方案。

（二）投资报酬率

投资报酬率(Return on Investment,ROI)是投资项目寿命周期内平均的年投资报酬率。投资报酬率有多种计算方法,本文所指投资报酬率,是指达产期正常年度的年均净利润占投资总额的百分比。

1. 投资报酬率指标的计算方法。投资报酬率的计算公式为:

$$投资报酬率 = \frac{生产经营期的年均净利润}{原始投资额} \times 100\%$$

【例 5 - 12】某项目原始投资 500 万元,各年利润如表 5 - 12 所示。

表 5 - 12　　　　　　　　　　　　　　　　　　　单位:万元

年　度	0	1	2	3	4	5	6
净利润			71	71	96	96	96

要求:计算该项目的平均报酬率指标。

解:依题意,

$$年均利润 = (71 + 71 + 96 + 96 + 96)/5 = 86(万元)$$

$$ROI = 86/500 \times 100\% = 17.20\%$$

2.投资报酬率指标的特征。投资报酬率是一个静态正指标。它的优点是计算过程比较简单,便于理解。其缺点在于:第一,没有考虑资金时间价值因素;第二,不能正确反映建设期的长短、投资方式的不同和回收额的有无等条件对项目的影响;第三,无法直接利用净现金流量信息。

3.决策原则。采用投资报酬率这一指标时,应事先确定一个企业要求达到的投资报酬率,或称必要投资报酬率。在进行决策时,只有高于必要的投资报酬率的方案才能入选。

三、动态评价指标

贴现现金流量指标是指考虑了资金时间价值的指标。

（一）净现值

1.净现值的含义。净现值(Net Present Value,NPV)是指投资项目投入使用后的净现金流量,按资本成本或投资人要求达到的报酬率折算的现值,减去原始投资现值以后的余额。

2.净现值的计算。

(1)一般算法。净现值的计算公式可以按照其含义表述为:

$$NPV = \sum 投资项目投入使用后的净现金流量现值 - 原始投资额的现值$$

净现值还有另外一种表述方法,即净现值是从投资开始至项目寿命终结时所有一切现金流量(包括现金流出和现金流入)的现值之和。其计算公式为:

$$NPV = \sum_{t=0}^{n} \frac{NCF_t}{(1+k)^t}$$

式中:n——开始投资至项目寿命终结时的年数;

　　　NCF_t——第t年的现金流量;

　　　k——折现率(资本成本或投资人要求的报酬率)。

【例5-13】阳光公司拟购买设备以扩大生产。现有A,B,C三个方案,它们的投资额分别为2 020万元、900万元和1 300万元,使用寿命均为5年,有关现金流量资料如表5-13所示。

表5-13　　　　　　　　　　　　　　　　　　　　　　　　　单位:万元

年　度	现金流量		
	A方案	B方案	C方案
0	-2 020	-900	-1 300
1	640	380	200
2	640	356	300
3	640	332	400
4	640	308	400
5	640	284	400

假设投资人要求的必要报酬率为10%，则：

A 方案净现值 $= 640 \times (P/A, 10\%, 5) - 2\,020$

$\qquad\qquad\quad = 640 \times 3.790\,8 - 2\,020$

$\qquad\qquad\quad = 2\,426.11 - 2\,020$

$\qquad\qquad\quad = 406.11 (万元)$

B 方案净现值 $= \dfrac{380}{1+10\%} + \dfrac{356}{(1+10\%)^2} + \dfrac{332}{(1+10\%)^3} +$

$\qquad\qquad\quad \dfrac{308}{(1+10\%)^4} + \dfrac{284}{(1+10\%)^5} - 900$

$\qquad\qquad\quad = 1\,275.79 - 900$

$\qquad\qquad\quad = 375.79 (万元)$

C 方案净现值 $= 200 \times (P/F, 10\%, 1) + 300 \times (P/F, 10\%, 2) + 400 \times$

$\qquad\qquad\quad (P/A, 10\%, 3) \times (P/F, 10\%, 2) - 1\,300$

$\qquad\qquad\quad = 200 \times 0.909\,1 + 300 \times 0.826\,4 + 400 \times 2.486\,9 \times 0.826\,4 - 1\,300$

$\qquad\qquad\quad = 1\,251.81 - 1\,300$

$\qquad\qquad\quad = -48.19 (万元)$

(2) 插入函数法。计算净现值可以采用 Excel 软件，通过插入财务函数"NPV"，并根据计算机系统的提示正确地输入已知的基准折现率和电子表格中的净现金流量，来直接求得净现值指标的方法。

需要说明的是 Excel 系统的设计者将项目建设期内发生的第一次投资定义为第一年年末，即该系统只承认第 1～n 期的 NCF_t，而不承认第 0～n 期的 NCF_t。在 NCF_0 不等于零的情况下，该系统自动将 $NCF_{0\sim n}$ 按照 $NCF_{1\sim n+1}$ 来处理。在这种情况下，按插入函数法所得的净现值并不是所求的第零年价值，两者之间相差一年，必须进行调整。

因此，在建设起点发生投资的情况下，必须在按插入函数法求得的净现值的基础上进行调整，才能计算出正确的净现值指标。调整公式为：

$\qquad$ 调整后的净现值 = 按插入法求得的净现值 $\times (1 + 折现率)$

此外，在实务中通常可以将建设起点发生的投资先不输入电子表格，先计算第 1～n 期的 NCF_t 的现值，然后减去建设起点投资即可。

以上例阳光公司的 B 方案为例，在 Excel 表格中，直接插入 NPV 函数，并输入折现率 10% 和已知第 0～n 期的 NCF_t，即出现表 5-14 所示的数值。

表 5-14

| -900 | 380 | 356 | 332 | 308 | 284 |

求得的调整前净现值为 341.650 668 5 万元。

$\qquad$ 本项目调整后的净现值 $= 341.650\,668\,5 \times (1 + 10\%)$

$\qquad\qquad\qquad\qquad\qquad = 375.815\,735\,4 (万元)$

或者可以在 Excel 表格中，直接插入 NPV 函数，并输入折现率 10% 和已知第 1～n 期的 NCF_t，即出现表 5-15 所示的数值。

表 5-15

| 380 | 356 | 332 | 308 | 284 |

求得现值为 1 275.815 735 4 万元,减去 900 为 375.815 735 4 万元。

本例的计算结果与例 5-13 的计算结果 375.79 的误差为 +0.03 万元,这是因为前面计算是以教材后所列复利现值系数为基础计算,由于保留精度不同而形成的误差,在实务中可以忽略不计。

3. 净现值的决策原则。采用净现值法的决策标准是:在只有一个备选方案的采纳与否决策中,如果投资方案的净现值大于或等于零,该方案为可行方案;如果投资方案的净现值小于零,该方案为不可行方案。在有多个方案选择决策中,净现值最大的投资方案,其投资效益最高。

从上面计算中我们可以看出,A,B 两个方案的净现值均大于零,说明该方案的报酬率超过 10%,故这两个方案都是可取的。而 C 方案净现值小于零,说明该方案的报酬率没有达到 10%,因而不可行。且 A 方案的净现值较大,故 A 方案的投资效益较大。

净现值所依据的基本原理是,假设预计的现金流入在年末肯定可以实现,并把原始投资看成是按预定折现率借入的。当净现值为正数时,偿还本息后该项目仍有剩余的收益;当净现值为负时,该项目收益不足以偿还本息。净现值具有广泛的适用性,在理论上也比其他方法更完善。

4. 净现值的优缺点。净现值法的优点是,考虑了资金的时间价值,能够反映各种投资方案的取得报酬的大小,而且考虑了项目相关的全部现金流量,因而是一种较好的方法;缺点是不能揭示各个投资方案本身可能达到的实际报酬率是多少,且不便于不同投资规模的投资方案间的比较。

(二)获利指数

1. 获利指数的含义。获利指数(Profitability Index,PI)又称现值指数或利润指数,是指投资项目投入使用后的净现金流量,按资本成本或投资人要求达到的报酬率折算的现值与原始投资现值之比。

2. 获利指数的计算。获利指数的计算公式为:

$$PI = \sum 投资项目投入使用后的净现金流量现值 \div 原始投资额的现值$$

【例 5-14】根据前面所举阳光公司的资料(详见表 5-13),计算获利指数。

$$A 方案的获利指数 = \frac{未来经营期现金流量的总现值}{原始投资的现值}$$
$$= 2\ 426.11/2\ 020$$
$$= 1.20$$
$$B 方案的获利指数 = 1\ 275.79/900$$
$$= 1.42$$
$$C 方案的获利指数 = 1\ 251.81/1\ 300$$
$$= 0.96$$

A,B 两个方案的获利指数都大于 1,说明该方案的报酬率超过 10%,故两个方案都可进行投资。而 C 方案获利指数小于 1,说明该方案的报酬率没有达到 10%,因而不可行,应放弃。

3. 获利指数的决策原则。用获利指数法进行决策时,如果获利指数大于或等于 1,可以考虑接受该方案,如果获利指数小于 1,则应舍弃该方案。

4. 获利指数的优缺点。获利指数法的优点是,考虑了资金的时间价值,由于获利指数是用相对数来表示,所以,有利于进行独立投资机会获利能力的比较。在例 5 - 13 中,A 方案的净现值为 406.11 万元,B 方案的净现值为 375.79 万元。如果这两个方案是互斥的,当然是 A 方案较好。但如果两者是独立的,如果让我们评价哪一个投资效率更高,则可以根据获利指数来决策。B 方案的获利指数为 1.42,大于 A 方案获利指数 1.20,所以 B 优于 A。

获利指数可以看成是单位原始投资可望获得的现值净收益,它是一个相对数指标,反映投资的效率;而净现值指标是绝对数指标,反映投资的效益。获利指数的缺点是获利指数这一概念不便于理解,且与净现值一样不能揭示各个投资方案本身可能达到的实际报酬率是多少。

(三) 内部收益率

1. 内部收益率的含义。内部收益率(Internal Rate of Return,IRR)又称内含报酬率,是指投资项目未来经营期净现金流量的现值与原始投资现值相等时的折现率,即使投资项目的净现值等于零的折现率。内部收益率实际上反映了投资项目的真实报酬,目前越来越多的企业使用该项指标对投资项目进行评价。

2. 内部收益率的计算方法。

(1)特殊情况下的算法。如果项目的全部投资均于建设起点一次投入,建设期为零,建设起点第 0 期净现金流量等于原始投资的负值;投产后每年净现金流量相等,第 1 至第 n 期每期净现金流量取得了普通年金的形式,那么则可以直接利用年金现值系数,结合内插法计算内部收益率。在此法下,内部收益率 IRR 可按下列步骤确定:

第一步,计算年金现值系数。

$$年金现值系数 = \frac{原始投资}{每年经营现金净流量}$$

第二步,查年金现值系数表,在相同的期数内,找出与上述年金现值系数一致的系数所对应的折现率即为内部收益率。

第三步:如果不能恰好找到,则找出与上述年金现值系数相邻近的较大和较小的两个折现率。根据上述两个邻近的折现率和已求得的年金现值系数,采用插值法计算出该投资方案的内部报酬率。

【例 5 - 15】某投资项目在建设起点一次性投资 189 540 元,当年完工并投产,投产后每年可获净现金流量 50 000 元,经营期为 5 年。

要求:计算该项目内部收益率。

解:因为 $NCF_0 = -189\,540$,$NCF_{1\sim5} = 50\,000$,所以此题可采用特殊方法:

$$(P/A, IRR, 5) = 189\,540/50\,000$$
$$= 3.790\,8$$

查 5 年的年金现值系数表可知$(P/A,10\%,5) = 3.7908$,所以 $IRR = 10\%$。

【例 5-16】按表 5-13 阳光公司的 A 方案净现金流量信息,计算 A 方案内部收益率 IRR。

解:因为 $NCF_0 = -2\,020$,$NCF_{1\sim5} = 640$,所以此题可采用特殊方法:

$$(P/A,IRR,5) = 2\,020/640$$
$$= 3.1563$$

查 5 年的年金现值系数表,可知$(P/A,16\%,5) = 3.2743$,$(P/A,18\%,5) = 3.1272$,利用插值法:

折现率	年金现值系数
16%	3.2743
IRR	3.1563
18%	3.1272

$$\frac{IRR - 16\%}{18\% - 16\%} = \frac{3.1563 - 3.2743}{3.1272 - 3.2743}$$

可得: $IRR = \frac{3.1563 - 3.2743}{3.1272 - 3.2743} \times (18\% - 16\%) + 16\% = 17.6\%$

(2)一般算法。该法是指通过计算项目不同设定折现率的净现值,然后根据内部收益率的定义所揭示的净现值与设定折现率的关系,采用一定技巧,最终设法找到能使净现值等于零的折现率的方法,其又称为逐次测试逼近法(简称逐次测试法)。若项目不符合前述简便算法的条件,则应按此计算内部收益率。一般方法的具体应用步骤如下:

第一步:先预估一个折现率 i,并按此折现率计算净现值。如果计算出的净现值为正数,则表示预估的折现率小于该项目的实际内部报酬率,应提高折现率,再进行测算;如果计算出的净现值为负数,则表明预估的折现率大于该方案的实际内部报酬率,应降低折现率,再进行测算。

第二步:经过如此反复测算,若净现值 $NPV = 0$,则内部收益即为所测试的使净现值为零的那一折现率,计算结束;若经过有限次测试,已无法继续利用有关货币时间价值系数表找到使得净现值为零的折现率,则可以利用最为接近于零的两个净现值正负临界值 NPV_m 和 NPV_{m+1} 及相应的折现率 i_m 和 $i_m + 1$,根据上述两个邻近的折现率再来用插值法,计算出方案的实际内部报酬率。

【例 5-17】按表 5-13 阳光公司 B 方案的资料,计算 B 方案的内部收益率。

解:B 方案的每年 NCF 不相等,因而,必须逐次进行测算,测算过程详见表 5-16。

表 5-16 单位:元

年度	NCF_t	测试 24%		测试 26%		测试 28%	
		复利现值系数	现值	复利现值系数	现值	复利现值系数	现值
0	-900	1	-900	1	-900	1	-900
1	380	0.8065	306.47	0.7937	301.61	0.7813	296.894

续表

年度	NCF_1	测试24%		测试26%		测试28%	
		复利现值系数	现值	复利现值系数	现值	复利现值系数	现值
2	356	0.650 4	231.542 4	0.629 8	224.24	0.610 4	217.302 4
3	332	0.524 5	174.134	0.500	165.97	0.476 8	158.297 6
4	308	0.423 0	130.284	0.396 8	122.20	0.372 5	114.73
5	284	0.341 1	96.872 4	0.314 9	89.43	0.291 0	82.644
合计			39.302 8		3.419 6		-30.132

在表5-16中,先按24%的折现率进行测算,净现值为39.302 8(正数),说明内部报酬率比24%高;再把折现率调高到26%,进行第二次测算,净现值为24.383 6(正数),说明内部报酬率比26%稍高;再把折现率调高到28%,进行测算,净现值为-30.132(负数)。这说明该项目的内部报酬率一定在26%至28%之间。

现用插值法计算如下:

$$
\begin{array}{cc}
\text{折现率} & \text{净现值} \\
26\% & 3.419\ 6 \\
IRR & 0 \\
28\% & -30.132
\end{array}
$$

$$\frac{IRR - 26\%}{28\% - 26\%} = \frac{0 - 3.419\ 6}{-30.132 - 3.419\ 6}$$

$$IRR = 26.20\%$$

所以,B方案的内部报酬率=26.20%。

【例5-18】按表5-13阳光公司C方案的资料,计算C方案的内部收益率。

解:C方案的每年NCF不符合简便算法的特殊条件,因而,也必须逐次进行测算。

设C方案的内部收益率为IRR,则:

$200 \times (P/F, IRR, 1) + 300 \times (P/F, IRR, 2) + 400 \times (P/A, IRR, 3) \times (P/F, IRR, 2) - 1\ 300 = 0$

第一次测试:设$IRR = 10\%$,则:

$NPV_1 = 200 \times 0.909\ 1 + 300 \times 0.826\ 4 + 400 \times 2.486\ 9 \times 0.826\ 4 - 1\ 300$
$= -48.19$

第二次测试:设$IRR = 9\%$,则:

$NPV_2 = 200 \times 0.917\ 4 + 300 \times 0.841\ 7 + 400 \times 2.531\ 3 \times 0.841\ 7 - 1\ 300$
$= -11.77$

第三次测试:设$IRR = 8\%$,则:

$NPV_3 = 200 \times 0.925\ 9 + 300 \times 0.857\ 3 + 400 \times 2.577\ 1 \times 0.857\ 3 - 1\ 300$
$= 26.11$

$$
\begin{array}{cc}
\text{折现率} & \text{净现值} \\
8\% & 26.11 \\
IRR & 0 \\
9\% & -11.77
\end{array}
$$

$$\frac{IRR-8\%}{9\%-8\%}=\frac{0-26.11}{-11.77-26.11}$$
$$IRR=8.69\%$$

上面介绍的计算内部收益率的两种方法,都涉及内插法的应用技巧,尽管具体应用条件不同,公式也存在差别,但该法的基本原理是一致的,即假定自变量在较小变动区间内,它与因变量之间的关系可以用线性模型来表示,因而可以采取近似计算的方法进行处理。

(3)内部收益率指标计算的插入函数法。本法是指在 Excel 环境下,通过插入财务函数"IRR",并根据计算机系统的提示正确地输入已知的电子表格中的净现金流量,来直接求得内部收益率指标的方法。

需要注意的是,在利用 IRR 插入函数时,与前面 NPV 函数不同,Excel 系统的设计者承认第 $0\sim n$ 期的 NCF_t。在这种情况下,按插入函数法求得的内部收益率就是所求的项目真实内部收益率。与按插入函数法计算净现值不同,无须将按插入函数法求得的内部收益率进行调整。

【例 5 – 19】仍按表 5 – 13 阳光公司 A,B,C 方案的净现金流量资料,利用 IRR 函数计算内部收益率。

解:依题意,在 Excel 表格中,直接插入 IRR 函数,并输入已知第 $0\sim n$ 期的 NCF_t,求得的 A 方案内部收益率为 17.59%,B 方案内部收益率为 26.20%,C 方案内部收益率为 8.68%。

可以看出利用 Excel 直接插入 IRR 函数,计算结果比前述按逐步测试所求的内部收益率有差别,差别的原因是由于逐步测试内插法把利率与净现值之间的关系近似看成直线,计算结果有一定误差。

3.内部收益率法的决策规则。在只有一个备选方案的采纳与否决策中,如果计算出的内部收益率大于或等于企业的资本成本或必要报酬率,可以采纳;反之,则拒绝。如前例,若阳光公司企业资本成本率为 10%,则 A,B 方案可行,C 方案应放弃。

内部收益率和现值指数有相似之处,都是根据相对数来评价方案,而不像净现值那样用绝对数来评价方案。但在评价方案时要注意到,比率高的方案绝对数不一定大,反之也一样。阳光公司 A 方案净现值大,B 方案净现值小,如果这两个方案是互斥的,也就是说只能选择其中一个,那么选择 A 有利,因为虽然 A 方案投资大,但在计算净现值时已经考虑了投资的应计利息。但如果这两个方案是彼此独立的,也就是采纳 A 时不排斥 B 方案,那就优先安排内含报酬率较高的 B 方案,如有足够的资金也可以安排 A 方案。例如,在投资总额有限制的情况下,若同时可以投资几个项目,就应选择整体获利水平最高的,即使净现值总和最大。

4.内部收益率法的优缺点。内部收益率法考虑了资金的时间价值,反映了投资项目的本身内在的报酬率,概念也易于理解,但这种方法的计算过程比较复杂,特别是每年 NCF 不相等的投资项目,一般要经过多次测算才能求得。此外当项目计算期内的现金净流量出现正负交替的变动趋势时,则按手工测算有可能计算出多个内部收益率的结果,而利用插入 Excel 函数法又会将所碰到的第一个使净现值为零的折现率设为内部收益率,从而缺乏理论依据与实际意义。下面我们来看表 5-17 所示的现金流量。

表 5-17 现金流量表　　　　　　　　　　　　　　单位:元

期　限	0	1	2
现金流量	-1 600	10 000	-10 000

$$1\,600 = 10\,000/(1+IRR) - 10\,000/(1+IRR)^2$$

由此可以看出,能够使净现值为零的折现率会有两个:25% 和 400%,则计算出两个内部收益率。而按照 Excel 插入函数法只能计算得出 25%。

应该说,此时多重内部收益率中的任何一个都不能真正说明项目的收益,内部收益率的常规意义失效,必须采取别的方法判断项目的优劣。

（四）动态评价指标之间的比较

从前述的分析可以看出,动态评价指标中能够全面考虑现金流量、衡量方案收益能力的指标主要是内部收益率、净现值或现值指数三个指标。对于传统的独立项目可行性评价,内部收益率、净现值或现值指数将使我们得出相同的接受或者拒绝的结论,但是在对两个或多个投资项目进行排队时,按照内部收益率、净现值或现值指数给这些项目排序时就有可能得出矛盾的结论,其原因可能主要是因为:①项目初始投资,即各个项目原始投资规模不同;②现金流量模式,即各个项目现金流的分布时间不同,例如某个项目的现金流随着时间递增,而其他项目随着时间递减。

1. 项目规模差异。

【例 5-20】还是以表 5-13 的阳光公司 A,B 两个方案为例,其流量与计算结果可以用表格形式列示,如表 5-18 所示。

表 5-18

	现金流量	
	A 方案	B 方案
NPV(元)	406.11	375.79
PI	1.20	1.42
IRR	17.6%	26.89%

依据这表 5-18 的结果排序,见表 5-19 所示。

表 5-19

序　次	内部收益率 IRR	获利指数 PI	净现值 NPV
1	B 方案	B 方案	A 方案
2	A 方案	A 方案	B 方案

从表 5-19 可以看出,依据净现值选优与依据内部收益率或获利指数选优会有冲突。原因在于内部收益率或获利指数是相对数指标,投资规模的不同被忽略了。如果不考虑投资规模因素,收益率为 100% 的 100 元投资将永远优于收益率仅为 20% 的 100 万元的投资。但是净现值是以公司财富增加的绝对数来表示,考虑到收益的绝对额还是 A 项目更优。

2. 现金流模式的差异。为了说明现金流模式的差异可能引起的问题,我们假定阳光公司又面临两个互斥的投资项目,它们的现金流情况如表 5-20 所示。

表 5-20

年次	现金流量(元)	
	D	E
0	-10 000	-10 000
1	6 000	2 000
2	4 000	3 000
3	3 000	4 000
4	2 000	8 000

由表 5-20 可以看出,项目 D 和 E 所需要的初始现金流量相同,项目寿命也相同。但是它们的现金流模式不同。项目 D 的流量随着时间递减,而项目 E 的流量随着时间递增。经过计算可以确定 D 和 E 的内部收益率分别是 23.11% 和 19.66%,根据内部收益率始终是 D 优于 E 项目,但是折现率的大小会影响净现值或获利指数的排序。这种结果可以从净现值特征曲线图中看出(如图 5-4 所示)。如果计算其净现值或获利指数(如表 5-21 所示),对于任何大于 13.49% 的折现率,项目 D 的净现值或获利指数将大于项目 E,如果预定的折现率小于 13.49%,项目 D 的净现值或获利指数将小于项目 E。这个与两条净现值特征曲线的交点相连的贴现利率,代表了两个项目具有相同净现值时的预期报酬率①。

表 5-21

折现率 指 标	0%	5%	10%	13.49%	15%	20%	25%
D 方案净现值	5 000	3 586	2 377	1 650	1 362	472	-284
E 方案净现值	7 000	4 667	2 764	1 650	1 216	-84	-1 512
D 方案获利指数	1.5	1.36	1.24	1.17	1.14	1.05	0.97
E 方案获利指数	1.7	1.47	1.28	1.17	1.12	0.99	0.85

产生这种冲突的根源,在于每一种动态评价方法都是假定项目的现金流入量可

---

① 这个利率被称为"费雪的交叉利率",是以著名经济学家欧文·费雪(Irving Fisher)的名字命名的。

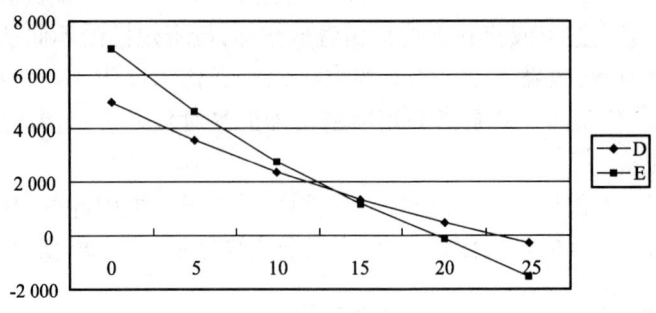

图 5-4

以按该方法中采用的贴现利率进行再投资,此时,一个可能涉及的问题是:"当从项目中获得的现金流入再投资于其他项目时将获得多大的报酬"。内部收益率法中隐含的假定是未来现金流入再投资获得的报酬为项目的内部收益率;净现值法假设是再投资获得的报酬为资本成本。如果资本成本计算正确的话,它就是资本预算项目的必要报酬率。达到均衡时,必要报酬率与期望报酬率相等,并且随着时间推移,各种竞争力也会促使投资报酬率达到均衡。尽管一些新创意一开始可能很有价值,但经过一段时间以后,大多数人都使用它们时,它们就不再拥有正的净现值了,这样基于同一创意的未来项目的净现值也会趋于零。从长期看,再投资现金流量只能获得资本成本,而不是额外的正的净现值。由此可见,净现值法中再投资率等于资本成本这一假设比较好。

综上所述,可见利用净现值法总能在互斥方案的投资评价中做出正确的决策。

第四节 资本预算实务

一、项目寿命期限不同的方案择优

在投资决策的评价中,往往都会涉及两个或两个以上年限不同的投资方案的选择,由于它们具有不同的寿命期限,因此对它们不能直接用净现值法、获利指数法和内部收益率法进行决策。为了使它们具有可比性,可以采用更新链法或年等额净回收额法。

(一)更新链法(最小公倍寿命法)

在进行具有不同寿命的互斥项目优选时,直接用净现值法、获利指数法和内部收益率法进行决策都无法给出正确的答案。问题的关键在于寿命期限较短的项目结束之后将会如何?一个有效的选择方法是进行更新链分析。所谓更新链,是指寿命期限较短的项目结束之后,用相同或相似的项目重复替换,直至不同寿命期限的互斥项目达到年限相等。替换次数为不同寿命期限的最小公倍数,因此,重复实行每一个项目,直到最终项目都能在同一年份结束时为止。这样我们就得到了多个由相同项目连成的更新链,然后就可以采用净现值法进行决策,选择最优方案。

【例 5-21】某企业面临两个互斥投资项目 A 和 B,有关资料如表 5-22 所示。

表 5-22

项 目	A	B
单个项目寿命(年)	3 年	9 年
初始投资(元)	150 000	270 000
每年经营现金净流量(元)	80 000	70 000
净现值(元)	29 672	52 458
更新链重复次数	3	1
贴现率(%)	16	16

如果直接比较,B 项目较优;如果假定 A 项目使用 3 年后可以找到相同的项目进行替换,则 A 项目的更新链可以被看成是三个 A 项目的首尾相接。这时 A 项目的更新链寿命期限与 B 项目相同,从而具有可比性(如图 5-5 所示)

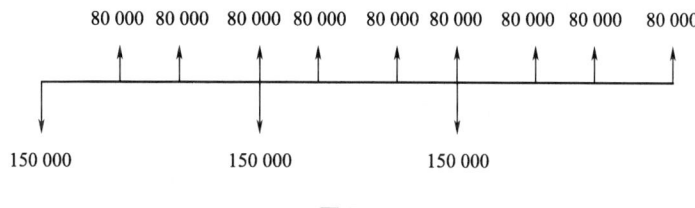

图 5-5

计算时可以直接计算每个方案项目原计算期内的净现值(如图 5-6 所示),再按照最小公倍数原理分别对其折现,并求代数和,最后根据调整后的净现值指标进行方案优选。

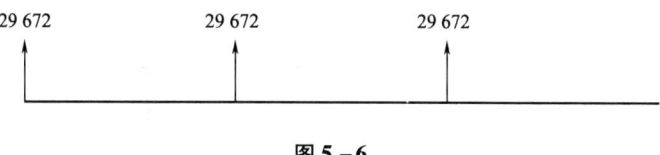

图 5-6

$$NPV'_A = 29\ 672 + 29\ 672 \times (P/F, 16\%, 3) + 29\ 672 \times (P/F, 16\%, 6)$$
$$= 29\ 672 \times (1 + 0.640\ 7 + 0.410\ 4)$$
$$= 60\ 860\ (元)$$

由于 A 项目更新链的净现值为 60 860 元,大于 B 项目的净现值,因此,应该接受 A 项目。

(二)年等额净回收额法(等效年金法)

对于项目寿命期限不同的方案也可采用年等额净回收额法进行择优。某一方案的年等额净回收额等于该方案净现值与相关的年金现值系数的比值。若某方案净现值为 NPV,设定折现率或基准收益率为 i_c,项目计算期为 n,则年等额净回收额可按下式计算:

$$A = NPV/(P/A,i,n)$$

式中:A——方案的年等额净回收额;

$(P/A,i,n)$——n 年,折现率为 i 的年金现值系数。

年等额净回收额法是指根据所有投资方案的年等额净回收额指标的大小来选择最优方案的决策方法。在此法下,在所有方案中,年等额净回收额最大的方案为优。

【例 5-22】以表 5-22 的资料为例,则:

$$A\,方案的年等额净额回收额 = \frac{A\,方案的净现值}{(P/A,16\%,3)}$$
$$= 29\,672/2.245\,9$$
$$= 13\,212(元)$$

$$B\,方案的年等额净回收额 = \frac{B\,方案的净现值}{(P/A,16\%,9)}$$
$$= 52\,458/4.606\,5$$
$$= 11\,388(元)$$

因为 A 方案的年等额净回收额(13 212 元)高于 B 方案的年等额净额回收额(11 388元),所以 A 方案优于 B 方案。

二、更新改造投资项目的决策

通过前述分析可以看出,更新决策的现金流量主要是现金流出。由于没有相关的现金流入,这样就使得前面所介绍的分析评价指标不具有适用性了。无论哪个方案所计算的净现值都是小于 0,无论哪个方案都无法计算其内含报酬率。那么,我们可否通过比较两个方案的总流出来判断方案优劣?这种方法通常也会不妥,因为通常旧设备的尚可使用年限与新设备的尚可使用年限不同,通常旧设备的尚可使用年限会短一些,两个方案的"总产出"并不相同,为此财务管理经常使用平均年成本,即比较其平均每一年的成本,亦即获得 1 年的生产能力所付出的代价,据以判断是继续使用旧设备还是购置新设备。

固定资产的平均年成本,是指该资产引起的现金流出的年平均值,它是未来使用年限内现金流出总现值与年金现值系数的比值。

【例 5-23】还是以第二节的例 5-8 为例,考虑所得税影响时的年成本。计算过程见表 5-23。

表 5-23　　　　　　　　　　　　　　　　　　　　单位:万元

项　目	现金流量	时　间	系数(10%)	现　值
继续使用旧设备				
初始丧失的旧设备变现流量	-97.25	0	1	-97.25

续表

项 目	现金流量	时 间	系数(10%)	现 值
每年的税后运行成本	$-60 \times (1-30\%) = -42$	1-5	3.790 8	-159.213 6
每年折旧抵税	$28.125 \times 30\% = 8.437\ 5$	1-4	3.169 9	26.746 0
两年末大修支出	$-40 \times (1-30\%) = -28$	2	0.826 4	-23.139 2
项目终结点回收的流量	42.5	5	0.620 9	26.388 3
合 计				-226.468 5
更新设备				
初始的设备投资	-300	0	1	-300
每年的税后运行成本	$-40 \times (1-30\%) = -28$	1-8	5.334 9	-149.377 2
每年的折旧抵税	$33.75 \times 30\% = 10.125$	1-8	5.334 9	54.015 9
项目终结点回收的流量	26.5	8	0.466 5	12.362 25
合 计				-382.999 05

$$继续使用旧设备的年平均成本 = 226.468\ 5/(P/A,10\%,5)$$
$$= 59.74(万元)$$
$$继续使用新设备的年平均成本 = 382.999\ 05/(P/A,10\%,8)$$
$$= 71.79(万元)$$

使用固定资产平均年成本应注意两个问题：

第一，由于两者的年限不同，不能直接根据各年现金流量的差额计算净现值或内部收益率。

第二，平均年成本法的假设前提是将来设备再更换时，可以按原来的平均年成本找到可代替的设备。例如，旧设备第 5 年报废时，仍可找到年使用成本为 72.91 万元的可代替设备。如果有明显证据表明，5 年后可替换设备平均年成本会高于当前更新设备的平均年成本 90.97 万元，则需要把 5 年后更新设备的成本纳入分析范围，合并计算当前使用旧设备和 5 年后更新设备的综合平均年成本。由于未来数据估计具有很大的主观性，预计 5 年后尚可使用设备的变现价值较困难，其实际意义并不大。因此，平均年成本法通常以旧设备尚可使用年限为比较期，一般情况下不会有太大误差。

三、多方案组合决策

多方案组合决策涉及多个项目之间不是相互排斥的关系，它们之间可以实现组合，又分两种情况：

其一，资金总量不受限制时：选择所有净现值大于等于 0 的项目进行组合，具体可按每一项目的净现值大小排队，确定优先考虑的项目顺序。

其二，在资金总量受到限制时：通常企业有很多获利项目可供投资，但无法筹集到足够的资金。这种情况在许多公司都存在，特别是那些以内部融资为经营策略或外部融资受到限制的企业。在资金有限量的情况下，为了使企业获得最大的利益，应投资于一组使组合方案净现值最大的项目。其计算步骤如下：

第一步：计算所有项目的净现值，并列出项目的初始投资。

第二步：接受 $NPV \geq 0$ 的项目，如果资金限量能够满足所有可接受的项目，这一过程即可完成。

第三步：如果资金不能满足所有的 $NPV \geq 0$ 的投资项目，那么就要对第二步进行修正。这一修正的过程是：对所有的项目都在资金限量内进行各种可能的组合，然后，计算出各种组合方案的净现值总额。

第四步：接受净现值的合计数最大的组合方案。

【例 5-24】假设 A 公司有五个可供选择的项目 A_1，B_1，B_2，C_1 和 C_2，其中 B_1 和 B_2，C_1 和 C_2 是互相斥选项目，A 公司资本的最大限量是 400 000 元。详细情况见表 5-24。

表 5-24　　　　　　　　　　　　　　　　　　单位：元

投资项目	初始投资	获利指数 PI	净现值 NPV
A_1	120 000	1.56	67 000
B_1	150 000	1.53	79 500
B_2	300 000	1.37	111 000
C_1	125 000	1.17	21 000
C_2	100 000	1.18	18 000

如果 A 公司想选取获利指数最大的项目，那么它将选用 A_1 项目（获利指数为 1.56）、B_1 项目（获利指数为 1.53）和 C_2 项目（获利指数为 1.18）；如果 A 公司按每一项目的净现值的大小来选取，那么它将首先选用 B_2 项目，另外可选择的只有 B_1 项目。

然而，以上两种选择方法都是错误的，因为它们都不是能使企业净现值最大的项目组合。

为了选出最优的项目组合，必须列出在资本限量内的所有可能的项目组合。为此，我们通过表 5-25 来计算所有可能的项目组合的净现值合计数。

表 5-25　　　　　　　　　　　　　　　　　　单位：元

项目组合	初始投资	净现值合计
$A_1 B_1 C_1$	395 000	167 500
$A_1 B_1 C_2$	370 000	164 700
$A_1 B_1$	270 000	146 500
$A_1 C_1$	245 000	88 000
$A_1 C_2$	220 000	85 000
$B_1 C_1$	275 000	100 000
$B_2 C_2$	400 000	129 000

从表 5-25 中可以看出,该公司应选用 A_1,B_1 和 C_1 三个项目组成的投资组合,其净现值合计为 167 500 元。

思考题

1. 什么是资本预算?为什么说投资决策对企业至关重要?
2. 资本预算的基本方法有哪些?各方法有何优缺点?
3. 为什么说净现值法是最有效的资本预算方法?
4. 资本限量决策的基本原理是什么?
5. 平均年成本法的含义与应用假设是什么?
6. 更新链法与年等额净回收额法的应用原理是什么?

练习题

1. 某公司有一投资项目,初始投资 250 万元,其中设备投资 220 万元,开办费 6 万元,垫支流动资金 24 万元。该项目建设期为 1 年。设备投资和开办费于建设起点投入,流动资金于设备投产日垫支。该项目寿命期为 5 年,按直线法折旧,预计残值为 10 万元;开办费于投产后分 3 年摊销。预计项目投产后第 1 年可获税前利润 80 万元,以后每年递增 6.67 万元。该公司适用的所得税税率为 25%,该公司要求的最低报酬率为 10%。

要求:
(1) 计算该项目各年现金净流量,并填写表 5-26。
(2) 计算该项目回收期,投资报酬率。
(3) 计算该项目净现值和内部收益率。

2. ABC 公司研制成功一台新产品,现在需要决定是否大规模投产,有关资料如下:

(1) 公司的销售部门预计,如果每台定价 3 万元,销售量每年可以达到 10 000 台;销售量不会逐年上升,但价格可以每年提高 2%。生产部门预计,变动制造成本每台 2.1 万元,每年增加 2%;不含折旧费的固定制造成本每年 4 000 万元,每年增加 1%。新业务将在 2021 年 1 月 1 日开始,假设经营现金流发生在每年年底。

表 5-26

年限 项目	0	1	2	3	4	5	6
设备投资							
开办费投资							
垫支流动资金							
税后利润							
年折旧							
开办费摊销							
残值收入							
收回流动资金							
现金净流量							

（2）为生产该产品，需要添置一台生产设备，预计其购置成本为 4 000 万元。该设备可以在 2020 年年底以前安装完毕，并在 2020 年年底支付设备购置款。该设备按税法规定折旧年限为 5 年，净残值率为 5%；经济寿命为 4 年，4 年后即 2024 年年底该项设备的市场价值预计为 500 万元。如果决定投产该产品，公司将可以连续经营 4 年，预计不会出现提前中止的情况。

（3）生产该产品所需的厂房可以用 8 000 万元购买，在 2020 年年底付款并交付使用。该厂房按税法规定折旧年限为 20 年，净残值率为 5%。4 年后该厂房的市场价值预计为 7 000 万元。

（4）生产该产品需要的净营运资本随销售额而变化，预计为销售额的 10%。假设这些净营运资本在年初投入，项目结束时收回。

（5）公司的所得税税率为 40%。

（6）该项目的成功概率很大，风险水平与企业平均风险相同，可以使用公司的加权平均资本成本 10% 作为折现率。新项目的销售额与公司当前的销售额相比只占较小份额，并且公司每年有若干新项目投入生产，因此该项目万一失败不会危及整个公司的生存。

要求：

（1）计算项目的初始投资总额，包括与项目有关的固定资产购置支出以及净营运资本增加额。

（2）分别计算厂房和设备的年折旧额以及第 4 年年末的账面价值（提示：折旧按年提取，投入使用当年提取全年折旧）。

（3）分别计算第 4 年年末处置厂房和设备引起的税后净现金流量。

（4）计算各年项目现金净流量以及项目的净现值和回收期（计算时折现系数保留小数点后 4 位，计算过程和计算结果显示在表格中）。

3．某企业拟更新原设备，新旧设备的详细资料如表 5-27 所示。

表 5-27　　　　　　　　　　　　　　　　　　　　单位:元

项　目	旧设备	新设备
原　价	60 000	80 000
税法规定残值	6 000	8 000
规定使用年数	6	4
已使用年数	3	0
尚可使用年数	3	4
每年操作成本	7 000	5 000
最终报废残值	8 000	7 000
现行市价	20 000	80 000
每年折旧	9 000	18 000

已知所得税税率为 40%。请分析一下该企业应否更新,假设企业最低报酬率为 10%。

4. 某企业准备投资一个完整工业建设项目,所在的行业基准折现率(资金成本率)为 10%,分别有 A,B,C 三个方案可供选择。

(1) A 方案的有关资料如表 5-28 所示。

表 5-28　　　　　　　　　　　　　　　　　　　　单位:元

计算期 项　目	0	1	2	3	4	5	6	合计
净现金流量	-60 000	0	30 000	30 000	20 000	20 000	30 000	—
折现的净现金流量	-60 000	0	24 792	22 539	13 660	12 418	16 935	30 344

已知 A 方案的投资于建设期起点一次投入,建设期为 1 年,该方案年等额净回收额为 6 967 元。

(2) B 方案的项目计算期为 8 年,包括建设期的静态投资回收期为 3.5 年,净现值为 50 000 元,年等额净回收额为 9 370 元。

(3) C 方案的项目计算期为 12 年,包括建设期的静态投资回收期为 7 年,净现值为 70 000 元。

要求:

(1) 计算或指出 A 方案的下列指标:①包括建设期的静态投资回收期;②净现值。

(2) 评价 A,B,C 三个方案的财务可行性。

(3) 计算 C 方案的年等额净回收额。

(4) 分别用年等额净回收额法和更新链法做出投资决策。

5. 某企业现有甲、乙、丙、丁四个投资项目,有关资料如表 5-29 所示。

表 5-29 单位:万元

项 目	原始投资现值	净现值
甲	1 500	450
乙	1 000	350
丙	500	140
丁	500	225

要求:

(1)若该公司投资总额不受限制,选择该公司最优的投资组合。

(2)若该公司的投资总额为 2 500 万元,选择该公司最优的投资组合。

证券投资

学习要点与要求

本章主要介绍证券投资的目的、特点以及股票投资、债券投资、期权投资等投资决策的基本知识。

通过本章教学,要求学生了解期权投资的含义与估价;理解债券投资的种类与目的,股票投资的种类与目的;掌握证券的含义、特征与种类,证券投资的含义与目的;熟练掌握企业债券投资收益率的计算,债券的估价,债券投资的优缺点,企业股票投资收益率的计算,股票的估价,股票投资的优缺点。

第一节 证券投资的种类和目的

一、证券及其种类

证券,是指用以证明或设定权利所做成的书面凭证,它表明证券持有人或第三者有权去取得该证券所拥有的特定权益。

企业进行证券投资首先要选择合适的投资对象,即选择投资于何种证券。可供投资的证券的种类很多,按不同的标准可以作不同的分类。

（一）按证券的发行主体分类

按照证券发行主体的不同,证券可分为政府证券、金融证券和公司证券三种。政府证券是指中央政府或地方政府为筹集资金而发行的证券。金融证券则是指银行或其他金融机构为筹措资金而发行的证券。公司证券又称企业证券,是指工商企业为筹集资金而发行的证券。政府证券的风险较小,金融证券次之,公司证券的风险则视企业的规模、财务状况和其他情况而定。

（二）按证券的到期日分类

按照证券到期日的长短,证券可分为短期证券和长期证券两种。短期证券是指到期日短于一年的证券,如商业票据、银行承兑汇票等。长期证券是指到期日长于一年的证券,如股票、债券等。一般而言,短期证券的风险小,变现能力强,但收益率相对较低。长期证券的收益一般较高,但时间长,风险大。

（三）按证券的收益稳定性分类

按照证券收益状况的不同,证券可分为固定收益证券和变动收益证券两种。固定收益证券是指在证券的票面上规定有固定收益率的证券,如债券票面上一般有固定的利息率,优先股票面一般有固定的股息率,这些证券都属于有固定收益的证券。变动收益证券是指证券的票面不标明固定的收益率,其收益情况随企业经营状况而变动的证券,普通股股票是最典型的变动收益证券。一般来说,固定收益证券风险较小,但报酬不高,而变动收益证券风险大,但报酬较高。

（四）按证券体现的权益关系分类

按照证券所体现的权益关系,证券可分为所有权证券和债权证券两种。所有权证券是指证券的持有人便是证券发行单位的所有者的证券,这种证券的持有人一般对发行单位都有一定的管理和控制权。股票是典型的所有权证券,股东便是发行股票的企业的所有者。债权证券是指证券的持有人是发行单位的债权人的证券,这种证券的持有人一般无权对发行单位进行管理和控制。当一个发行单位破产时,债权证券要优先清偿,而所有权证券要在最后清偿,所以所有权证券一般都要承担比较大的风险。

（五）按证券收益的决定因素分类

按照证券收益的决定因素,证券可分为原生证券和衍生证券。原生证券的收益大小主要取决于发行者的财务状况；衍生证券包括期货合约和期权合约两种基本类型,其收益取决于原生证券的价格。

二、证券投资的目的

企业在选择证券投资对象时,必须要结合自己的投资目的进行选择,一般来说,短期证券投资的目的与长期证券投资的目的有所不同。

（一）短期证券投资的目的

短期证券投资是指通过购买计划在一年内变现的证券而进行的对外投资。这种投资一般具有操作简便,变现能力强的特点。

企业进行短期证券投资一般出于以下几种目的。

1. 作为现金的替代品。企业在生产经营过程中,应该拥有一定数量的现金,以满足日常经营的需要,但是现金这种资产的收益很低,现金余额过多是一种浪费。因此,企业可以利用闲置的现金进行短期证券投资,以获取一定的收益。当企业某一时期的现金流出量超过现金流入量时,可以随时出售证券,以取得经营所需的现金。这样,短期证券投资实际上就成为现金的替代品,它既能满足企业对现金之需要,又能在一定程度上增加企业的收益。

2. 出于投机之目的。有时企业进行短期证券投资完全是出于投机的目的,以期获取较高的收益。投机是指通过预期市场行情的变化而赚取收益的经济行为。可以说投机与证券市场是不可分割的,有证券市场必然有证券投机。有的企业为了获取投机利润,也会进行证券投机。因此,这种短期证券投资,从表面上看是一种投资活动,但其实质是一种投机行为。企业出于投机的目的进行证券投资的风险一般较大,应当用企业较长时期闲置不用的资金进行投资,但也必须要控制风险,不能因此而损害企业的整体利益。

3. 满足企业未来的财务需求。有时企业为了将来要进行的长期投资,或者将来要偿还债务,或者因为季节性经营等原因,会将目前闲置不用的现金用于购买有价证券,进行短期证券投资,以获取一定的收益,待将来需要现金时,再将有价证券出售。这种短期证券投资实际上是为了满足企业未来对现金需求之目的。

(二)长期证券投资的目的

长期证券投资是指通过购买不准备在一年之内变现的有价证券而进行的对外投资。长期证券投资一般占用的资金量较大,对企业具有深远的影响。通常企业进行长期证券投资主要出于以下目的。

1. 为了获取较高的投资收益。有的企业可能拥有大量闲置的现金,而本企业在较长的时期内没有大量的现金支出,也没有盈利较高的投资项目,因此,就可以利用这笔资金进行长期证券投资,购买风险较小、投资回报较高的有价证券。这样,可以充分利用闲置的资金,获取较高的投资收益。

2. 为了对被投资企业取得控制权。有时企业从长远的利益考虑,要求控制某一企业,这时就应对其进行长期证券投资,取得对该企业的控制权。通常这种投资都是股权性投资,即购买被投资企业的股票。例如,A 公司欲取得其主要的材料供应商甲公司长期稳定的材料供应,就可以购买甲公司的股票,并取得对甲公司的控制权。

总之,企业在选择证券投资对象时,必须要结合自己的投资目的进行选择。一般来说,短期证券投资应特别重视投资的安全性和流动性,以便能够随时变现,安全地收回资金;而长期投资更重视投资的安全性和收益性,以期在较长的时期内能够获得更大的投资回报。

第二节 债券投资

一、债券的概念和分类

(一)债券的概念

债券是债务人依照法定程序发行,承诺按约定利率和日期支付利息,并在特定日期偿还本金的书面债务凭证。债券一般包含面值、票面利率、偿还期限、价格以及发行主体名称、发行时间等基本要素。

1. 面值。债券的面值是指设定的票面金额。它代表发行人借入并且承诺于未来某一特定日期偿付给债券持有人的金额。

2. 票面利率。债券的票面利率是指债券发行者预计一年内向投资者支付的利息占票面金额的比率。债券上标明的利率一般是年利率或固定利率,有时也可能是浮动利率,债券的计息和付息方式有多种,可能使用单利或复利计息,利息支付可能半年一次、一年一次或到期日一次总付。

3. 偿还期限。债券的偿还期限是指偿还本金的日期。债券一般都规定到期日,以便到期时归还本金。

4. 价格。由于发行者的种种考虑或资金市场上供求关系以及市场利率的变化,债券的价格常常背离它的面值,有时高于面值,有时低于面值,但其差额并不很大,不像普通股那样相差甚远。

（二）债券的分类

按照不同的分类标准,债券主要有以下几种分类。

1. 按发行主体不同,债券分为政府债券、金融债券和公司债券。

政府债券是指由中央政府或地方政府发行的债券,如我国发行的国库券、国家重点建设债券、特种国债等,政府债券通常分为中央政府债券和地方政府债券。在我国,国库券是政府债券的主要形式,国库券是中央政府发行的,以国家财政作担保,信用度很高,是证券市场上风险最小的证券,所以投资于国库券的安全性是很高的。

金融债券是指由银行或者非银行性金融机构为筹集信贷资金而向投资者发行的债券。金融债券一般为中长期债券,主要向社会公众、企业和社会团体发行,金融债券的发行必须经中央银行的批准。

公司债券是指公司为发展业务或补充资本,经股东大会或董事会审议决定,向社会募集的债券。

2. 按期限不同,债券分为短期债券、中期债券和长期债券。短期债券是指期限在1年以内的债券。有些在市场上流通的中长期债券,其到期日不足1年的,也视为短期债券。短期债券具有流动性强、风险低的优点,但它的收益率也低。

中期债券是指期限在1年以上,一般在10年以下的债券。我国财政部发行的各种国债和银行发行的金融债券,多属于中期债券。

长期债券一般说来是指期限在10年以上的债券,但各国政府对债券的期限划分标准不完全相同。长期债券的流动性差,持有人将其转化为现金比较困难。另外,其通货膨胀风险也比较大。因此,作为补偿,其利率比较高。

3. 按利率是否固定,债券分为固定利率债券和浮动利率债券。

固定利率债券具有固定的利息率和固定的偿还期,是传统的债券,也叫普通债券。这种债券在市场利率比较稳定的情况下比较流行,但在利率急剧变化时风险也较大。

浮动利率债券是根据市场利率定期调整的中、长期债券,其利率按标准利率(同业拆放利率或银行优惠利率)加一定利差确定,或者按固定利率加上保值补贴率确定。浮动利率债券可以减少投资人的利率风险。为防止市场利率降得过低时影响投资者的利益,这种债券一般规定有最低的利率。

4. 按是否记名,债券分为记名债券和无记名债券。

记名债券是指债券上记载债权人的姓名,转让时原持有人要背书,并经金融机构签证方能生效。通常记名债券可以挂失。

无记名债券不记载持有人的姓名,谁持有债券,谁就是合法持有人。

5. 按是否上市流通,债券分为上市债券和非上市债券。

上市债券指经由政府管理部门批准,在证券交易所内买卖的债券,也叫挂牌券。对投资者来说,上市债券经过严格审查,比较可靠,流动性好,并且便于了解债务人的有关经济信息。

非上市债券不在证券交易所上市,只能在场外交易,流动性差。无记名的债券,无法进行场外交易。记名债券,要办理手续才能过户,政府可以允许或禁止场外交易。一般说来,不能转让的债券,不具有流通性,持有人在蒙受损失时无能为力,作为补偿,要给予较高的利率才能抵消其风险。

二、债券估价

投资者在进行债券投资时,首先遇到的问题就是所选择的债券价值是多少,是否值得投资。债券估价就是对债券的价值进行评估。所谓债券价值,是指债券投资所带来的未来现金流入的现值,亦称债券的内在价值。债券作为一种投资,现金流出是其购买价格,现金流入是利息和归还的本金,或者出售时得到的现金。债券价值是债券投资决策时使用的主要指标之一,如果债券价值大于或等于债券市场价格,则表明投资于该债券是可行的。

债券价值的计算公式因不同的计息方法,可以有不同的表示方式。

(一)典型的债券价值计算模型

典型的债券是固定利率债券,每年计算并支付利息、到期归还本金。按照这种模式,债券价值计算的基本模型是:

$$V = \sum_{t=1}^{n} \frac{M \times i}{(1+k)^t} + \frac{M}{(1+k)^t}$$
$$= I \times (P/A, k, n) + M \times (P/F, k, n)$$

式中:V——债券价值;

M——债券票面值;

k——市场利率或投资人要求的必要报酬率;

n——债券期限;

i——票面利率。

【例6-1】某公司欲购买一张面值为1 000元、票面利率为8%、每年付息一次的5年期债券,若该债券市场利率为10%,问该债券目前市价为多少时,企业才能进行投资?

$$V = 80 \times (P/A, 10\%, 5) + 1\,000 \times (P/F, 10\%, 5)$$
$$= 80 \times 3.791 + 1\,000 \times 0.621$$
$$= 924.28(元)$$

即这种债券的市价必须低于924.28元,该投资者才能购买。

(二)一次还本付息且单利计息的债券价值计算模型

一次还本付息且单利计息的债券价值计算公式为:

$$V = \frac{M \times i \times n + M}{(1+k)^n}$$

公式中符号释义同前。

【例6-2】A公司欲购买B公司发行的利随本清、不计复利的债券,该债券面值为1 000元,5年期,票面利率为10%,当前市场利率为8%,若该债券目前发行价格为1 015元,问A公司应否购买该债券?

由上述公式可知:

$$V = \frac{1\,000 \times 10\% \times 5 + 1\,000}{(1+8\%)^5}$$

$$= 1\,020(元)$$

因为该债券价值为1 020元,大于目前买价1 015元,所以A公司可以投资。

(三)贴现发行时债券价值计算

目前我国有些债券是采用贴现方式发行,没有票面利率,到期按面值偿还,这种债券价值的计算公式为:

$$V = \frac{M}{(1+K)^n}$$

$$= M \times (P/F, k, n)$$

公式中符号释义同前。

【例6-3】某债券面值为1 000元,期限为5年,以贴现方式发行,期内不计利息,到期按面值偿还,若企业要求的投资报酬率为10%,其价格为多少时,企业才能购买?

$$V = 1\,000 \times (P/F, 10\%, 5)$$

$$= 1\,000 \times 0.621$$

$$= 621(元)$$

所以只有当该债券价格低于621元时,企业才能购买。

三、债券投资的收益

企业进行债券投资的主要目的是为了获得投资收益,债券投资收益主要包括债券利息收入和债券的价差收益,其中债券利息收入就是根据债券的面值与票面利率计算的利息额,债券的价差收益是债券到期得到的偿还金额(即债券面额)或到期前出售债券的价款与投资时购买债券的金额之差。不同种类的债券,因计息方式不同,投资的时间不同,其投资收益的计算方法也有所差异。

(一)短期债券投资收益率的计算

短期债券投资收益率的计算一般比较简单,因为期限短,所以一般不用考虑时间价值因素。债券投资收益率即是指一定时期内债券投资收益与投资额的比率。其基本的

计算公式为:

$$\text{债券持有期年投资收益率} = \frac{(\text{持有期利息收入} + \text{持有期资本利得收益}) \div \text{持有年限}}{\text{购买价格}}$$

【例6-4】某企业于2020年7月1日以每张1 020元的价格购入A公司2020年1月1日发行的面额为1 000元的附息债券100张,票面利率为年利率10%,每年年末付息,到期日为2022年1月1日。若该企业2021年1月1日以1 050元的价格出售全部债券,要求计算该债券持有期的年投资收益率。

$$\text{债券持有期年投资收益率} = \frac{[1\,000 \times 10\% + (1\,050 - 1\,020)] \div 0.5}{1\,020} \times 100\%$$

$$= 25.49\%$$

(二)长期债券投资收益率的计算

长期债券投资收益率的计算比较复杂,因为涉及的时间较长,所以要考虑资金时间价值因素。长期债券投资收益率是指按复利计算的收益率,它是能使未来现金流入现值等于债券买入价格的贴现率,即计算使债券产生的现金流入量净现值为零的折现率。

计算收益率的方法是求解含有贴现率的方程。

【例6-5】A公司2020年1月1日用平价购买一张面额为1 000元的债券,其票面利率为8%,每年12月31日计算并支付一次利息,并于5年后的1月1日到期。该公司预持有该债券至到期日,计算其到期收益率。

$$1\,000 = 80 \times (P/A, R, 5) + 1\,000 \times (P/F, R, 5)$$

解该方程要用"试误法"。

用 $R = 8\%$ 试算:

$$80 \times (P/A, 8\%, 5) + 1\,000 \times (P/F, 8\%, 5)$$
$$= 80 \times 3.993 + 1\,000 \times 0.681$$
$$= 1\,000(\text{元})$$

如果债券的价格高于面值,则情况将发生变化。例如买价是1 105元,则:

$$1\,105 = 80 \times (P/A, R, 5) + 1\,000 \times (P/F, R, 5)$$

通过前面试算已知, $R = 8\%$ 时等式右方为1 000元,小于1 105元,可判断收益率低于8%,降低贴现率进一步试算。

用 $R = 6\%$ 试算:

$$80 \times (P/A, 6\%, 5) + 1\,000 \times (P/F, 6\%, 5)$$
$$= 80 \times 4.212 + 1\,000 \times 0.747$$
$$= 336.96 + 747$$
$$= 1\,083.96(\text{元})$$

由于贴现结果仍小于1 105元,还应进一步降低贴现率。

用 $i = 4\%$ 试算:

$$80 \times (P/A, 4\%, 5) + 1\,000 \times (P/F, 4\%, 5)$$
$$= 80 \times 4.452 + 1\,000 \times 0.822$$
$$= 356.16 + 822$$
$$= 1\,178.16(\text{元})$$

贴现结果高于1 105元,可以判断,收益率高于4%。用插补法计算近似值:

$$R = 4\% + \frac{1\,178.16 - 1\,105}{1\,178.16 - 1\,083.96} \times (6\% - 4\%)$$
$$= 5.55\%$$

从本例可看出,若买价和面值不等,则到期收益率和票面利率不同。

第三节　股票投资

一、股票的有关概念

(一)股票的含义与种类

股票是股份公司发行的用以证明投资者的股东身份和权益并据以获得股利的一种可转让的证明。股票持有者即为该公司的股东,对该公司财产有要求权。股票可以按不同的方法和标准分类:按股东所享有的权利可分为普通股和优先股;按票面是否标明持有者姓名,分为记名股票和无记名股票;按股票票面是否记明入股金额,分为有面值股票和无面值股票;按能否向股份公司赎回自己的财产,分为可赎回和不可赎回股票。按照我国现行的《公司法》,目前各公司发行的大都是不可赎回的、记名的、有面值的普通股票。如果从投资的角度进行分类,普通股根据其风险及投资功能的不同,可以分为以下几种。

1. 蓝筹股股票。蓝筹股是指一些经营和资信状况良好的大公司所发行的普通股股票,蓝筹股实际上就是市场上的热门股票,比较受投资者的欢迎。这类股票通常都有稳定而丰厚的股利,投资风险也较小。

2. 成长性股票。成长性股票是指营业收入和利润都具有良好的增长幅度和增长潜力的公司所发行的股票。这种股票通常分配的现金股利较少,往往将利润作为内部留存收益,用于进一步扩大营业规模。投资者购买成长性股票,可以从股票的价格上升中获得较高的投资收益。

3. 周期性股票。周期性股票是指营业收入和利润呈周期性波动的公司所发行的股票。这类公司在经济景气时,利润会有较大的增长,其股票价格也会上升;在经济不景气时,利润会减少,股票的价格也会下降。因此,购买这种股票必须分析整个宏观经济形势,了解经济发展的周期性。

4. 防守性股票。防守性股票是指受经济周期影响较小,收益比较稳定的公司的股票。这种股票是相对于周期性股票而言的。在经济景气时,这类公司的经营业绩也会增长,但不很明显;在经济不景气时,其收益会高于其他公司,具有较好的稳定性。一般来说,购买这类股票的风险较小。通常公用事业类公司的股票多属于这类股票。

5. 投机性股票。投机性股票是指价格波动较大、经营前景不确定的公司的股票。这类股票的价格波动幅度很大,在短期内价格可能会上涨或下跌许多,具有较强的投机性。因此,这类股票的投资风险很大,一般不适合于稳健的投资者,对一些风险偏好较大的投机者比较有吸引力。

（二）股票的价格

股票的价格是指股票在市场上的买卖价格，又称股票市价。股票作为一种有价证券的凭证，其本身并没有价值，股票之所以有价格，能够作为买卖对象，是因为股票能够给它的持有者带来收益。股市上的价格分为开盘价、收盘价、最高价、最低价等，投资人在进行股票评价时主要使用收盘价。

（三）股利

股利是股息和红利的总称。股利是公司从其税后利润中分配给股东的，是公司对股东投资的一种报酬。股利是股东所有权在分配上的体现。股份公司的分配问题主要是股利分配。

买卖股票实际上就是购买或转让一种领取股息收入的凭证，是一种权益的让渡或转移，是一种资本所有权和收益权的买卖。

二、股票投资的目的与特点

（一）股票投资的目的

企业进行股票投资的目的主要有两种：一是获利，即作为一般的证券投资，获取股利收入及股票买卖差价；二是控股，即通过购买某一企业的大量股票达到控制该企业的目的。在第一种情况下，企业仅将某种股票作为它证券组合的一个组成部分，不会冒险将大量资金投资于某个企业的股票上。而在第二种情况下，企业应集中资金投资于被控企业的股票，这时考虑更多的不应是目前利益（股票投资报酬的高低），而应是长远利益（占有多少股权才能达到控制的目的）。

（二）股票投资的特点

股票投资的特点是相对于债券投资而言的。与债券投资相比，股票投资一般具有以下特点。

1. 股票投资是权益性投资。股票是代表所有权的凭证，购买了股票就成为发行公司的股东，可以参与公司的经营决策，有选举权和表决权；而债券投资属于债权性投资，债券是债权债务凭证，购买了债券就成为发行公司的债权人，可以定期获取利息，但无参与公司经营决策的权利。

2. 股票投资的风险大。投资者购买股票之后，不能要求股份公司偿还本金，只能在证券市场上转让。股票投资的收益主要取决于股票发行公司的经营状况和股票市场的行情。如果公司破产，股东的求偿权位于债权人之后，因此，股东可能部分甚至全部不能收回投资。而债券是要定期还本付息的，所以其风险要比股票投资小。即便公司破产，其求偿权也位于股东之前。

3. 股票投资的收益不稳定。股票投资的收益主要是公司发放的股利和股票转让的价差收益，其稳定性较差。股票股利不是固定的；股票转让的价差收益也很不确定，股市低迷时，出售股票不仅得不到价差收益，反而会遭受损失。而债券投资的收益就比较稳定,可以定期得到利息收入。

4. 股票价格的波动性大。股市价格受多种因素影响,波动性极大,这一特点决定了股票市场具有极大的投机性,投资者既可能在这个市场上赚取高额利润,也可能会损失惨重;而债券的市场价格尽管也有一定的波动性,但债券的价格毕竟不会偏离其价值太多,因此,其波动性相对较小。

三、股票估价

股票投资是企业进行证券投资的一个重要方面,与债券投资一样,股票投资也需要对股票进行估价,股票估价实际是对股票的投资价值进行的评估。

(一)现金流量折现模型

购入股票可在预期的未来获得现金流入。股票的未来现金流入包括两部分:每期预期股利和出售时得到的价格收入。股票的价值是指其预期的未来现金流入的现值。有时为了和股票市价相区别,把股票的预期未来现金流入的现值称为股票的内在价值。通过将股票价值和股票市价比较,视其高于、低于或等于市价,决定买入、卖出或继续持有。下面就介绍几种常见的股票估价模型。

1. 短期持有股票、未来准备出售的股票估价模型。在一般情况下,投资者投资于股票,不仅希望得到股利收入,还希望在未来出售股票时从股票价格的上涨中获得好处。此时的股票估价模型为:

$$V = \sum_{t=1}^{n} \frac{d_t}{(1+K)^t} + \frac{S_n}{(1+K)^n}$$

式中:V——股票内在价值;

S_n——未来出售时预计的股票价格;

K——投资人要求的必要报酬率;

d_t——第 t 期的预期股利;

n——预计持有股票的期数。

【例 6-6】现企业有一笔闲余款项可用于 A,B 两种股票投资,期限两年。A,B 两种股票预计年股利额分别为 5 元/股、6 元/股,两年后市价分别可望涨至 60 元、64 元。现市价分别为 55 元、57 元。企业要求的必要报酬率为 15%。请计算 A,B 两种股票哪一支能达到企业的必要报酬率?

$$A 股票投资价值 = 5 \times (P/A, 15\%, 2) + \frac{60}{(1+15\%)^2}$$
$$= 53.50(元/股)$$

即 A 股票目前在企业心目中的真实价值仅为 53.50 元/股,显然若以 55 元/股的现市价购买该股票,企业无法得到 15% 的期望报酬率。

$$B 股票投资价值 = 6 \times (P/A, 15\%, 2) + \frac{64}{(1+15\%)^2}$$
$$= 58.15(元/股)$$

即 B 股票目前的真实价值为 58.15 元/股,高于现市价。因此,企业若选择 B 股票进行投资的话,所获的收益率将高于其期望水平。

2. 长期持有股票,股利稳定不变的股票估价模型。假设未来股利不变,持有期限很长,股利支付过程是一个永续年金,则股票价值为:

$$V = \frac{d}{K}$$

式中:V——股票内在价值;
d——每年固定股利;
K——投资人要求的必要报酬率。

【例 6 – 7】每年分配股利 2 元,投资人要求的必要报酬率为 10%。请问股票的价值为多少?

$$V(股票价值) = 2/10\%$$
$$= 20(元)$$

3. 长期持有股票,股利固定增长的股票估价模型。一般情况下企业的股利不是固定不变的,如设一个公司的股利是逐年增长的,设上年股利为 d_0,每年股利比上年增长率为 g,则该股票价值为:

$$V = \frac{d_0(1+g)}{1+k} + \frac{d_0(1+g)^2}{(1+k)^2} + \cdots + \frac{d_0(1+g)^n}{(1+k)^n}$$

当 n 趋近于无穷时,利用等比数列极限求和的公式化简,可得:

$$V = \frac{d_0 \times (1+g)}{K-g}$$
$$= \frac{d_1}{K-g}$$

【例 6 – 8】A 公司欲投资购买 B 公司的股票,该股票最近支付的股利为 2 元,预计以后每年以 5% 的增长率增长。A 公司分析后,认为必须得到 15% 的报酬率,则该股票价值为多少?

$$V = \frac{2 \times (1+5\%)}{15\% - 5\%}$$
$$= 21(元)$$

即 B 公司股票价格在 21 元以下时,A 公司才应当购买。

4. 非固定增长情况下的股票估价模型。在现实生活中有的公司股利是不固定的,如预计未来一段时间内股利将高速增长,接下来的时间则为正常固定增长或者固定不变,则可以分别计算高速增长、正常固定增长、固定不变等各阶段未来收益的现值,各阶段现值之和就是股利非固定增长情况下的股票价值。

【例 6 – 9】某投资人准备投资于购买 B 股票,已知 B 股票最后一次的股利为 2.8 元。B 股票预期未来 2 年内股利成长率为 18%,从第 3 年开始转为正常,增长率为 12%。若投资人要求的必要收益率为 16%,请确定 B 股票的价值。

预期第 1 年股利:

$$2.8 \times (1+18\%) = 3.304(元)$$

预期第 1 年股利现值:

$$3.304 \times (P/F, 16\%, 1) = 2.85(元)$$

预期第 2 年股利：
$$3.304 \times 1.18 = 3.90(元)$$

预期第 2 年股利现值：
$$3.90 \times (P/F, 16\%, 2) = 2.90(元)$$

则股票价值为：
$$V = 2.85 + 2.90 + \frac{3.9 \times (1+12\%)}{16\% - 12\%} \times (P/F, 16\%, 2)$$
$$= 86.90(元)$$

（二）P/E 比率估价模型

前述股票的估价方法，在理论上比较健全，但股利的预计十分复杂，一般投资人往往很难办到。这里，我们有一种粗略衡量股票价值的方法，这也是被许多投资者采用的方法，即 P/E 比率估价法。P/E 比率，即价格—收益比率，又叫市盈率，其可用公式表示为：

$$股票价值 = 标准市盈率 \times 该股票每股收益$$

式中标准市盈率可以利用行业平均市盈率，可以根据证券机构或刊物提供的同类股票过去若干年的平均市盈率，乘以当前的每股盈利，得出股票的公平价值。用它和当前市价比较，可以看出所付价格是否合理。

【例 6-10】ABC 公司的股票每股盈利是 3 元，市盈率是 10，行业类似股票的平均市盈率是 11，请问 ABC 公司的股票是否有投资价值？

$$股票价值 = 3 \times 11 = 33(元)$$
$$股票价格 = 3 \times 10 = 30(元)$$

计算结果说明，市场对该股票评价略低，股价基本正常，有一定吸引力。

四、股票投资收益

投资者进行股票投资的目的最终是为了取得投资收益。股票的投资收益具有较大的不确定性，因为投资者对所投资的公司的未来盈利情况和股价的变动只能靠预测来判断，而预测总是难免出现偏差。但是，为了加强股票投资管理，投资者还是要进行投资收益的计算与考核。计算考核股票投资收益必须将股价与收益结合起来进行衡量。股票投资收益率包括两部分：股利收益率和资本利得收益率。

（一）短期持有股票的持有期年收益率

若股票的持有期限较短，可以不考虑时间价值，则股票投资收益率为：

$$R = \frac{(D+S-P) \div N}{P} \times 100\%$$

式中：R——股票投资收益率；
P——股票购买价格；
D——每年收到的股利；
S——股票预期售价；

N——持有年限。

这个指标表明了投资某一种股票所取得的投资收益。很显然,该指标越高,说明股票投资的收益越好。

【例6-11】A公司2020年7月1日投资10万元购买大华公司每股市价为20元的股票,2020年12月31日每股获得股利2元。2021年1月1日,A公司将该股票以每股25元的价格出售,则投资收益率为多少?

$$R = \frac{[(25-20)+2] \div 0.5}{20} \times 100\%$$
$$= 70\%$$

(二) 长期持有股票的投资收益率

若股票持有时间较长,则应考虑时间价值,则股票投资收益率即为能够使未来现金流入现值等于现金流出现值的那一个贴现率。其计算公式如下:

$$P = \sum_{t=1}^{n} \frac{d_t}{(1+K)^j} + \frac{S_n}{(1+K)^n}$$

【例6-12】A公司2021年1月1日投资10万元购买大华公司每股市价为20元的股票,大华公司采取的是稳定的股利政策,每年发放股利2元;2025年1月1日,A公司预计该股票可以以每股25元的价格出售,请问大华公司的股票收益率是多少?

$$20 = 2 \times (P/A,K,4) + 25 \times (P/F,K,4)$$

采用逐步测试法来进行计算,如表6-1所示。

表6-1

时间	股利及出售股票的现金流量	测试16%		测试15%	
		系数	金额	系数	金额
1~4	2	2.7982	5.5964	2.8550	5.71
4	25	0.5523	13.8075	0.5718	14.295
合计			19.4039		20.005

则投资收益率为15%。若长久持有,不准备出售,对于零成长股票,其预期收益率$R = D/P$;固定成长股票的预期收益率$R = (D_1/P) + g$。

【例6-13】有一只股票的价格为20元,预计下一期的股利是1元,该股利将以大约10%的速度持续增长,则该股票的期望收益率是多少?

$$R = 1/20 + 10\%$$
$$= 15\%$$

第四节 期权投资

一、期权的特征

期权是指一种合约,该合约赋予持有人在某一特定日期或该日之前的任何时间以固定价格购进或售出一种资产的权利。例如,王先生2015年以200万元的价格购入一处房产,同时与房地产商A签订了一份期权合约。合约赋予王先生在2017年12月31日或者此前的任何时间,以230万元的价格将该房产出售给A的权利。如果在到期日之前该房产的市场价格高于230万元,王先生则不会执行期权,而选择在市场上出售或者继续持有。如果该房产的市价在到期日之前低于230万元,则王先生可以选择执行期权,将房产出售给A并获得230万元现金。

期权定义的要点如下。

第一,期权是一种权利。期权合约至少涉及购买人和出售人两方。获得期权的一方称为期权购买人。另一方出售期权的人称为期权出售人。交易完成后,购买人成为期权持有人。

期权赋予持有人做某件事的权利,但他不承担必须履行的义务,他具有可以选择执行或者不执行该权利。持有人仅在执行期权有利时才会利用它,否则该期权将被放弃。在这种意义上说,期权是一种"特权",因为持有人只享有权利而不承担相应的义务。

期权合约不同于远期合约和期货合约。在远期和期货合约中,双方的权利和义务是对等的,双方互相承担责任,各自具有要求对方履约的权益。当然,与此相适应,投资人签订远期或期货合约时不需要向对方支付任何费用,而投资人购买期权合约必须支付期权费,作为不承担义务的代价。

第二,期权的标的物。期权的标的物是指选择购买或出售的资产。它包括股票、政府债券、货币、股票指数、商品期货等。期权是这些标的物"衍生"的,因此称衍生金融工具。

值得注意的是,期权出售人不一定拥有标的资产。例如出售IBM公司股票期权的人,不一定是IBM公司本身,他也未必持有IBM的股票,期权是可以"卖空"的。期权购买人也不一定真的想购买资产标的物。因此,期权到期时双方不一定进行标的物的实物交割,而只需按价差补足价款即可。

一个公司的股票期权在市场上被交易,该期权的源生股票发行公司并不能影响期权市场。该公司不从期权市场上筹集资金,也不在期权市场上进行直接交易。期权持有人没有选举公司董事、决定公司重大事项的投票权,也不能获得该公司的股利。

二、期权的种类

期权可以从两种不同的角度进行分类,按照期权执行时间,可以将期权分为欧式期权和美式期权;按照合约授予期权持有人权利的类别,可以将期权分为看涨期权和看跌期权,其相关特征如表6-2所示。

表6-2 期权的种类与特征

分类标准	种类	特征
按照期权执行时间	欧式期权	该期权只能在到期日执行
	美式期权	该期权可以在到期日或到期日之前的任何时间执行
按照合约授予期权持有人权利的类别	看涨期权	看涨期权是指期权赋予持有人在到期日或到期日之前,以固定价格购买标的资产的权利。其授予权利的特征是"购买",因此也可以称为"择购期权"、"买入期权"或"买权"
	看跌期权	看跌期权是指期权赋予持有人在到期日或到期日前,以固定价格出售标的资产的权利。其权力的特征是"出售",因此也可以称为"择售期权"、"卖出期权"或"卖权"

三、期权到期日价值

为了评估期权的价值,需要先知道期权的到期日价值。期权的到期日价值,是指到期时执行可以取得的净收入,它依赖于标的股票在到期日的价格和执行价格。执行价格是已知的,而股票到期日的市场价格此前是未知的。但是,期权的到期日价值与股票的市场价格之间存在函数关系,这种函数关系因期权的类别而异。

期权分为看涨期权和看跌期权两类,每类期权又分为买入和卖出两种,下面我们分别说明这四种情景下期权到期日价值和股价的关系。

为简便起见,我们假设各种期权均持有至到期日,不提前执行,并且忽略交易成本。

(一)看涨期权到期日价值

1. 买入看涨期权。买入看涨期权形成的金融头寸,被称为"多头看涨头寸"①。

【例6-14】投资人购买一项看涨期权,标的股票的当前市价为50元,执行价格为50元,到期日为1年后的今天,期权价格为5元。买入后,投资人就持有了看涨头寸,期待未来股价上涨以获取净收益。

多头看涨期权的净损益有以下4种可能:

(1)股票市价小于或等于50元,看涨期权买方不会执行期权,没有净收入,即期权到期日价值为零,其净损益为-5元(期权价值0元-期权成本5元)。

(2)股票市价大于50元并小于55元,例如股票市价为53元,投资人会执行期权。以50元购买ABC公司的1份股票,在市场上将其出售得到53元,净收入为3元(股票市价53元-执行价格50元),即期权到期日价值为3元,买方期权净损益为-2元(期权价值3元-期权成本5元)。

(3)股票市价等于55元,投资人会执行期权,取得净收入5元(股票市价55元-执行价格50元),即期权到期日价值为5元。多头看涨期权的净损益为0元(期权价值5

---

① 在期权交易中,将期权的出售者称为"空头",他们持有"空头寸";将期权的购买者称为"多头",他们持有"多头寸"。"头寸"是指标的资产市场价格和执行价格的差额。

元－期权成本5元)。

(4)股票市价大于55元,假设为60元,投资人会执行期权,净收入为10元(股票市价60元－执行价格50元),即期权的到期日价值为10元。投资人的净损益为5元(期权价值10元－期权成本5元)。

综合上述4种情况,可以概括为以下表达式:

$$多头看涨期权到期日价值 = \text{Max}(股票市价 - 执行价格, 0)$$

该式表明:如果股票市价大于执行价格,会执行期权,看涨期权价值等于"股票市价－执行价格";如果股票市价小于执行价格,不会执行期权,看涨期权价值为零;到期日价值为上述两者中的较大者。

$$多头看涨期权净损益 = 多头看涨期权到期日价值 - 期权成本$$

看涨期权的损益的特点是:净损失有限(最大值为期权价格),而净收益却潜力巨大。那么,是不是投资期权一定比投资股票更好呢?不一定。例如,你有资金50元,并有如下两种投资方案:投资方案一:以5元的价格购入前述ABC公司的看涨期权10份。投资方案二:购入ABC公司的股票1份。如果到期日股价为40元,购买期权的净损益＝－50元(－10×5),收益率＝－100%(－50/50);购买股票的净损益＝－10元(40－50),收益率为－20%(－10/50)。

多头看涨期权的损益状况如图6－1所示。

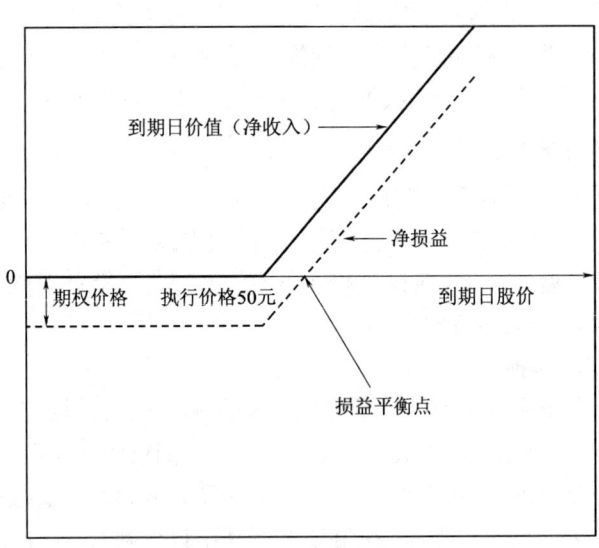

图6－1　多头看涨期权的损益

2.卖出看涨期权。看涨期权的卖方,处于空头状态,持有看涨期权空头头寸。空头看涨期权的损益状况与多头看涨期权正好相反。

【例6－15】卖方"签发"一份看涨期权,其他数据与前例相同。标的股票的当前市价为50元,执行价格为50元,到期日为1年后的今天,期权价格为5元。其到期日的损益有以下4种可能:

(1)股票市价小于或等于50元,买方不会执行期权。由于期权价格为5元,空头看涨期权的净收益为5元(期权价格5元-期权到期日价值0元)。

(2)股票市价大于50元并小于55元,例如股票市价为53元,买方会执行期权。卖方有义务以50元执行价格出售股票,需要以53元补进ABC公司的股票,他的净收入为-3元(执行价格50元-市场价格53元)。空头看涨期权净收益为2元(期权价格5元-期权到期日价值3元)。

(3)股票市价等于55元,期权买方会执行期权,空头净收入-5元(执行价格50元-股票市价55元),即期权的到期日价值为5元。空头看涨期权的净损益为0元(期权价格5元-期权价值5元)。

(4)股票市价大于55元,假设为60元,多头会执行期权,空头净收入-10元(执行价格50元-股票市价60元),即期权的到期日价值为10元。空头看涨期权净损益为-5元(期权价值10元-期权成本5元)。

空头看涨期权到期日价值 = -Max(股票市价-执行价格,0)

空头看涨期权净损益 = 空头看涨期权到期日价值+期权价格

空头看涨期权的损益状态如图6-2所示。

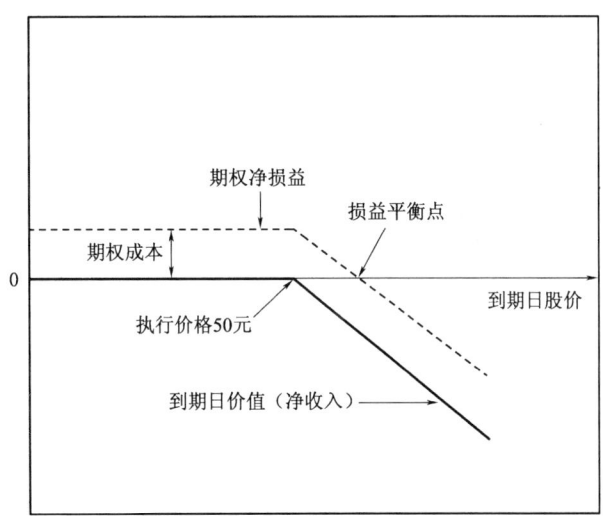

图6-2 空头看涨期权的损益

(二)看跌期权到期日价值

1.买入看跌期权。看跌期权买方拥有以执行价格出售股票的权力。

【例6-16】投资人持有执行价格为50元的看跌期权,到期日股票市价为30元,他可以执行期权,以30元的价格购入股票,同时以50元的价格售出,获得20元收益。如果股票价格高于50元,他放弃期权,什么也不做,期权到期失效,他的收益为零。

因此,到期日看跌期权买方损益可以表示为:

多头看跌期权到期日价值 = Max(执行价格-股票市价,0)

多头看跌期权净损益＝多头看涨期权到期日价值－期权价格

看跌期权买方的损益状况如图6-3所示。

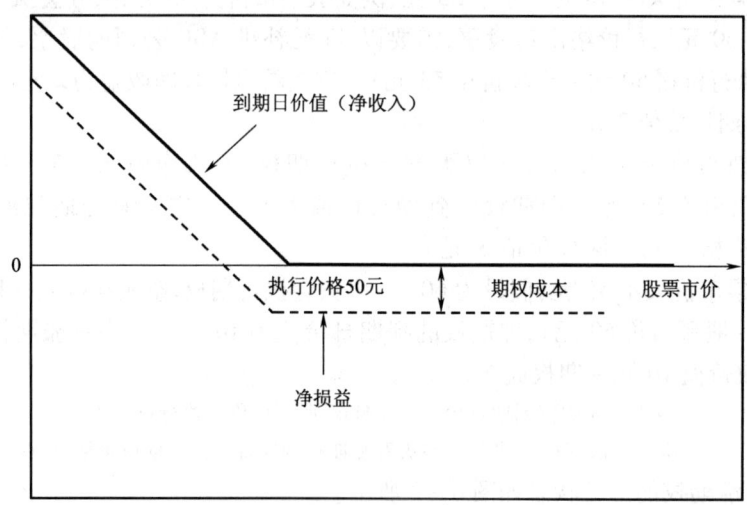

图6-3 看跌期权买方的损益

2. 卖出看跌期权。看跌期权的出售者收取期权费,成为或有负债的持有人,负债的金额不确定。

【例6-17】看跌期权出售者收取期权费5元,"签发"1份每股执行价格50元、1年后到期的ABC公司股票的看跌期权。如果1年后股价高于50元,期权持有人不会去执行期权,期权出售者的负债变为零。如果情况相反,1年后股价低于50元,期权持有人就会执行期权,期权出售者必须依约按执行价格收购股票。他将损失股票市价与执行价格之间的差额,即损失掉期权的价值。

因此,到期日看跌期权卖方损益可以表示为:

空头看跌期权到期日价值 ＝ －Max(执行价格－股票市价,0)

空头看跌期权净损益 ＝ 空头看跌期权到期日价值 ＋ 期权价格

看跌期权卖方的损益状况如图6-4所示。

四、期权投资策略

前面我们讨论了单一股票期权的损益状态。买入期权的特点是最小的净收入为零,不会发生进一步的损失,因此具有构造不同损益的功能。从理论上说,期权可以帮助我们建立任意形式的损益状态,用于控制投资风险。这里只介绍两种投资策略,用以显示投资策略之作用。

(一)保护性看跌期权

股票加看跌期权组合,称为保护性看跌期权。单独投资于股票风险很大,同时增加一个看跌期权,情况就会有变化,可以降低投资的风险。

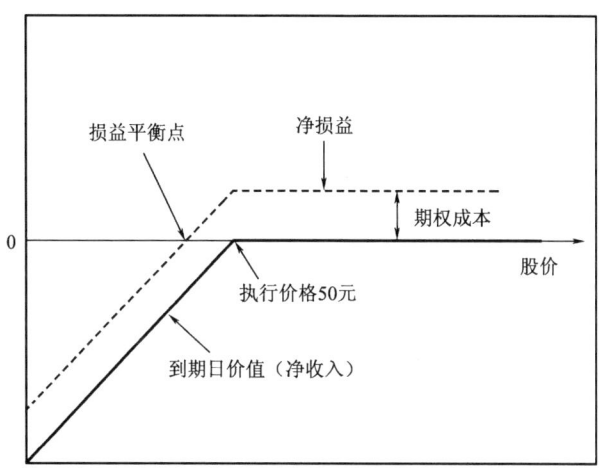

图 6-4　看跌期权卖方的损益

【例 6-18】购入 1 份 ABC 公司的股票,购入时价格为 50 元;同时购入该股票的 1 份看跌期权,执行价格为 50 元,期权费为 5 元,1 年后到期。在不同股票市场价格下的收入和损益状况如表 6-3 和图 6-5 所示(设到期日为 S_T,初始股价为 S_0,执行价格为 X,看跌期权价格为 P)。

表 6-3　保护性看跌期权　　　　　　　　　　　　　　　单位:元

	股价小于执行价格			股价大于执行价格		
	符号	下降20%	下降50%	符号	上升20%	上升50%
股票收入	S_T	40	25	S_T	60	75
期权收入	$X - S_T$	10	25	0	0	0
组合收入	X	50	50	S_T	60	75
组合净损益	$X - S_0 - P$	-5	-5	$S_T - P - S_0$	5	20

保护性看得(跌)期权锁定了最低净收入(50 元)和最低净损益(-5 元)。但是,同时净损益的预期也因此降低了。上述 4 种情景下,投资股票最好时能取得 25 元的净收益,而投资于组合最好时只能取得 20 元的净收益。

(二)对敲

对敲策略分为多头对敲和空头对敲,我们以多头对敲来说明该投资策略。多头对敲是同时买进一只股票的看涨期权和看跌期权,它们的执行价格、到期日都相同。

对敲策略对于预计市场价格将发生剧烈变动,但是不知道升高还是降低的投资这非常有用。

【例 6-19】依前例数据,购入 1 份 ABC 公司的股票的看涨期权,同时买入该股票的 1 份看跌期权。在不同股票市场价格下的收入和损益状况如表 6-4 和图 6-6 所示

（又预设看涨期权价格为 C，其他符号同前）。

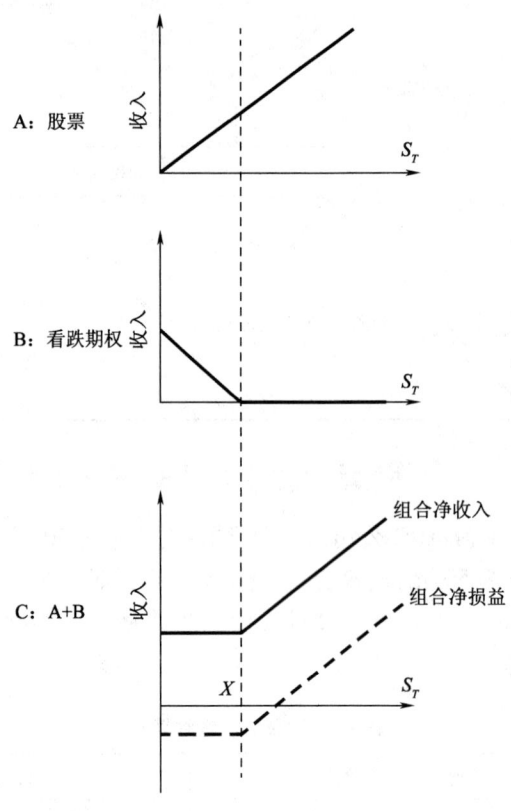

图 6-5

表 6-4 对敲的损益　　　　　　　　　　　　　　　　单位：元

对敲	股价小于执行价格			股价大于执行价格		
	符号	下降20%	下降50%	符号	上升20%	上升50%
看涨期权收入	0	0	0	$S_T - X$	10	25
看跌期权收入	$X - S_T$	10	25	+0	0	0
组合收入	$X - S_T$	10	25	$S_T - X$	10	25
组合净损益	$X - S_T - P - C$	0	15	$S_T - X - P - C$	0	15

对敲的最坏结果是股价没有变动，白白损益了看涨期权和看跌期权的购买成本。股价偏离执行价格的差额必须超过期权购买成本，才能给投资者带来净收益。

五、期权价值的影响因素

（一）期权的内在价值和时间价值

期权价值由两个基本部分构成：内在价值和时间溢价。

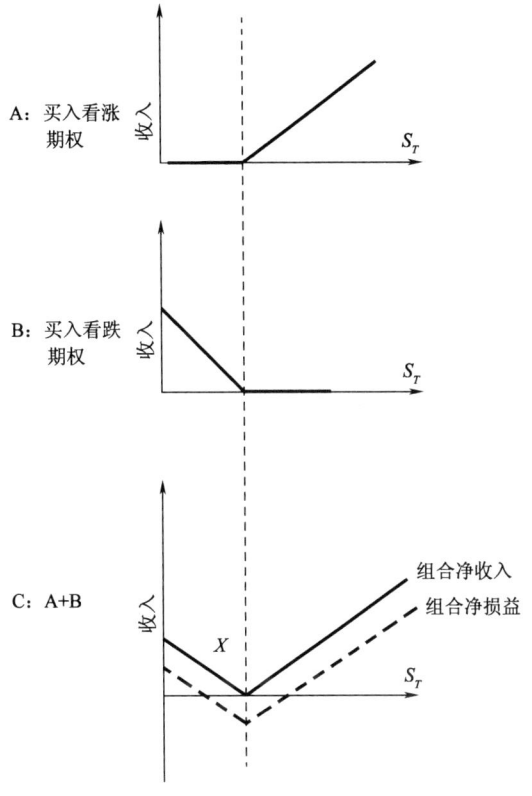

图 6-6 对敲的损益

期权价值 = 内在价值 + 时间溢价

1. 期权的内在价值。期权的内在价值,是指期权立即执行产生的经济价值。内在价值的大小,取决于期权标的资产的现行市价与期权执行价格的高低。

由于标的资产的价格是随时间变化的,所以内在价值也是变化的。对于看涨期权来说,资产现行市价高于执行价格时,称期权处于"实值状态"(或溢价状态),或称此时的期权为"实值期权""溢价期权"。资产的现行市价低于执行价格时,称期权处于"虚值状态"(或折价状态),或称此时的期权为"虚值期权""折价期权"。资产的现行市价等于执行价格时,称期权处于"平价状态"或称此时的期权为"平价期权"。

对于看跌期权来说,资产现行市价低于执行价格时,称期权处于"实值状态"(或溢价状态),或称此时的期权为"实值期权""溢价期权"。资产的现行市价高于执行价格时,称期权处于"虚值状态"(或折价状态),或称此时的期权为"虚值期权""折价期权"。资产的现行市价等于执行价格时,称期权处于"平价状态",或称此时的期权为"平价期权"。

期权处于虚值状态或平价状态时不会被执行,只有处于实值状态才有可能被执行,但也不一定被执行。例如,2015 年 1 月 6 日,ABC 公司股票的市场价格为 39 元。有一份看跌期权,执行价格 40 元,2015 年 6 月 18 日到期,期权售价为 3 元,持有者可以在

6月18日前的任意一天执行。如果持有人购买后立即执行,执行收益(收入)为1元(40-39)。期权发行时处于实值状态,或者说发行日是实值期权。此时,持有人并不会立即执行以获取1元收益,因为他花掉了3元钱成本,马上换回1元钱,并不划算。持有人购买看跌期权是预料将来股价会下跌,因此他会等待。只有到期日的实值期权才肯定会被执行,此时已不能再等待。

2. 期权的时间溢价。期权的时间溢价是指期权价值超过内在价值的部分,即:

$$时间溢价 = 期权价值 - 内在价值$$

例如,股票的现行价格为60元,看涨期权的执行价格为50元,期权价格为11元,则时间溢价为1元(11-10)。如果现行价格等于或小于50元,则11元全部是时间溢价。

期权的时间溢价是一种等待的价值。期权买方愿意支付超出内在价值支付溢价,寄希望于标的股票价格的变化可以增加期权的价值。很显然,在其他条件不变的情况下,离到期时间越远,期权的时间溢价越大。如果已经到了到期时间,期权的价值就只剩下内在价值,因为已经不能再等待了。

一份看涨期权处于虚值状态,仍然可以按正的价格售出,尽管其内在价值为零,但它还有时间溢价。在未来的一段时间里,如果价格上涨进入实值状态,投资人可以获得净收入;如果价格进一步下跌,也不会造成更多的损失,因为选择权为他提供了下跌保护。

(二)影响期权价值的因素

期权价值是指期权的现值,不同于期权的到期日价值。影响期权价值的主要因素有股票市价、执行价格、到期期限、股价波动率、无风险利率和预期红利。

1. 股票市价。如果看涨期权在将来某一时间执行,其收入为股票价格与执行价格的差额。如果其他因素不变,随着股票价格的上升,看涨期权的价值也增加。看跌期权与看涨期权相反,看跌期权在未来某一时间执行,其收入是执行价格与股票价格的差额。如果其他因素不变,当股票价格上升时,看跌期权的价值下降。

2. 执行价格。执行价格对期权价格的影响与股票价格相反。看涨期权的执行价格越高,其价值越小。看跌期权的执行价格越高,其价值越大。

3. 到期期限。对于美式期权来说,较长的到期时间,能增加看涨期权的价值。到期日离现在越远,发生不可预知事件的可能性越大,股价变动的范围也越大。此外,随着时间的延长,执行价格的现值会减少,从而有利于看涨期权的持有人,能够增加期权的价值。对于欧式期权来说,较长的时间不一定能增加期权价值。虽然较长的时间可以降低执行价格的现值,但并不增加执行的机会。到期日价格的降低有可能超过时间价值的差额。

4. 股价波动率。股票价格的波动率,是指股票价格变动的不确定性,通常用标准差衡量。股票价格的波动率越大,股票上升或下降的机会越大。对于股票持有者来说,两种变动趋势可以相互抵消,期望股价是其均值。

对于看涨期权持有者来说,股价上升可以获利,股价下降时最大损失以期权费为限,两者不会抵消。因此,股价的波动率增加会使看涨期权价值增加。对于看跌期权持有者来说,股价下降可以获利,股价上升时放弃执行,最大损失以期权成本为限,两者不会抵消。因此,股价的波动率增加会使期权价值增加。

在期权估价过程中,价格的变动性是最重要的因素。如果一种股票的价格变动性很小,其期权也值不了多少钱。

5. 无风险利率。利率对于期权价格的影响是比较复杂的。一种简单而不全面地解释是:假设股票价格不变,高利率会导致执行价格的现值降低,从而增加看涨期权的价值。还有一种理解的办法:投资于股票需要占用投资人一定的资金,投资于同样数量的该股票的看涨期权需要较少的资金。在高利率的情况下,购买股票并持有到期的成本越大,购买期权的吸引力越大。因此,无风险利率越高,看涨期权的价格越高。对于看跌期权来说,情况正好相反。

6. 预期红利。在除息日后,红利的发放引起股票价格降低,看涨期权价格降低。与此相反,股票价格的下降会引起看跌期权价格上升。因此,看跌期权价值与预期红利大小成正向变动,而看涨期权与预期红利大小成反向变动。

以上变量对于期权价格的影响,可以汇总如表6-5所示。

表6-5 一个变量增加(其他变量不变)对期权价格的影响

变 量	欧式看涨期权	欧式看跌期权	美式看涨期权	美式看跌期权
股票价格	+	-	+	-
执行价格	-	+	-	+
到期期限	不一定	不一定	+	+
股价波动率	+	+	+	+
无风险利率	+	-	+	-
红 利	-	+	-	+

思考题

1. 简述证券投资的目的。
2. 影响证券投资决策的相关因素有哪些?
3. 证券投资风险的种类与特点有哪些?
4. 证券估价应考虑哪些因素?
5. 债券投资与股票投资相比有哪些特点?
6. 期权的种类与特点有哪些?
7. 如何理解期权价值的影响因素?

练习题

1. 已知:A 公司拟购买某公司债券作为长期投资(打算持有至到期日),要求的必要收益率为 6%。现有三家公司同时发行 5 年期,面值均为 1 000 元的债券,其中:甲公司债券的票面利率为 8%,每年付息一次,到期还本,债券发行价格为 1 041 元;乙公司债券的票面利率为 8%,单利计息,到期一次还本付息,债券发行价格为 1 050 元;丙公司债券的票面利率为零,债券发行价格为 750 元,到期按面值还本。

部分资金时间价值系数如表 6-6 所示。

表 6-6

5 年	5%	6%	7%	8%
(P/F,1,5)	0.783 5	0.747 3	0.713 0	0.680 6
(P/A,1,5)	4.329 5	4.212 4	4.100 0	3.992 7

要求:

(1) 计算 A 公司购入甲公司债券的价值和收益率。

(2) 计算 A 公司购入乙公司债券的价值和收益率。

(3) 计算 A 公司购入丙公司债券的价值。

(4) 根据上述计算结果,评价甲、乙、丙三种公司债券是否具有投资价值,并为 A 公司做出购买何种债券的决策。

(5) 若 A 公司购买并持有甲公司债券,1 年后将其以 1 050 元的价格出售,计算该项投资收益率。

2. 甲企业计划利用一笔长期资金投资购买股票。现有 M 公司股票和 N 公司股票可供选择,甲企业只准备投资其中一家公司的股票。已知 M 公司股票现行市价为每股 9 元,上年每股股利为 0.15 元,预计以后每年以 6% 的增长率增长。N 公司股票现行市价为每股 7 元,上年每股股利为 0.60 元,股利分配政策将一贯坚持固定股利政策。甲企业所要求的投资必要报酬率为 8%。

要求:

(1) 利用股票估价模型,分别计算 M,N 公司股票价值。

(2) 计算长期持有 M,N 公司股票的投资收益率。

(3) 代甲企业做出股票投资决策。

3. 某上市公司本年度的净收益为 20 000 万元,每股支付股利 2 元。预计该公司未来 3 年进入成长期,净收益第 1 年增长 14%,第 2 年增长 14%,第 3 年增长 8%,第 4 年及以后将保持其净收益水平。该公司一直采用固定支付率的股利政策,并打算今后继续实行该政策。该公司没有增发普通股和发行优先股的计划。

要求:

(1)假设投资人要求的报酬率为10%,计算股票的价值。
(2)如果股票的价格为24.89元,计算股票的预期报酬率(精确到1%)。

4. 某期权交易所2020年1月20日对ABC公司的期权报价如表6-7所示。

表6-7

到期日和执行价格		看涨期权价格	看跌期权价格
4月	37	3.80	5.25

要求:针对以下互不相干的几个问题进行回答:

(1)甲投资人购买一项看涨期权,标的股票的到期日的市价为45元,其此时期权到期价值为多少?投资净损益为多少?

(2)若乙投资人卖出看涨期权,标的股票的到期日的市价为45元,其此时空头看涨期权到期价值为多少?投资净损益为多少?

(3)若丙投资人购买一项看跌期权,标的股票的到期日的市价为45元,其此时期权到期价值为多少?投资净损益为多少?

(4)若丁投资人卖出看跌期权,标的股票的到期日的市价为45元,其此时空头看跌期权到期价值为多少,投资净损益为多少。

5. 某期权交易所2020年2月20日对ABC公司的期权报价如表6-8所示。

表6-8

执行价格及日期		看涨期权价格	看跌期权价格
50元	一年后到期	3元	5元

股票当前市价为52元,预测一年后股票市价变动情况如表6-9所示。

表6-9

股价变动幅度	-30%	-10%	10%	30%
概率	0.2	0.25	0.25	0.3

要求:

(1)若甲投资人购入1股ABC公司的股票,购入时价格为52元,同时购入该股票的1份看跌期权,判断该甲投资人采取的是哪种投资策略,并确定该投资人的预期投资组合收益率。

(2)若丙同时购入1份ABC公司的股票的看涨期权和1份看跌期权,判断该投资人采取的是哪种投资策略,并确定该投资人的预期投资组合收益率。

(3)若丁同时出售1份ABC公司的股票的看涨期权和1份看跌期权,判断该投资人采取的是哪种投资策略,并确定该投资人的预期投资组合收益率。

营运资本管理

学习要点与要求

本章主要介绍营运资本的概念、特点与营运资本政策,以及流动资产的管理,短期负债融资方式和融资成本的计算等。

通过本章教学,要求学生了解现金、应收账款和存货日常管理的内容,营运资本的含义与特点;理解营运资本持有政策的种类与特点,营运资本融资政策的种类与特点;掌握现金的持有动机与成本,应收账款的功能与成本,存货的功能与成本,商业信用的形式和条件,现金折扣成本的计算,利用商业信用筹资的优缺点,与短期借款有关的信用条件,借款利息的支付方式和银行借款筹资的优缺点;熟练掌握最佳现金持有量的计算,信用政策的构成要素与决策方法,存货经济批量模型。

第一节 营运资本概述

一、营运资本的含义

营运资本,是指企业在生产经营活动中投资于流动资产上的资金。营运资本有广义和狭义之分。广义的营运资本也称毛营运资本,它在数量上等于企业的流动资产总额。而狭义的营运资本则称为净营运资本,是指企业的流动资产减去流动负债后的余额,也就是企业以长期融资方式获取的资金投放在流动资产上的部分。

企业投放于流动资产上的资金与固定资产投资相比,虽然就单个流动资产项目来说其投资额相对较小,但就企业在流动资产方面所投入的资金总量来看,有时未必逊色于固定资产投资。同样,流动负债在企业的负债总额中通常也占有相当大的比重,因此对营运资本的管理构成了企业财务管理的一项重要内容,它不仅影响着企业资产的使用效率和收益的获取能力,而且还直接关系着企业的融资成本、融资风险和短期偿债能力等一系列问题。为此,加强营运资本的管理对于改善企业的财务状况,加速资金周转,进而降低财务风险,增强企业的获利能力,以便最终实现企业价值最大化的财务管理目标具有十分重要的意义。

对营运资本的管理,一般来说既包括对流动资产的管理,也包括对流动负债的管理,同时,它还包括对流动资产与固定资产以及流动负债与长期资本之间内部比例关系等方面的管理。

二、营运资本的特点

要加强营运资本的管理,就必须首先了解营运资本的特点,以便有针对性地开展工作。营运资本一般具有如下特点。

第一,营运资本的周转具有短期性。企业占用在流动资产上的资金,周转一次所需时间较短,通常会在一年或一个营业周期内收回,因此基于这一特点,营运资本通常可以用银行短期借款或商业信用等短期筹资方式来予以解决。

第二,营运资本的数量具有波动性。企业持有流动资产的数量会随经营周期或季节性的变化而发生变化,即时高时低形成波动。这一点对于季节性企业来说尤为显著。为此,要降低融资成本,同时控制财务风险,随着流动资产数量的变化,其流动负债内部有关项目的数量也应发生相应的变动。

第三,营运资本实物形态的易变性。营运资本就其实物形态来看,通常会伴随着企业的生产经营过程依次从现金转化为原材料、在产品、产成品、应收账款并重新回复到现金形态。营运资本实物形态的这种不断转化,要求企业在各项流动资产上要合理的配置资金数额,以保证这种转化在时间上的连续性和空间上的并存性。同时,由于营运资本的实物形态一般都具有较强的变现能力,因此,当企业现金短缺或支付能力下降时,通常可以迅速变卖这些资产以获取现金,这对财务上应付临时性资金需求具有重要意义。

第四,营运资本的筹集方式具有多样性。相对于企业筹集长期资金而言,营运资本在筹措的来源方式上具有更多的灵活性和多样性。常见的营运资本筹措方式不仅包括有银行短期借款、应付账款、应付票据和预收账款,而且还包括应付工资、应付费用、应交税金以及票据贴现等。

三、营运资本的持有政策

所谓营运资本的持有政策,是指在企业财务管理活动中,就流动资产与长期资产(主要指固定资产)投入资金的比例关系等问题所制定的相应方针和政策。研究营运资本持有政策,其目的是力求寻找到一个既能确保企业生产经营活动有序进行,又能在减少或不增加风险的前提下,为企业带来尽可能多收益的营运资本占用水平。

(一)与营运资本有关的盈利和风险性分析

为了说明营运资本的持有政策,我们不妨从盈利性和风险性两方面对其加以分析。首先从盈利性角度看,营运资本占用得越多,其盈利性就越差。这一方面是因为流动资产的盈利能力大大低于固定资产,也就是说企业借助厂房、设备等固定资产作为生产手段,通过人作用于原材料等劳动对象,可为企业生产出半成品、产成品,并通过销售转化为现金。由于实现这一过程时收回的价值通常大于生产经营中耗费的价值,会给企业带来利润,因而对于固定资产通常人们将其视为盈利性较高的资产。与此相反,投入的流动资产虽然也是企业进行生产经营必不可少的前提条件,但除有价证券外,现金、应收账款等流动资产本身并不具有直接的盈利性。另一方面,基于占用在营运资本上的流动资产以长期资金为来源,所以营运资本占用得越多,就意味着企业将较多的高于短期筹资成本筹措的资金投放到盈利能力较低的流动资产上,会使企业整体的盈利水平相应降低。其次,从风险性角度看,企业占用的营运资本越多,就意味着流动资产与流动负债两者之间的差额越大,因而其可承担的风险也就越小。这种风险不仅表现为清偿到期债务的可能性,而且还表现为企业承受应付意外情况能力的高低(如增加材料或商品储备量,可降低企业停工待料或发生不能按期交货的可能性)。因此,适当提高营运资本持有量既有利于降低财务风险,也有利于降低企业的经营风险。由此可见,企业制定营运资本的持有政策,需要在风险与收益的两难中做出权衡,即:企业要追求较高的盈利,就不得不尽可能地降低营运资本的持有量,这样一来势必要以承担较大风险为代价;反之,如果企业只愿承担较小的风险,则无疑要增加营运资本的投入量,这样有可能使其在获取收益方面做出一定的牺牲。

(二)营运资本持有政策的类型

企业营运资本的持有策略大致可分为以下三种类型。

1. 宽松的营运资本政策。宽松的营运资本政策是指企业在一定的销售规模条件下,持有较多的现金,在存货方面保持较高比例的保险储备量,采取宽松的信用政策而产生大量的应收账款、应收票据等,即在企业总资产不变的情况下,提高流动资产的占用比重;或在固定资产等长期资产规模不变的情况下,加大流动资产的投入。这种营运资本持有政策的优点是,可使企业拥有较强的支付能力和变现能力,可保证企业生产和销售的不间断进行。因而采用这种政策企业所承担的财务与经营风险都较小。但是由于企业大量资金被占用在流动资产方面,因而势必影响其资产的盈利性。

2. 适中的营运资本政策。适中的营运资本政策是指企业在一定的销售量水平上,保持合理、适度的营运资本规模,即现金的持有量与支付之需基本吻合;存货的占用恰好满足生产和销售所用;除非投资收益高于资本成本,一般情况下不保留作为短期投资的有价证券。采用这种营运资本政策,尽管企业资产的流动性和变现能力比宽松的营运资本政策差一些,企业的财务与经营风险也相应增加,但是由于企业的固定资产等长期资产的比例相对提高,企业资产的盈利能力得到增强。通常,人们认为适中的营运资本政策对于实现投资者财富最大化在理论上是最佳的。

3. 紧缩的营运资本政策。紧缩的营运资本政策是指企业在一定的销售量水平上,尽可能地减少现金持有量,存货的占用也只是满足较低的安全储备量,对于应收账款、应收票据等则采取紧缩的信用政策以减少其占用,从而使企业营运资产的规模维持在较低的水平上。这种营运资本持有政策的优点在于,企业可以将较多的资金投放于盈利性较强的固定资产等长期资产项目上,从而从整体上提高企业资产的盈利能性。但是由于这种政策下企业的流动资产占用水平较低,因而会使其在财务与经营方面均面临较大的风险。

从以上介绍看,适中的营运资本持有政策是一种比较理想的流动资产投资政策。然而在实务中如何对其加以实施,人们还并未找到有效将其量化的方法。因而按照这一政策所描述的流动资产与固定资产投资的比例关系也只能是停留在观念的形态上。正是因为这种流动资产的投资水平是受销售规模、存货与应收账款的周转速度等多种因素共同影响的,所以,企业要实现这一政策,就必须结合自身经营周期的长短、销售额的大小、负债筹资的要求、应收账款信用政策的倾向以及流动资产的管理效率和管理者对风险的态度等多种因素加以权衡,以确定适中的营运资本持有量。

四、营运资本的融资政策

所谓营运资本的融资政策,实质上是就如何安排临时性流动资产与永久性流动资产的资金来源等问题所制定的相关政策。研究这一政策的目的,是力求在企业可承受风险的前提下寻求融资成本的最小化,进而实现股东财富最大化。为此从这一意义上说,营运资本融资政策的制定是营运资本管理的一项重要内容。为了便于介绍这部分内容,我们有必要先就长、短期融资的成本与风险作一说明。

(一)长、短期融资的成本与风险分析

企业融入的资金从其可使用的期限来看,有短期与长期之分。长、短期融资就其差别来说主要体现在成本与风险两方面,这一点对于负债融资尤为明显。

首先,让我们从成本角度看,长期负债融资的成本一般会高于短期负债融资成本。这一方面是因为负债融资的期限越长,对于资金的提供者来说风险就越大,因而其要求的回报也就会越高,相应的对于资金的使用者来说其成本势必就会偏高;另一方面,在长期负债的续存期内,即使某些情况下公司的资金出现溢余,但由于长期债务的期限长,在到期之前通常难以偿还,因而这也就势必要使其负担一部分不必要的利息支出。相反,如果是短期负债融资,则会使公司在资金的使用上具有更大的灵活性。

其次,如果我们从风险的角度看,则情形恰好相反,即一个公司的短期负债越多,其发生不能偿付本息的风险也就越大;相反,如果其他情况不变,降低短期负债融资的比例,则会相应减少公司的融资风险。一方面,这是因为短期负债的到期日较短,公司很可能在经营中因各种意外事件的干扰(如市场的突变而导致销售受阻,或客户的原因而不能及时收回应收账款等)而难以如期取得偿还到期借款所需要的现金,从而使公司面临巨大的财务压力;另一方面,如果我们从净营运资本的角度看,随着短期负债的不断增加,企业的净营运资本将不断减少,由于净营运资本的多少从某种意义上说体现着公司财务的安全边际大小,因此当公司的短期负债规模越大,净营运资本越少时,就

意味着企业财务的安全性下降,风险增加。

从以上分析不难看出,长、短期负债融资要求企业承担的相应代价与风险各不相同,这就要求企业在进行流动负债的结构性管理时,要从成本与风险两方面进行权衡。换句话说,也就是在制定营运资本的融资政策时,应在企业可承受风险的前提下确定出能使企业融资成本最低、盈利能力最大的流动负债结构。

(二)营运资本融资政策的类型

为了便于说明营运资本的融资政策,我们有必要对流动资产与流动负债进行分类。传统意义上人们对流动资产的划分是以其占用的形态为标志的,例如,按其占用形态,流动资产可划分为现金、短期投资、应收账款、存货等项目。但是,如果我们从其持有的稳定性角度看,流动资产还可进一步区分为临时性流动资产与永久性流动资产两类。所谓临时性流动资产是指因季节性经营或周期性因素的影响而使企业持有的那部分流动资产,例如,葡萄酒厂在葡萄收获的季节而增加的存货;空调生产厂商在夏季到来前夕为促销产品而增加的应收账款等。显而易见,企业占用的临时性流动资产的数量会在其经营期间发生周期性波动,因而这部分资产也被称作波动性流动资产。永久性流动资产则是指在企业经营处于淡季也必须保留的那部分资产,如用于满足生产经营所必需的最低存货和现金储备;因正常结算而引起的应收账款占用等。与流动资产的这种分类相对应,企业的流动负债也可分为临时性负债和自发性负债两部分。其中,临时性负债是指为了满足临时性流动资产占用的需要所发生的负债,如为满足季节性采购而借入的短期借款,为促销而加大赊销力度所举借的临时债务等。而自发性负债则是指企业在日常经营中自然形成的那部分负债,如在采购商品或接受劳务过程中由供应方提供的商业信用资金和日常经营中自然形成的应付工资、应缴税金、应付利润或利息等负债。自发性负债由于是在企业经营中自发形成的,其规模一般与企业的经营规模相适应,因而在一定时期内企业形成的自发性负债的数量具有某种相对的稳定性。

在我们对流动资产与流动负债进行深入分析之后,下面就可以进一步探讨营运资本融资政策的类型。营运资本融资政策大体可划分为三种类型,即激进型融资政策、配合型融资政策和稳健型融资政策。

1. 激进型融资政策。激进型融资政策是指企业的全部固定资产和一部分永久性流动资产所需资金以长期负债、自发性负债和权益资本加以解决,而对于临时性流动资产和其余部分永久性流动资产所需资金以临时性负债(如银行的短期借款)予以融通。激进型融资政策可用图 7-1 表示。

这种融资政策由于提高了短期债务的融资比例,所以融资成本相对较低,但是企业所面临的风险也较高。其原因除上文所述外,还有就是由于金融市场的利率会发生经常性的波动,当市场利率大幅度提高时,会加重企业再筹资的成本,从而导致企业资产报酬率的下降。这种策略主要适用于长期资金来源不足的企业,或短期负债成本显著低于长期融资成本的特定时期。

2. 配合型融资政策。配合型融资政策是指企业的全部固定资产和全部永久性流动

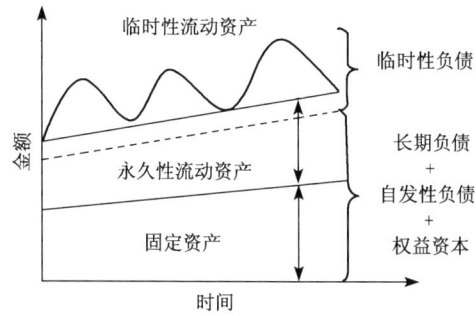

图7-1 激进型融资政策示意图

资产所需资金以长期负债、自发性负债和权益资本加以解决,而对于临时性的流动资产则以临时性负债融通所需资金。配合型融资政策可用图7-2表示。

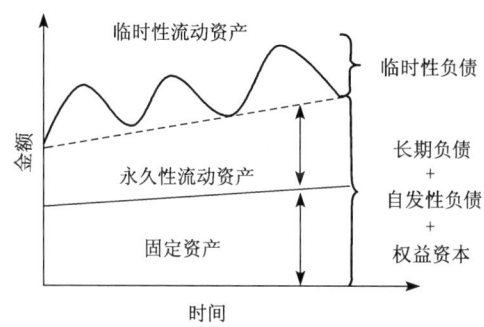

图7-2 配合型融资政策示意图

采用这种融资政策的指导思想是力求使负债的取得和偿还时间与资产的占用时间相配合,即当企业进入经营旺季时,根据临时性流动资产占用增加的需要,融入临时性负债;当企业经营进入低谷时,随着临时性流动资产占用的减少,偿还相应的流动负债。这样不仅可实现融资成本最低,而且可使企业承担的财务风险也相对较小。但是使用配合型融资政策不仅要求企业要根据预计业务的变化制定出严密的筹资与还款计划,而且其实际的现金流回也必须与财务上的预期相吻合,否则同样有可能招致风险或承担不必要的代价。由此可见,采用配合型的融资政策,对企业资金的调度有着较高的要求,因此在现实工作中它往往是被人们作为一种理想的融资政策所追求。

3.稳健型融资政策。稳健型融资政策是指企业不仅以长期资金(即长期负债、自发性负债和权益资本之和)来融通全部永久性资产(包括永久性流动资产及固定资产)所需要的资金,同时还以长期资金满足部分临时性流动资产对资金的需要;而临时性流动负债只是用于解决一部分临时性流动资产对资金的需求。稳健型融资政策可用图7-3表示。

从图7-3不难看出,稳健型融资政策的特点是,长期资金的比重加大,而短期负债

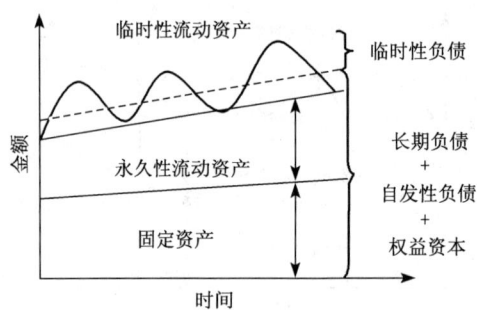

图 7-3 稳健型融资政策示意图

的规模减小。采用这种融资政策不仅大大降低了企业到期不能清偿的风险,同时,由于其借款中大部分是长期债务,因此金融市场上短期内的利率波动对其影响不大。但是,采用这种政策由于长期资金的成本明显高于短期,特别是当企业的经营进入低谷时就会出现部分资金的闲置。尽管企业可将这部分暂时闲置的资金进行短期证券投资以获取收益,但在短期投资收益小于长期资本的成本时,同样会给企业造成损失。从以上介绍不难看出,稳健型融资政策是一种低风险、低收益的营运资本融资政策。

最后我们还应指出,由于不同的融资政策具有的特点不同,所以企业需要根据自身的具体情况和金融市场的未来利率走势来加以选择。当然,这种选择在很大程度上与决策者对风险的态度有关。

第二节 流动资产管理

流动资产是指可以在一年或超过一年的一个营业周期内变现或者耗用的资产。它主要包括现金(含存款)、短期有价证券、应收账款、存货等。由于流动资产在绝大多数企业的总资产中占有相当大的比重,因此加强对流动资产的日常管理,对于提高企业资金的使用效率,节约资金使用成本,乃至增强经济效益具有十分重要的意义。基于现金、应收账款和存货是流动资产最主要的占用项目,为此本节将重点围绕这三方面加以阐述。

一、现金的管理

(一)现金的管理目标

现金,一般是指企业拥有的现款和可流通的票据,包括库存现金、银行存款、银行本票和银行汇票等。现金的一个重要特点是它具有普遍的可接受性,它不仅可用来满足生产经营中各种支出的需要,而且也是履行偿债义务的基本手段。因此,从这一意义上说现金是流动性最强的资产。企业持有现金的多少对于抵御财务风险来说至关重要。但是,现金又是一种非盈利性资产,持有量过多,势必形成较大的机会成本,导致企业资产获利能力的下降。因此,如何在现金的流动性与收益性之间权衡,即在保证企业正常支付能力和履行偿债义务的同时,努力降低现金的持有量,并从暂时闲置的现金中获得最大的投资收益,就成为企业现金管理的基本目标。要实现这一目标具体来说至少应做好以下几方面工作:①编制合理的现金预算,以便提高现金流入与流出的匹配程度,力争实现风险与收益的最佳配合;②建立科学完备的现金收支管理制度,努力加速现金的收回,并适时控制现金支出;③优化现金资产的机会成本与短缺成本的结构,确定企业的最佳现金持有量。

在此,我们还应顺便指出的是,有价证券常常被看作是现金的替代品,即当企业暂时拥有一定的闲置资金时,为减少损失常常通过购买有价证券进行短期投资;相反,当企业现金短缺时,通过出售有价证券换回现金以满足经营的需要,所以有价证券也被称之为准现金。作为间接投资的有价证券,我们已在前述的章节中做过介绍,这里不再赘述。

（二）现金的持有动机

企业持有一定数量的现金,主要基于以下三个方面的动机。

1. 交易动机。这是指企业为组织日常生产经营活动必须持有一定数额的现金,以便用于购买材料、支付工资、缴纳税款、偿付债务等。由于企业每天的现金收入和现金支出很少同时等额发生,因此保持一定的现金余额,可使企业在现金支出大于现金收入时,不致中断交易。一般说来,企业为满足交易动机所持有的现金余额主要取决于企业销售水平。企业销售扩大,销售额增加,所需现金余额也应随之增加。

2. 预防动机。这是指企业为预防不测事件的发生而持有现金。企业预计的现金需要量一般是在正常情况下的需要量,但是由于经营中存在着各种不确定的因素,如自然灾害的发生,生产事故的出现,主要顾客未能及时付款等都会打破原有的现金收支计划,因此,为避免发生上述情形时企业陷入支付上的困境,通常在保持正常业务活动现金需要量的基础上追加一定数量的现金余额以应付未来现金流入和流出的随机波动。企业为满足预防动机所需要现金的数量主要取决于三方面因素:一是企业对现金流量预测的可靠程度;二是企业临时举债能力的强弱;三是企业愿意承担风险的程度。

3. 投机动机。这是指企业为了捕捉各种转瞬即逝的市场机会,以获取更大的利益而储备的现金。例如,当有价证券的市价大幅度下跌时可及时购入,以期在价格反弹时卖出证券获取高额资本利得。再如,当企业遇有廉价的原材料或其他资产购买机会时,便可利用手头充裕的现金及时采购等。投机动机对于金融机构或证券公司来说,是确定其现金持有量时考虑的一个重要的因素,而对于一般工商企业而言则不是其持有现金的主要动机。

我们还应指出,企业为满足上述各种动机而持有的现金,在实际工作中常常可调节使用,为此,企业持有现金的总额并不一定等于各种持有动机所需现金的简单相加。前者一般会小于后者。

（三）现金的日常收支管理

对现金进行日常收支的管理,其目的是提高现金的使用效率,降低企业现金持有量。为此,现金管理的基本指导思想是:对于收款事项应尽量采取措施,加快回收的速度,而对于付款事则尽可能地延缓支付的时间。具体来说包括以下几方面内容。

1. 加速收款。这是指缩短应收账款的收账时间。企业发生应收账款可以扩大销售规模,增加收入,但同时也会增加企业的资金占用,导致机会成本的发生。因此,企业应运用一些收账策略,尽可能地使现金及早收回。

2. 使用现金浮游量。所谓现金浮游量,是指企业从银行存款账上开出付款票据的总额超过其在开户银行存款账户上的数额。产生现金浮游量的主要原因是,从企业开出付款票据到收款人收到票据并将其送存银行,直至银行办妥划款手续,通常需要经历一个过程,即在这一过程完结之前,银行与企业存款账户间的差额是可以充分利用的。换句话说只要企业能够掌握银行划款的具体时间,就可以利用这一时间差来提高现金的使用效率,从而减少现金的持有量。使用现金浮游量不仅需要一定的技巧和经验,而且也要承担一定的风险。

3. 推迟应付款的支付。企业在不影响自身信誉的前提下,应充分利用供货方提供的信用优惠,尽可能地推迟应付款项的支付,以达到减少现金持有量的目的。例如,采用应付账款结算时,企业通常应在折扣期或信用期的最后一天付款。再如,有些企业还常常利用汇票这一结算方式来延缓付款的时间。汇票和支票不同,不能见票即付,还需由银行经购货单位承兑后方能付现,这样就使企业银行存款的实际支付时间迟于开出汇票的时间。

4. 力争现金流量同步。如果能尽量使企业现金流入与现金流出的发生时间趋于一致,就可以使其所持有的交易性现金余额降到最低水平。这就是所谓现金流量同步。

(四)最佳现金持有量的确定

前已述及,企业为了满足日常交易以及预防不测事件的发生,需要经常性地持有一定数量的货币资金。一般来说,企业持有的货币资金数量越多,发生不能支付的风险就越小,但其机会损失也就越大,因此,企业必须对其加以权衡,并由此确定出最佳的现金持有量。那么如何确定出最佳现金持有量呢? 经济学工作者曾对其提出过多种模式,下面我们将介绍两种最常见的方法。

1. 存货模式。存货模式又称鲍曼模式,它是由美国的经济学家威廉·鲍曼(William J. Baumol)率先提出的。该模式的建立完全是得益于存货管理中的成本优化思想,所以人们将其称为存货模式。采用这一模式是以下列假设为前提的。这些假设包括:

第一,企业预算期内(如一周、一月、一季等)的现金需求总量是可以预测的。

第二,企业每天的现金需求量(即现金收入减去现金支出)稳定不变。

第三,现金余额降至零时,可通过出售有价证券获取现金,且证券变现的不确定性很小。

第四,有价证券投资的收益率及每次转换成本是稳定可知的。

当上述条件基本满足时,即可利用存货模式来确定最佳现金持有量。其过程可用图7-4表示。

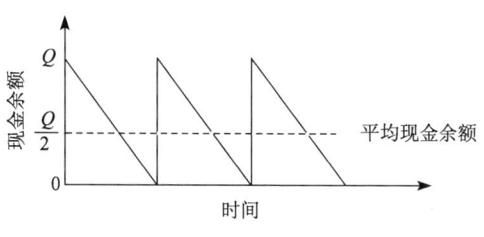

图 7-4

图 7-4 表明,在期初现金余额为 Q 元,此后随现金的均匀流出其余额逐渐减少,当现金余额降至零时,通过出售有价证券使现金余额重新回升至 Q 元,并不断重复上述过程。

按照存货模式,现金运行的这一持续过程会引起下述成本的发生,这其中,一是持有成本,二是转换成本。

所谓持有成本,是指因持有现金而放弃将其进行短期投资而获取的收益。因此,持有成本是一种机会成本。显而易见,一定时期企业发生的现金持有成本与其现金的持有规模成正比关系。

所谓转换成本,是指因出售或换回有价证券所发生的交易费用。如委托证券公司买卖证券时所发生的佣金、手续费、证券过户费、实物交割费等。严格地讲,上述转换成本并非在每次交易时其发生额都是固定的,有些是按照委托成交金额计算的(如佣金、手续费等),这部分费用在一定时期有价证券与现金的互换总额既定的条件下是不随转换次数的变动而变动的,因此,它们在这类决策中属于无关成本,而只有那些在每次交易时发生额是固定的,才是决策中必须考虑的相关成本。显而易见,这类成本发生的多少取决于一定时期现金与有价证券的转换次数,即转换次数越多,其转换成本越大;反之,则越小。

通过上述分析不难看出,企业在现金持有规模的这一问题中要想降低持有成本,只能减少每次出售有价证券的数量。但在一定时期现金需求总量既定的条件下,他会导致转换次数的增多,从而加大转换成本;反之,则会引起持有成本的提高。谋求最佳的现金持有量就是要在这两类成本间进行权衡,即找出能使上述两类成本之和达到最小的现金持有量,也即最佳现金持有量。

根据以上所说可建立总成本公式如下:

$$TC = (T/Q) \times F + (Q/2) \times K$$

式中:TC——相关总成本;

Q——最佳现金持有量;

T——某一时期(例如一个月)企业现金需求总量;

F——每次出售有价证券的固定转换成本;

K——现金的持有成本(如有价证券收益率或借款利率)。

依上式,对 Q 求导并令其一阶导函数值为零,可得最佳现金持有量的计算公式

如下:

$$Q = \sqrt{\frac{2TF}{K}}$$

此外,根据上述两公式,我们还可将持有现金的相关总成本公式简化为以下形式:

$$TC = \sqrt{2TFK}$$

依上式所求得的 Q 即为最佳现金持有量,它使现金持有成本与转换成本之和最低。

有关存货模式中各种相关成本的变化如图 7-5 所示。

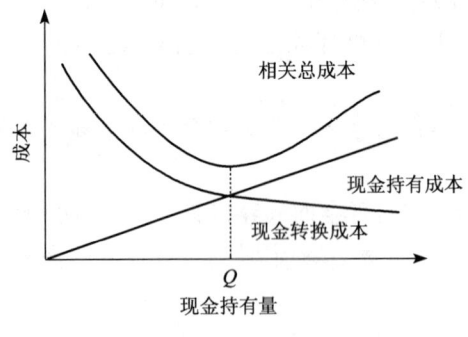

图 7-5

【例 7-1】某企业预计每月现金需要总量为 100 000 元,每次交易的固定成本为 100 元,有价证券投资的月收益率为 5%,则:

$$最佳现金持有量 = \sqrt{\frac{2 \times 100\,000 \times 100}{0.05}}$$
$$= 20\,000(元)$$
$$每月相关总成本 = \sqrt{2 \times 100\,000 \times 100 \times 0.05}$$
$$= 1\,000(元)$$
$$每月转换次数 = 100\,000/20\,000$$
$$= 5(次)$$

我们还应该指出,存货模式是建立在现金流出为均匀状态,且一定时期企业的现金需求总量是可预测的假设基础之上,但由于现实工作中许多企业的现金流出并非均匀稳定,一定时期的货币资金需求总量也难以准确预测,因此,这就在一定程度上影响了这一方法的应用与推广。为此,人们提出了另一种模式,即随机模式。

2. 随机模式。随机模式又称米勒—欧尔(Mille-Orr)模式。这种模式是在企业未来的现金流量呈现不规则的波动且无法准确预测的情况下采用的一种现金控制模式。其基本原理是制定一个现金控制区域,设立现金控制的上下限。上限代表现金持有量的最高点,下限代表现金持有量的最低点。当现金余额达到上限时,则买入有价证券,以减少现金余额;当现金余额降至下限时,则卖出有价证券,以增加现金持有量。当现金余额处于上、下限之间时,则不施加控制。随机模式现金持有量控制原理可见图 7-6。

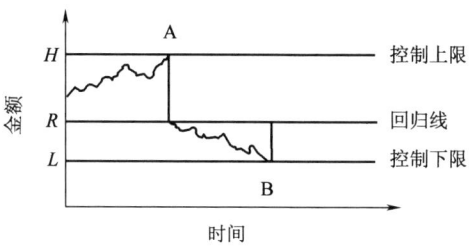

图 7-6 随机模式

从图 7-6 中可以看到,企业的现金持有量(表现为每日现金余额)是随机波动的。当其达到 A 点时,即达到了现金控制的上限,企业应购买有价证券,使现金持有量回落到现金回归线(R 线)的水平;当现金持有量降至 B 点时,即达到了现金控制的下限,企业则应转让有价证券,以换回现金,使其升至现金回归线的水平。现金持有量在上、下限之间的波动属于控制范围之内的变化,是合理的,不予理会。以上关系中的 H 和 R 可按下列公式计算:

$$R = \left(\frac{3F\delta^2}{4i}\right)^{1/3} + L$$
$$H = 3R - 2L$$

式中:F——每次有价证券的转换成本;
　　　i——有价证券的日利率;
　　　δ——预期每日现金余额变化的标准差(按历史资料计算)。
而下限 L 则依据企业每日的最低现金需要量以及管理人员承受风险的能力而定。

【例 7-2】某企业每次转换有价证券的成本为 100 元,有价证券的年利率为 9%。据测算,企业的日现金净流量的标准差为 900 元,现金余额最低存量为 2 000 元,每年按 360 天计算,则:

$$R = \left(\frac{3F\delta^2}{4i}\right)^{1/3} + L = \left[\frac{3 \times 100 \times 900^2}{4 \times (0.09/360)}\right]^{1/3} + 2\,000$$
$$= 8\,240(元)$$
$$H = (3 \times 8\,240 - 2 \times 2\,000)$$
$$= 20\,720(元)$$

该企业现金持有量的回归值为 8 240 元,最高控制额为 20 720 元,余额升至 20 720 元时,则可购进 12 480 元(20 720 - 8 240)的有价证券,而当现金余额下降至 2 000 元时,则应售出 6 240 元(8 240 - 2 000)的有价证券,以回归到 8 240 元的水平上。

二、应收账款的管理

(一)应收账款的管理目标

应收账款是指企业对外销售产品、提供劳务等所形成的尚未收回应向购货单位或接受劳务单位所收取的款项。应收账款从其形成的原因看,主要有以下两方面。

1. 商业竞争。商业竞争是导致企业应收账款形成的一个最重要的原因。众所周知,企业追求的根本目标是获取盈利。因此,这就要求企业必须最大限度地扩大本企业的销售额。企业除了以产品质量、价格和售后服务等来争取顾客以扩大其产品销售外,向顾客提供优惠的信用也是企业增强其竞争能力,实现促销的重要手段之一。因此,在激烈的竞争条件下,企业为扩大销售就不得不采取赊销等方式来争取顾客,于是应收账款便由此产生。

2. 结算过程。结算过程的客观存在是导致应收账款产生的另一原因。在商品经济条件下,由于交易的双方在空间上存在着一定的距离,且办理款项的结算总需要一定的时间,这就使得商品交易中在销货和收款的时间上出现不一致,从而导致应收账款的产生。但值得说明的是,由结算过程而形成的应收账款因不是由购销双方根据信用协议的约定而产生,所以它不属于商业信用,故不为本部分讨论的重点。而在这里我们将着重说明的是由商业信用而形成的应收账款的管理问题。

利用商业信用进行赊销虽然可达到增加销售收入的目的,但与此同时也会引起企业在应收账款环节占用资金数量的增加,从而导致与之相关的各类成本的增加。这些成本至少包括以下几类:

(1) 因应收账款占用资金而形成的机会成本,即企业为了促销而采取赊销的方式,这就意味着它不能及时收回货款,而相应的要在一定时期内为客户垫支资金,因而这也就使其不得不放弃将这部分资金投资于其他领域获取收益的机会,从而形成应收账款的机会成本。显然,企业的赊销力度越大,占用在应收账款环节的资金就越多,其机会成本也就越大。这种机会成本通常可用企业最可能实现投资项目的收益率来表现,如有价证券投资的年利率等。

(2) 坏账损失成本。由于各种原因,应收账款总有一部分不能收回,不能收回的应收账款即为坏账损失。对于赊销而言,最大的风险就是坏账损失,因为企业发生坏账,不仅无法盈利,而且连本金都不能收回。所以坏账损失成本是应收账款管理中必须考虑的一项重要因素。一般而言,企业的应收账款数额越大,赊销的期限越长,其承担的坏账损失风险也就越大。

(3) 应收账款的管理成本。应收账款的管理成本是指为管理应收账款所花费的一切代价,主要包括客户信誉情况的调查费用,收集、整理各种信息的费用以及收账费用等。一般而言,应收账款的管理费用在一定情况下是相对固定的,但当一定时期内企业的应收账款规模出现较大变化时,其管理成本也会随之而发生变化。如收账费用会明显随着应收账款的增加而提高。

从以上分析我们不难看出,企业放宽赊销政策虽然可以扩大产品销路,增加销售收入,但同时它也会不可避免地导致各类相关成本的增加。因此,加强对应收账款管理的一个重要目的,就是要通过对由此增加的收入与增加的成本进行权衡,从而制定出可使企业利润最大化的赊销政策。

(二) 信用政策的制定

所谓信用政策,即应收账款的管理政策,是指企业为对应收账款投资进行筹划与控制而制定的一系列相关制度与规定的统称。制定合理的信用政策,不仅直接关系到企业的市场竞争力,而且对于提高应收账款投资的获利能力具有十分重要的意义。信用政策一般包括信用标准、信用条件和收账政策三部分内容。

1. 信用标准。信用标准是指企业用于判断客户是否有资格享受商业信用所提出的基本条件。信用标准通常以预计的坏账损失率表示。企业制定的信用标准如果过高,如只对信誉卓著、付款能力极强的客户给予赊销,无疑会减少应收账款的机会成本,减少坏账损失的发生,但同时也会减少企业的销售量,削弱其在市场上的竞争能力。相反,如果企业制定的信用标准较低,虽然会增加销售量,增加其市场占有份额,甚至使其在竞争中取得显著的优势,但相应也会引起应收账款的机会成本与坏账损失成本的增加。由此可见企业制定信用标准时必须进行审慎地权衡。

一般来说,企业制定信用标准从总体上看首先要考虑以下两项因素:

第一,企业在市场竞争中的地位以及同行业竞争对手的情况。如果企业在市场竞争中处于某种领先地位,其产品或服务可以独树一帜,并具有难以替代的优势,此时则可以采取相对较高的信用标准;相反,如果竞争对手实力强大,本企业在市场竞争中暂时处于劣势,那么企业要想赢得市场,战胜对手,就需采取相对较低(相对于竞争对手)的信用标准。

第二,企业承担客户违约风险的能力。如果企业对出现客户违约的风险具有较强的承受能力(如可采取其他措施避免损失发生),此时制定的信用标准可相对较低些,以争取更多的客户;反之,则应采取相对较高,的信用标准以最大限度地避免损失的发生。

具体来说,制定信用标准可采取定性考察与定量分析两种方式进行。

(1)对客户信用状况的定性考察。对客户信用状况定性考察是指借助"五C"系统作为信用标准的考察对象,通过对客户的资信状况进行调查分析,然后在此基础上决定是否为其提供商业信用以及为其提供商业信用的优惠程度。"五C"系统中的五C是指:品行(Character)、能力(Capacity)、资本(Capital)、抵押品(Collateral)和经济状况(Condition)五个方面。

①品行。品行是指客户的信誉,即客户履行偿还债务的可能性。众所周知,信用交易就意味着付款承诺,债务人能否诚心履约十分重要。为此企业应对客户过去的往来记录进行分析,对其承兑可能性做出客观的判断。品行是信用状况分析中最重要的因素。

②能力。能力是指客户的偿债能力。它可根据流动资产的数量、质量以及流动负债的规模和到期等情况做出判断。

③资本。资本是衡量企业的经济实力的重要指标,是客户偿付债务的最终保证。

④抵押品。抵押品是指客户为了获得企业的商业信用而提供给企业作为抵押用的资产。企业在不了解客户底细或信用品质的情况下,只要客户提供了足够的抵押品,就可以向他们提供商业信用。企业一旦收不到这些客户的款项,就可以变卖其抵押品加以弥补。

⑤经济状况。经济状况是指不利经济环境对客户偿付能力的影响及客户是否具有较强的应变能力。

上述对客户信用状况进行定性考察所需要的资料,可通过以下方式获得:

第一,查阅客户近期的财务报表或与之相关的文件。

第二,委托商业代理机构对该客户开展信用调查,并提供调查结果资料。

第三,联系与该客户有信用关系的其他供应商,从而获取其以往的信用资料。

第四,委托银行的信用管理部门,向与该客户有关联业务的银行索取信用资料。

通过上述渠道,企业在收集相关资料并加以认真分析的基础上即可对客户的信用状况做出相应的判断,为最后决定是否给予客户商业信用提供依据。

(2)对客户信用状况的定量分析。对客户信用状况的定量分析是指在建立评价客户信用状况的量化评分标准的基础上,通过对索求商业信用的客户的相关指标打分,从而划分出客户的信用等级,并根据其等级决定提供怎样的商业信用政策的一种方法。采用这种方法的主要步骤如下。

①选择一组可反映客户付款能力、履约情况以及财务实力的相关比率(如流动比率、速动比率、应收账款及存货周转率、产权比率或资产负债率等),作为评判信用风险的指标。然后根据近几年已有客户的信用资料,分别计算"信用良好"和"信用不佳"的两类客户的上述指标平均值,作为评价其他客户的信用标准。根据以上所述,假定计算出的信用标准如表7-1所示。

表7-1 信用标准一览表

信用风险指标	信用标准	
	信用良好	信用不佳
流动比率	2.8:1	1.7:1
速动比率	1.2:1	0.7:1
现金比率	0.5:1	0.3:1
产权比率	1.8:1	2.8:1
已获利息倍数	3.6:1	1.7:1
有形净值负债率	2.2:1	3.2:1
应收账款周转率(次)	11	6
存货周转率(次)	6	3
总资产报酬率(%)	16	8
赊购付款履约情况	及时	拖欠

②计算要求提供商业信用的各客户的拒付风险系数,即利用各客户的财务报表资料,计算上述相关指标值,并与标准值(如表7-1中的信用标准)加以比较。若客户的某项指标值等于或低于信用不佳的标准值,则该客户的拒付风险系数增加10个百分点;若某项指标介于信用良好标准值与信用不佳标准值之间,则该客户的拒付风险系数

增加5个百分点;若某项指标等于或高于信用良好标准值,则可认为该客户的这一指标无拒付风险,故不得分。将客户的各项指标值与标准比较后,即可累计客户的拒付风险系数。

假定现有一客户,其上述相关指标值的计算结果如表7-2所示。

从表7-2对该客户上述指标的计算结果看,流动比率、速动比率、现金比率、有形净值负债率、应收账款周转率、总资产报酬率以及赊购付款履约情况均好于信用良好的标准值,故拒付风险系数不得分;而产权比率、已获利息倍数和存货周转率三项指标介于信用不佳与信誉良好的标准值之间,因此上述三项指标其拒付风险系数各得5个百分点。将上述各指标评分结果累加,该企业累计拒付风险系数为15%。

值得说明的是,采用此方法,选定信用风险指标的数量可根据需要增加或减少。例如,若只选择五个指标作为信用风险指标,此时若客户的某项指标值低于信用不佳的标准值,其拒付风险系数可增加20个百分点;介于良好与不佳之间时,其拒付风险系数可增加10个百分点;而优于良好时仍不得分。

表7-2 某客户信用状况评价表

信用风险指标	××客户指标值	拒付风险系数(%)
流动比率	2.9:1	0
速动比率	1.4:1	0
现金比率	0.55:1	0
产权比率	2:1	5
已获利息倍数	3.3:1	5
有形净值负债率	2.1:1	0
应收账款周转率(次)	12	0
存货周转率(次)	5	5
总资产报酬率(%)	18	0
赊购付款履约情况	及时	0
累计拒付风险系数		15

③对客户的拒付风险进行排序,并依据排序结果划分其信用等级。依上述方法在计算出各客户的累计风险系数后,即可按风险系数的大小由低向高排序,并根据排序的结果划分客户的信用等级,确定不同信用等级的客户所享受的信用政策。如累计拒付风险系数在5%以内的为甲级客户,该类客户可享受本企业所制定的最为优惠的信用政策;累计拒付风险系数在5%以上、20%以下的为乙级客户,这类客户可享受本企业较为严格的信用政策(如缩短信用期限或附加某些限制条款等);而对于拒付风险系数在20%及以上者,则可拒绝提供商业信用。

对信用标准开展定量分析,有利于避免信用评价人员的主观意向性,提高应收账款投资决策的科学性。但由于现实的情况错综复杂,每个客户特点各异,因而在有些情况下企业的信用评价人员在采用上述方法的同时,还应根据以往的经验及主、客观条件加以综合判断,才能据以做出正确的决策。

2. 信用条件。所谓信用条件,是指企业接受客户信用订单时,所提出的付款要求。前述的信用标准是用来确定应否给予客户提供商业信用以及提供怎样信用政策的依据,但当企业一经决定接受客户的信用请求,为其提供信用优惠时,还需要考虑具体的信用条件。信用条件包括信用期限和现金折扣政策等。

(1)信用期限。信用期限是指企业允许客户从购货到付款的时间期限。例如,当某企业允许客户在购货后的40天内付款时,其信用期即为40天,一般以"N/40"表示。企业在制定信用政策时,适当地延长信用期限,对于扩大产品销售,增加收益来说具有积极的意义。但信用期限的延长同时也会导致占用在应收账款上的资金相应增加,从而引起应收账款机会成本的增加。除此之外,还有可能致使坏账损失和收账费用等成本增加。因此,制定应收账款的信用期限,其基本原理是将延长信用期限所增加的边际收入与增加的边际成本相比较,只有当增加的边际收入大于增加的边际成本,即可为企业带来新的收益时,延长信用期限才是可行的,否则不应改变信用期限。企业在进行信用期限的权衡时,通常需要对与信用期限相关的收益与成本进行计量。这种计量一般可按下述方式进行:

相关收益,即扣除信用成本前的收益可按以下公式计算:

$$相关收益 = 年赊销额 \times 边际贡献率(或1-变动成本率)$$

相关成本包括应收账款的机会成本、坏账损失以及收账费用等,可分别按以下方法确定。

①应收账款机会成本的计算公式为:

$$应收账款机会成本 = 维持赊销业务所需要的资金 \times 资金成本率$$

上式中的资金成本率一般可按有价证券年利息率或投资人要求的必要报酬率加以确定。而维持赊销业务所需要的资金则可按以下两步骤确定。

$$应收账款平均余额 = (年赊销额/360) \times 平均收账天数$$

$$维持赊销业务所需要的资金 = 应收账款平均余额 \times 变动成本率$$

②坏账损失成本的计算公式为:

$$坏账损失成本 = 年赊销额 \times 预计坏账损失率$$

③至于收账费用等成本,则可视其是否随信用期长短的变动而变动酌情加以处理。也就是说当信用期发生变化时,若此类成本未发生增减变动,此时可作为无关成本不予考虑;相反,若信用期发生变化时,此类成本随之发生增减变动,此时则应作为相关成本一并处理。下面举例予以说明。

【例7-3】某企业为2021年制定信用政策时建立了A,B,C三个备选方案,其信用期限分别是N/30、N/50及N/80。假定该企业执行上述信用政策时其信用期与收账期一致,且无现金折扣优惠。已知该企业的变动成本率为60%,资金成本率(即有价证券年利息率)为15%,经预测实施上述各备选方案时,可实现的年赊销额及发生的坏账损失率和收账费用等资料如表7-3所示。

表7-3 信用期限备选方案表　　　　　　　　　　　　单位:万元

方案及信用期 项 目	A N/30	B N/50	C N/80
年赊销额	2 000	2 400	2 520
坏账损失率	2%	3%	5%
年收账费用	15	28	39.6

根据上述资料,信用期限的分析评价过程及结果如表7-4所示。

表7-4 信用期限分析评价表　　　　　　　　　　　　单位:万元

项 目	A方案	B方案	C方案
相关收益	2 000×(1-60%)=800	2 400×(1-60%)=960	2 520×(1-60%)=1 008
相关成本			
其中:赊销业务所需资金	(2 000/360)×30 ×60%=100	(2 400/360)×50 ×60%=200	(2 520/360)×80 ×60%=336
应收账款机会成本	100×15%=15	200×15%=30	336×15%=50.4
坏账损失成本	2 000×2%=40	2 400×3%=72	2 520×5%=126
收账费用	15	28	39.6
相关成本小计	70	130	216
相关净损益	730	830	792

从以上计算结果看,B方案的相关净损益最大,故应选择50天的信用期限作为最佳的信用期限。

(2)现金折扣政策。现金折扣是企业在客户提前付款时给予的在商品价格上的扣减,其目的是吸引客户为享受折扣优惠而提前付款,从而缩短企业的平均收账期,减少应收账款占用的资金以及降低坏账损失。因此许多企业往往在延长信期限的同时,制定一定的现金折扣政策,对在规定的时间内提前偿付货款的客户按销售收入的一定比率给予折扣优惠。除此之外,现金折扣也能吸引一些视折扣为降价出售的顾客前来购货,借以扩大本企业销售额。

现金折扣通常采用如"2/10,N/30"的形式表示,其含义是:如果客户在发票开出后的10天内付款,可享受2%的价格折扣,即只需支付相当于原价98%的货款;如果不想取得折扣,则这笔货款必须在30天内付清。式中30天为信用期限,10天为折扣期限,2%为现金折扣率。

企业给予客户现金折扣,虽然可获得减少应收账款占用、降低坏账损失的好处,但同时,由于现金折扣实际上是企业的让利行为,会减少其收益,所以企业在决定是否给予折扣以及确定折扣率的大小时,同样应从由此而产生的收益与增加的成本之间进行比较。具体来说,即将缩短收账期带来的收益与付出的现金折扣成本结合起来考察,只有当缩短收账期带来的机会收益大于由此而付出的现金折扣成本时,其制定的现金折扣政策才是可行的,否则将不应考虑。

【例7-4】依上例资料,如果企业选择了B方案,但为了加速应收账款的收回,决定将赊销条件改为"2/10,1/20,N/50"的一个新的D方案。预计修改信用条件后,约有50%的客户(按赊销额计算)会利用2%的现金折扣;约有20%的客户会利用1%的现金折扣。届时企业的坏账损失率将降低为2%,收账费用也将减少至20万元。根据改变后新的信用条件,可对相关指标重新计算如下:

$$应收账款平均收账期 = 50\% \times 10 + 20\% \times 20 + 30\% \times 50$$
$$= 24(天)$$
$$维持赊销业务所需资金 = (2\,400/360) \times 24 \times 60\%$$
$$= 96(万元)$$
$$应收账款的机会成本 = 96 \times 15\%$$
$$= 14.4(万元)$$
$$坏账损失成本 = 2\,400 \times 2\%$$
$$= 48(万元)$$
$$现金折扣成本 = 2400 \times (50\% \times 2\% + 20\% \times 1\%)$$
$$= 28.8(万元)$$

根据以上计算,编制相关损益计算表,如表7-5所示。

表7-5　信用期限分析评价表　　　　　　　　　　　　单位:万元

项　目	B方案	D方案
相关收益	2 400×(1-60%)=960	2 400×(1-60%)=960
相关成本		
其中:赊销业务所需资金	(2 400/360)×50×60%=200	(2 400/360)×24×60%=96
应收账款机会成本	200×15%=30	96×15%=14.4
坏账损失成本	2 400×3%=72	2 400×2%=48
收账费用	28	20
现金折扣成本	0	28.8
相关成本小计	130	111.2
相关净损益	830	848.8

从上述计算结果不难看出,该企业给予客户折扣优惠后所制订的方案D更好,其相关净损益较B方案多18.8万元(848.8-830)。所以应选择D方案作为企业实施的最佳方案。

3.收账政策。所谓收账政策,是指当客户违反信用条件,拖欠甚至拒付账款时企业所采取的收账策略与措施。一般情况下,客户会在企业规定的信用期到来之前支付货款,只有当客户超过了信用期限仍未付款时,企业才需要采取催账行动。因此,企业制定的收款政策如果过于宽松,可能会导致一些客户长期拖欠货款,从而使企业的应收账款占用增加,发生坏账损失的风险加大。但是相反,如果企业制定的收账政策过于严厉,又可能得罪无意拖欠的客户,从而影响企业未来的销售和利润。因此,企业制定收账政策时必须谨慎从事,既不能过于严厉,也不能过于宽松。具体来说,企业制定收账政策,通常应从以下两方面开展工作。

(1)确定收账方式。企业确定收账方式时,可从应收账款的账龄分析入手,通过账龄分析不仅可以了解企业发生的应收账款中有多少尚未到期,有多少已超过了信用期限,而且对逾期未付货款的客户,还可提供其逾期时间长短的信息,从而为企业选择相应的收账方式提供依据。例如,对于即将到期或逾期时间较短的客户,企业可先通过电话方式,有礼貌地提醒对方货款即将到期或付款日期已过。如果没有效果,则可进一步通过正式发函的方式催收。而对于逾期未付且时间较长的客户,企业则可派专人登门催收,如果客户确有困难,双方可以商谈延期付款的方法。当然,采用上述方式若仍未达到预期目的,客户无理拒付时,企业还可将这部分长期拒付的账款委托专门的收账机构协助收回,但采用这种方式收款机构要求企业支付的收账费用也较高,因而其实际收回的货款会大打折扣。如果上述各项措施均无济于事,企业还可以采取法律的手段来主张自己的权利。但是,一般来说诉诸法律般需要付出更高的代价,所以企业通过相互妥协解决债务问题,往往可能会比采取法律行动的效果更好些,采取法律手段往往是企业不得已而为之的举措。

(2)权衡收账费用与坏账损失间的得失。企业无论采用上述哪种方式催收货款,总要支付一定的费用,只不过采用的收账方式不同,支付的费用多少不同而已。一般来说,企业支付的收账费用愈多,应收账款被拒付的可能性就愈小,企业遭受的坏账损失也就愈少,但这两者之间并非呈线性关系。通常的情况是,一开始花费的收款费用只能降低很小一部分坏账损失,但随着收账费用的逐步增加,应收账款被拒付的可能性随之减少,因此坏账损失额的降低幅度也会明显加大。然而,当收账费用达到某一限度之后,再增加收账费用,对坏账损失的减少作用就呈递减趋势,因为总会有一些客户由于种种原因而拒付货款。这个限度一般称为收账费用的饱和点(见图7-7中的P点)。为此,当收账费用达到该饱和点时,企业就没有必要再为收账工作而增加费用支出。具体来说对收账费用应控制在多少为宜,同样可比照前述的量化方法进行权衡,即只有当增加的收账费用小于减少的应收账款机会成本和坏账损失之和时,增加收账费用的方案才是可行的,否则应保持原有的收账政策。

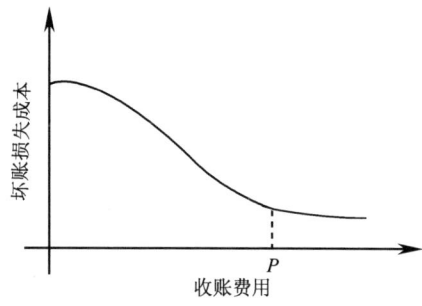

图7-7 收账费用与坏账损失的关系

(三)应收账款的日常管理

企业发生赊销业务以后,即在应收账款环节占用了相应的资金。为了节约这部分资金的使用并减少坏账损失,就有必要加强对应收账款的日常管理工作。对应收账款进行日常管理主要包括:建立完善的基础记录、加强对应收账款收回的监控以及建立对应收账款的考核指标等几方面。

1. 建立完善的基础记录。企业在赊销活动中,应对相关的各种基础信息做出详细的记录。这些信息记录不仅对确保应收账款的及时收回至关重要,而且对日后企业制定应收账款的信用政策(包括制定信用标准、收账政策等)也具有十分重要的意义。基础信息的记录工作包括:企业对客户销售各种产品提供的信用条件、建立赊销关系的日期、客户付款的时间、目前尚欠货款的余额以及对客户评定的信用等级和以往客户的守信程度等。企业财务部门和销售部门只有及时掌握这些信息,才能对信用政策的执行、客户的信用状况等进行卓有成效的分析,并就存在的问题提出对策。

2. 加强应收账款收回的监控。企业已发生的应收账款时间有长有短,有的尚未超过信用期间,有的则已超过信用期间。已超过信用期间的时间长短也不一样,一般来说,拖欠的时间越长,收回欠款的可能性越小,形成坏账的可能性越大。因此,企业必须采取一些有效的管理方法,对应收账款的回收情况进行监督,以便加速应收账款的回收。常用的方法有账龄分析法和 ABC 分析法。

(1)账龄分析法。该法是通过编制账龄分析表来显示应收账款账龄长短的方法。采用账龄分析法,首先应编制账龄分析表(见表 7-6),借助该表可为管理人员提供如下信息。

表 7-6 应收账款账龄分析表

2020 年 12 月 31 日　　　　　　　　　　　　　　　　　　　单位:万元

客户	未到期	已过期				合计
		1~30 天	31~60 天	61~90 天	90 天以上	
A	2 000					2 000
B	2 400					2 400
C			1 800			1 800
D	400	350				750
E					420	420
F				600		600
其他	370 200	94 650	18 200	5 400	3 580	492 030
应收账款合计	375 000	95 000	20 000	6 000	4 000	500 000
百分比	75%	19%	4%	1.2%	0.8%	100%

①有多少货款尚在信用期内,占多大比例。从表 7-6 中可知,企业有 375 000 元

的货款尚未到期,占应收账款总额的75%。这些欠款是正常的,到期能否收回,要到期时才能确定,因此应随时对其进行监督。

②有多少欠款超过了信用期限,超过各时间段的款项各占多大比例,有多少欠款可能会因为拖欠太久而成为坏账。表7-6显示,企业有125 000元的应收账款已超过信用期限,占应收账款总额的25%。在这些欠款中,拖欠时间在一个月内的占19%,这部分欠款收回的可能性很大,拖欠时间超过90天的占0.8%,这部分欠款成为坏账的可能性较大。因此,企业可根据账龄分析表显示的资料,区别不同情况具体分析客户拖欠的原因,以便针对不同的情况分别采取不同的收账政策,以加速货款的回收。

(2) ABC分析法。ABC分析法又称重点管理法。这是现代经济管理中广泛应用的一种"抓重点,照顾一般"的管理方法。它是将企业的所有欠款户按其欠款金额的多少进行分类排队,然后根据排队结果,对欠款金额不同的客户分别采用不同的收账策略的一种方法。这种方法既能保证重点,加快货款回收,又能使收账费用与预期收益相联系。

【例7-5】某公司2020年12月31日应收账款的账面余额高达250万元,对公司的资金周转很不利。为及时收回欠款,该公司采用ABC分析法,先将所有的欠款户按其所欠货款的多少分类排队,并计算出欠款额所占的比重,如表7-7所示。

表7-7 欠款客户ABC分类表(共40家客户)

客户	欠款额(万元)	欠款期(月)	欠款所占比重(%)	类别
A	80	6	32	A类
B	45	5	18	A类
C	35	4	14	A类
小计	160		64	
D	22.5	3	9	B类
E	20	2	8	B类
F	15	2	6	B类
G	12.5	50	5	B类
H	10	40	4	B类
小计	80		32	
K	4	30	1.6	C类
⋮	⋮	⋮	⋮	
小计	10	—	4	
合计	250	—	100	—

从表7-7可以看出,欠款在25万元以上的有3家,为欠款户的7.5%,其欠款总额为160万元,占应收账款总额的64%,将其划入A类。这类客户可作为催款的主攻目标,因为能否及时收回他们所欠的货款,对企业资金状况的影响最大。欠款在10

万元~25万元的客户有5家,占欠款户的12.5%,其欠款总额占全部应收账款的32%,将其划入B类。欠款在10万元以下的客户有32家,占欠款户的80%,其欠款总额占应收账款总额的4%,将其划入C类。对这三类欠款户,应采取不同的收款策略。例如,对A类客户,可以发出措辞较为严厉的信件催收,或打电话、派专人催收,委托收款代理机构处理,甚至可求助于法律解决;对B类客户,则可以多发几封信函催收,或打电话催收;对C类客户,则只需发出通知其付款的信函即可。

三、存货管理

存货是指企业在生产经营过程中为耗用或销售而储备的物资,包括原材料、燃料、在产品、半成品、产成品、包装物、低值易耗品等。企业持有存货的基本目的是为了保证生产经营活动的顺利进行,因此,绝大多数工商企业均拥有相当规模的存货。由于存货占用企业的大量资金,所以企业对存货管理效率的高低对其财务状况影响极大。为此,加强对存货的规划与控制,使存货规模保持在合理的水平上,就成为企业财务管理的一项重要工作。

(一)存货的作用

尽管存货在企业的资产中不属于盈利能力最强、流动性最快的资产,但其仍在企业的资产总额中占有较高的比重,其原因就在于存货在企业的生产经营中具有多方面的重要作用,这些作用可归纳为以下几方面。

1. 保持适当的原材料和半成品储备,能有效地防止停工待料,从而保证生产活动的持续进行。这是因为尽管企业每天都会消耗一定数量的原材料和半成品,但这种耗用并不一定是均匀的,有时常常带有一定的随机波动性;同时由于受某些偶然因素的影响,原材料或半成品的供应也未必能够如期准时完成,因此一旦发生上述情况,企业如果没有适当的原材料和半成品储备,那么其生产就无法持续进行。为防止因停工待料而中断生产,企业通常会保持一定的原材料和半成品储备。

2. 保持适当的产成品储备,可以防止脱销,增强企业在生产和销售方面的机动性。企业要想牢牢地掌握市场,不失时机地扩大市场,一个重要方面就是要能随时有效地供应市场,满足顾客的需求。企业要实现这一愿望,就有必要储备一定的产成品,以便当市场对产品的需求增加时,能够利用库存储备及时补充供应。相反,若企业产品库存不足,不仅有可能会坐失销售良机,甚至可能因此而失去一部分客户。

3. 建立材料或商品库存有利于降低采购成本。众所周知,在市场经济条件下,许多厂商出于市场竞争的考虑,常常对购货方提供较优惠的数量折扣,即当买方的采购数量达到一定规模时,便可在价格上享受一定的折扣优惠。为此,有时企业为获取这一优惠,则采取批量集中进货的方式,通过增加每次进货的数量,减少购货次数,以达到降低采购成本的目的。当然,伴随这一目的的实现,势必导致存货规模的增加。然而,存货规模的加大是要付出代价的,即企业要为此而付出利息或机会成本,但只要享受数量折扣的金额大于因存货增加而承担的利息或机会成本,增加每批采购数量就是值得的。此外,在通货膨胀较为明显时期,适当地储存原材料,还能降低由于材料物价上涨给企业带来的不良影响。

4. 建立产成品库存有利于维持企业均衡生产。有些企业的产品市场需求带有明显的季节性。因此,这些企业为避免需求旺季时生产超负荷运转而需求淡季时产能又得不到充分的利用,就有必要在一年中均衡安排生产,因此,季节性销售的企业势必会形成一定数量的产成品库存。

从以上分析可以看出,为了满足生产经营的需要,企业必须储备一定数量的存货。但企业也会为之而付出相应的代价,这种代价就是存货的成本。因此,了解存货成本的构成及其变化,对充分发挥存货作用、有效的控制存货成本具有重要的意义。

(二)存货的成本及其管理目标

存货的成本是指企业为取得和持有存货而发生的直接或潜在的代价,其一般由取得成本、储存成本以及缺货成本构成。

1. 取得成本。取得成本是指企业取得存货所发生的相关成本,包括购置成本和订货成本两部分。

(1)购置成本。购置成本是指企业在采购材料或商品时所支付的买价。这项成本在财务上被看作是资产价值而不是费用。一般情况下,购置成本总额是由采购单价与数量的乘积来确定的。在不存在数量折扣的情况下,购置成本与采购总量成正比例关系。因此,当一定时期企业的采购总量既定时,购置成本可作为无关成本不予考虑;但如果存在数量折扣问题,由于每批采购数量不同而购置成本将会有所不同,因此这时的购置成本将应作为相关成本予以考虑。

(2)订货成本。订货成本是指企业为订购商品或材料等而发生的各类订货费用,如邮资、电报电话费、电传费、办公费、差旅费、签订购货合同的手续费以及验收成本等。值得说明的是,订货成本中有一部分与订货次数无关,如常设采购机构的管理费、采购人员的工资等基本开支,这类成本属于订货中的固定成本;而另一部分则与订货次数相关,如邮资、差旅费、签订采购合同的手续费等。这类成本属于订货中的变动成本,即随订货次数的变动成正比例变动。为此,企业要降低这部分订货成本就需要加大采购批量,以减少订货次数,从而达到减少订货成本的目的。

2. 储存成本。储存成本又称持有成本,是指存货在储存过程中发生的各种成本,如存货因占用资金所承担的利息或机会成本、存货的仓储费、保险费、残损和变质损失等。储存成本同样也可划分为固定与变动成本两部分。固定性储存成本与存货的数量多少无关,如仓库的折旧费、仓库职工的固定工资等。而变动性储存成本,如前述存货占用资金所承担的利息或机会成本、存货的保险费、残损或霉变损失等成本,则与存货的数量呈正比例关系,即存货规模越大,这类成本就越多。因此,为了降低变动性储存成本,企业就需要小批量采购,以减少平均储备量。

3. 缺货成本。缺货成本是指企业由于存货供应中断而给生产和销售造成的损失。例如,由于材料供应中断而造成的停工待料损失,或由于紧急采购材料而发生的额外支出;由于产成品库存缺货而丧失销售机会所减少的收益,或由于延期发货所承担的罚金和企业在商业信誉方面蒙受的损失等。企业为了降低缺货成本,就有必要持有一定的保险储备量。

企业存货的总成本即由上述三类成本组成。结合前述的介绍不难看出,企业持有充足的存货,不仅有利于生产过程的顺利进行,而且也有助于迅速满足市场的需求和客户的需要,从而为企业组织生产和销售活动提供更大的机动性。但是另一方面,存货的增加会占用企业更多的资金,使其各类相关成本发生变化。因此,存货的管理目标就是在确保满足生产和销售需要的前提下,力争使发生在存货管理环节的相关总成本达到最低。为达到上述目标,在具体进行存货管理时必须从以下两方面着手:一是做好存货资金的规划工作,合理确定存货资金的占用量,节约资金的使用;二是加强存货的日常控制,使存货总量、存货品种和数量实现合理的组合,以加速存货的周转。

(三)存货的经济批量控制

1. 经济批量的含义。经济批量也叫经济订购量,它是指能使发生在存货环节的相关总成本达到最低的每批订购量。从前面有关存货成本的介绍中我们不难看出,上述三类成本其发生额的大小均与每批存货的订购数量密切相关。例如,就购置成本来说,每批采购的数量越大,在有数量折扣的条件下,其享受的折扣优惠也就会越多,因而其购置总成本也就越低;就订货成本来说,在一定时期采购总量既定的情况下,每批采购的数量越多,完成既定采购任务所需要的采购次数就越少,因而该时期发生的订货总成本也就越少;同样,每批采购数量越大,发生缺货的可能性就越小,因而其缺货成本就越低。但与此相反,由于每批采购量的增加会使企业的平均库存量加大,从而最终导致一定期间企业承担的储存成本增大。由此可见,上述购置成本、订货成本和缺货成本与储存成本之间事实上存在着此消彼长的关系,并且这种关系是以每批订购量的大小来维系的,为此从订购的批量入手并以此来谋求上述三类成本的优化就成为解决这一问题的思路。这一思路也被称作经济批量模式。

2. 基本经济批量模型。在介绍经济批量方法时,如果我们将上述三类成本的优化问题一揽子地予以考虑,无疑对于初学者来说会增加其认知的难度,因此,我们不妨先通过设立一系列相关假定,以达到化简的目的。这种在对现实经济活动简化基础上建立起来的经济批量模型,即为基本经济批量模型。

基本经济批量模型以如下假设为前提:①存货的一定时期需求总量是可以较为准确地预测的;②存货的采购单价不变,即不存在数量折扣问题;③存货每日均匀耗用或销售;④企业发出订单后能立即一次性的到货;⑤仓储条件及所需现金不受限制;⑥不允许出现缺货情形。

根据以上假设,显然购置成本与缺货成本将成为决策中的无关成本,而决策中需要考虑的相关成本只包括变动订货成本与变动储存成本两部分,即决策的目标是使这两部分成本之和达到最小化。此外,每批材料的到货和耗用将按图 7-8 的方式进行,为此,其平均库存持有量将是每批订货量的 1/2。

据此设:D 为某种存货的年需求总量;K 为平均每批订货成本;K_c 为单位存货的年储存成本;Q 为经济订货量;TC 为年订货成本与储存成本之和;P 为采购单价。

由于全年订货成本等于订货次数(D/Q)乘以每批平均订货成本(K),全年储存成

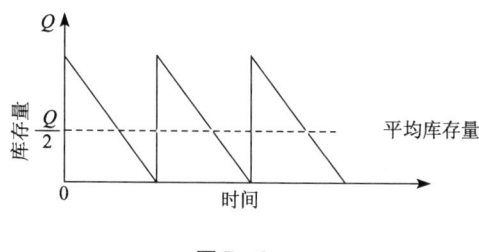

图 7-8

本等于平均库存持有量($Q/2$)乘以单位存货的年储存成本(K_c),所以,全年订货与储存成本之和可按下述公式表示:

$$经济订购量的相关总成本(TC) = \frac{D}{Q} \cdot K + \frac{Q}{2} \cdot K_c$$

从上式可以看出,相关总成本(TC)的大小取决于每批订购量(Q),故依上式对 Q 求导,并令其一阶导函数 $TC(Q)$ 的值为零,可求得基本经济批量的数学模型如下:

$$最优经济批量(Q) = \sqrt{\frac{2DK}{K_c}}$$

利用上述基本经济批量模型,经推导还可衍生出以下计算公式:

$$相关总成本(TC) = \sqrt{2DKK_c}$$

$$经济批量占用资金 = P \cdot \frac{Q}{2}$$

$$= P \cdot \sqrt{\frac{DK}{2K_c}}$$

$$最佳订货批次 = \frac{D}{Q}$$

$$= \sqrt{\frac{DK_c}{2K}}$$

【例 7-6】某公司每年耗用甲材料 3 600 千克,单价为 200 元/千克,每批订货成本为 24 元,单位材料的年平均储存成本为 3 元。请根据上述公式计算最优经济批量。

$$最优经济批量(Q) = \sqrt{\frac{2 \times 3\ 600 \times 24}{3}}$$
$$= 240(千克)$$

$$相关总成本(TC) = \sqrt{2 \times 3\ 600 \times 24 \times 3}$$
$$= 720(元)$$

$$经济批量占用资金 = 200 \times \sqrt{\frac{3\ 600 \times 24}{2 \times 3}}$$
$$= 24\ 000(元)$$

$$最优订货次数 = \frac{3\ 600}{240}$$
$$= 15(次)$$

最优经济批量的确定也可采用图解的方法。采用该法时，首先应计算出一系列不同批量下的订货成本、储存成本和相关总成本，然后将这些成本点描绘在以批量为横轴，以成本为纵轴的直角坐标系中，并以曲线连接各类的成本点，即可绘制出订货成本线、储存成本线和相关总成本曲线。观察这三条成本线，不难发现订货成本线与储存成本线的交点在批量轴上的投影即为最优订购批量，因为在这一批量下的相关总成本最低。以下，以例7-6的资料为例，采用绘图法确定最优订购批量。

首先，依例7-6中资料，计算不同批量下的订货成本、储存成本和相关总成本数据（如表7-8所示），并根据表中资料绘制经济批量图（如图7-9所示）。

表7-8　不同订购批量相关成本计算表　　　　　单位:元

订货批量	60	120	180	240	300	360	420
订货批次	60	30	20	15	12	10	8.6
平均库存量	30	60	90	120	150	180	210
全年订货成本	1 440	720	480	360	288	240	206.4
全年储存成本	90	180	270	360	450	540	630
全年相关总成本	1 530	900	750	720	738	780	836.4

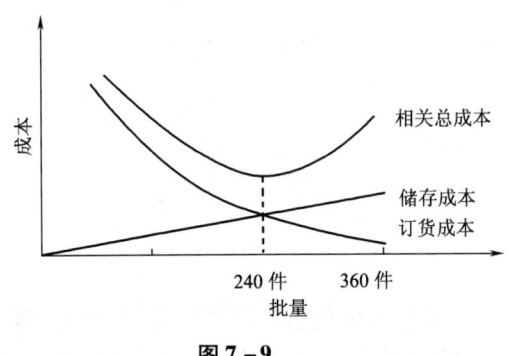

图7-9

从图7-9可以看出，当每批采购量为240件时，其相关总成本最低，所以最优经济批量为240件。

以上我们介绍的经济批量模型是存货控制中的最基本模型，尽管这一模型的构造比较简单，但由于其假设条件过多，因而影响到它的实际推广和应用。为了使这一模型更为接近实际，增强其可用性，还需逐步放宽假定，并改进其原有的构造。下文将进一步介绍人们是如何在放宽假定条件的情况下如何探索经济批量问题的。

3.考虑数量折扣时的经济批量模型。在前述基本经济批量模型中，对存货的单价模型是假设不变的，即不存在数量折扣问题。为此无论每批采购的数量为多少，在全年存货的需求总量一定时，其购置总成本是固定不变的。在这种情形下，购置成本为无关成本，在决策中可不予考虑。但实际上在许多交易中，供货商为激励客户加大购买数量，往往会根据每批采购数量的不同，给予不同的价格优惠，这种优惠也就是数量折扣，或叫商业折扣。显然,在存在数量折扣的情况下,由于每批采购数量的不同,其享受的折扣优惠也就不同,因而其全年的购置总成本就会有所不同。所以,此时的购置成本将成为决策中的相关成本,应统筹予以考虑。

考虑购置成本后,其相关总成本可按下述公式计算:

$$经济订购量的相关总成本(TC) = P \cdot D + \frac{D}{Q} \cdot K + \frac{Q}{2} \cdot K_C$$

即此时的经济订购量,应是能使上述三类成本(包括购置成本、订货成本和储存成本)之和达到最小的订购批量。在实际操作中,由于多数商品的数量折扣是按采购量分段确定的,所以具体分析时,可按下列步骤进行:

第一,按基本经济批量模型计算所谓的经济批量,查出应享受的相应价格,计算其相关总成本。

第二,按其余各档次采购量(通常为享受该价格的最低采购量)及其相应折扣价格分别计算相关总成本。

第三,比较各方案的相关总成本,取其最小者为享受数量折扣条件下的经济订货量。

【例7-7】某企业甲材料的年需求总量为3 000件,每件标准价格为20元。销售企业规定:客户每批购买量不足500件时,单价按标准价格计算;每批购买量在500件以上(含500件)1 500件以下的,价格优惠5%,即单价为19元;每批购买量在1 500件以上的(含1 500件),价格优惠10%,即单价为18元。已知该企业每批订货费用为125元,单位材料的年储存成本为12元。

则按基本经济批量模式确定的经济订货量为:

$$Q = \sqrt{\frac{2 \times 3\ 000 \times 125}{12}}$$
$$= 250(件)$$

当每批购进250件时,由于只能按标准价格采购,所以存货的相关总成本为:

$$存货相关总成本 = 3\ 000 \times 20 + (3\ 000/250) \times 125 + (250/2) \times 12$$
$$= 63\ 000(元)$$

当每批购进500件时,由于可享受19元/件的优惠价格,所以存货的相关总成本为:

$$存货相关总成本 = 3\ 000 \times 19 + (3\ 000/500) \times 125 + (500/2) \times 12$$
$$= 60\ 750(元)$$

同理,当每次进货1 500件时,由于可享受18元/件的优惠价格,所以其相关总成本为:

$$存货相关总成本 = 3\ 000 \times 18 + (3\ 000/1\ 500) \times 125 + (1\ 500/2) \times 12$$
$$= 63\ 250(元)$$

从以上各方案的计算比较不难发现,当每批进货为500件时,其存货的相关总成本最低。因此,考虑数量折扣后的最优订货批量为500件。

4.陆续供货情况下的经济批量模型。在前面我们介绍的基本经济批量模型中,存货以每次发出订单后能一次性集中到货为前提。但在现实中,有些情况下每次采购的存货并非均能一次性集中到达,而是陆续供货,或叫边送边用。在这种情形下,存货的储备量及时间分布也由前述的锯齿状变为山峰状。其形态如图7-10所示。

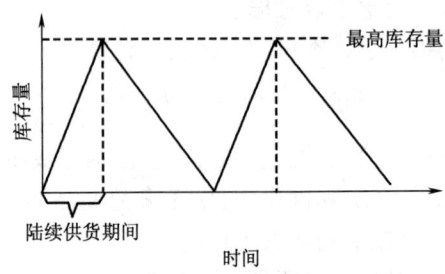

图 7 – 10　陆续供货时存货储备量

每次采购由集中到货变为陆续供应后,并不影响订货的成本,但影响平均储备量,以致影响年储存成本。原来在一次集中到货的情况下,最高库存量就是每批订货的数量,即 Q;其平均库存量自然也就是 $Q/2$;但在陆续到货的情况下,由于完成一批采购需要一定的期间,而在这一期间内又存在存货的不断耗用问题,所以当每批采购数量全部运抵时,其最高库存量自然应该是采购批量减去完成一批采购期间存货的耗用数量。假定我们对每批采购的数量仍以"Q"表示,存货的每日耗用量以"d"表示,陆续供货期间每天到货的数量以"p"表示,则完成一批采购所需要的时间是"Q/p";同样,在陆续供货期间存货的耗用数量为:$(Q/p)×d$;因此当存货全部运抵时,其最高库存量显然可表示为:$Q-(Q/p)×d$。

有了存货的最高库存量,显然要表示其平均库存只需除以2即可。根据以上所述我们可建立陆续供货情况下的经济批量模型如下:

陆续供货时经济订购量的相关总成本 $(TC) = \dfrac{D}{Q} \cdot K + \dfrac{Q}{2} \cdot \left(1 - \dfrac{d}{p}\right) \times K_c$

对上述 $TC(Q)$ 函数求导,并令其一阶导函数值为零,可得陆续到货时的经济批量公式如下:

$$\text{最优订购批量}(Q) = \sqrt{\dfrac{2DK}{K_c} \cdot \dfrac{p}{p-d}}$$

将经济批量公式代入相关总成本方程,可得出陆续到货情况下最优订购批量的相关总成本公式如下:

陆续供货时经济订购量的相关总成本 $(TC) = \sqrt{2DKK_c[1-(d/p)]}$

【例7-8】某企业对乙材料的年需用量为3 600件,每日送货量为18件,每日耗用量为10件,单价为10元/件,一次性订货成本为25元,单位储存成本为2元/件,则:

$$\text{最优订购批量}(Q) = \sqrt{\dfrac{2 \times 3\,600 \times 25}{2} \times \dfrac{18}{18-10}}$$
$$= 450(件)$$

相关总成本 $(TC) = \sqrt{2 \times 3\,600 \times 25 \times 2 \times [1-(10/18)]}$
$$= 400(元)$$

全年订购次数 $(N) = 3\,600/450$

$$= 8(次)$$
$$平均资金占用量 = (1/2) \times 450 \times [1 - (10/18)] \times 10$$
$$= 1\ 000(元)$$

此外,在这里我们顺便指出,陆续到货的经济批量模型也可用于半成品或零部件的生产决策。其原因是,在半成品或零部件的制造过程中,同样存在着此消彼长的成本因素。这些成本因素主要包括两类,即调整准备成本与储存成本。调整准备成本是指为每批半成品或零部件在投产前做好准备工作而发生的各种成本,如调整机器、准备工具模具、清理现场、布置生产线、领取原材料的成本等。调整准备成本的每批发生额基本相等,因而它与生产批量的大小没有直接联系,而与生产的批次成正比关系,即投产的批次越多,调整准备成本就越大;反之,则越小。因而,调整准备成本类似于存货采购中的订货成本。而储存成本则是指单位半成品或零部件在储存过程中所发生的成本。这种成本与材料物资采购过程中所发生的储存成本属性完全一致,因而这类成本与半成品零部件生产批次的多少无直接联系,但与生产批量呈正比例关系,即每批生产数量越大,平均库存也就越大,因而其年储存成本就越大;反之,则越小。

根据以上分析不难试想,在半成品或零部件全年生产总量一定的情况下,要减少调整准备成本,就必须减少生产的批次;然而,减少了生产的批次,就势必导致每批生产数量的加大,从而最终导致平均库存乃至储存成本的加大。显而易见,权衡这两类成本因素,并谋求其二者之和最小,是解决这一问题的决策目标。另外,由于在半成品或零部件的制造过程中同样存在着边制造边耗用的情况,因而套用上述模型解决这一问题自然属于情理之中。不过特别应值得注意的是,在套用这一模型时,除订货成本与调整准备成本相对应外,与陆续供货期间每天到货的数量相对应的是半成品或零部件的每日产量;与存货的每日耗用量相对应的是半成品或零部件的每日耗用量;至于储存成本,由于二者的含义完全相同,所以它在模型中无须做任何替代处理。以下列举一例说明。

【例7-9】某企业使用的M零件既可以自制,也可以外购。已知该零件的全年需求总量为72 000件,每日平均需用量为200件。如果自制,每天可生产500件,其每批调整准备成本为500元,单位生产成本为5元,每个零件的年储存成本为10元。若外购,单价为6元,每批订货成本为100元。要求:确定自制方案的最优生产批量,并就选择自制还是外购做出分析。

解:(1)自制方案:

$$最优生产批量(Q) = \sqrt{\frac{2 \times 72\ 000 \times 500}{10} \times \frac{500}{500 - 200}}$$
$$= 3\ 464(件)$$
$$相关总成本(TC) = 72\ 000 \times 5 + \sqrt{2 \times 72\ 000 \times 500 \times 10 \times [1 - (200/500)]}$$
$$= 380\ 784.6(元)$$

(2)外购方案:

$$相关总成本(TC) = 72\ 000 \times 6 + \sqrt{2 \times 72\ 000 \times 100 \times 10}$$
$$= 444\ 000(元)$$

从上述计算结果看,自制方案较外购方案成本更低,所以应选择自制方案取得M

零件,每批最优加工数量为 3 464 件。

5. 订货提前期与保险储备量。前述基本经济批量模型是以企业发出订单后能"立即"一次性到货为假设的,应该说这一假设是超现实的。在一般情况下,企业采购的存货很难做到随叫随到,瞬时完成,而通常是从发出订单到材料验收入库需要一定的时间过程。为避免在这一过程中发生停工待料的情况,就需要在库存尚未用完之前发出采购订单。这种预示着企业应发出采购订单的库存量,一般叫作"再订货点"。也就是说企业必须在存货下降到再订货点时,就提前订货;提前订货所需要的天数叫作订货提前期。

如果我们以"R"表示再订货点,以"L"表示订货提前期,并依据前述企业存货每日均匀耗用的假定,设定其日耗用量为"d",显然此时再订货点可按下式计算:

$$再订货点(R) = 订货提前期(L) \times 每日耗用量(d)$$

如果我们沿用例 7-6 的资料及计算结果,并假定该企业订货提前期为 8 天,每日存货平均耗用量为 10 千克,那么:

$$再订货点(R) = 8 \times 10$$
$$= 80(千克)$$

即当企业的库存量下降到 80 千克存货时,就应发出订单,等到该批存货入库时,原有库存刚好用完。此时,有关存货的每次订货批量、订货次数、订货间隔时间等并无变化。订货提前期的情形如图 7-11 所示。该图说明订货提前期对经济批量并无影响,只不过在达到再订货点(库存 80 千克)时即发出订货单罢了。

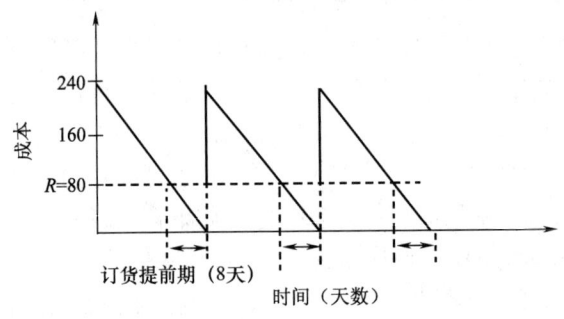

图 7-11

前述再订货点的建立,虽然在防范因停工待料方面使经济批量方法的可操作性得到一定的完善,但在现实的企业生产经营活动中,不仅存货的每日耗用量可能会发生随机波动(如需求增大),交货的日期也可能由于种种原因而出现延迟。在这种情况下,如果仍依上述模式对存货加以控制,就难免出现库存中断而造成停工或脱销的损失。所以,为避免缺货事件的发生,企业往往还需要在明确再订货点的基础上,设立一定必要的保险储备量(以 B 表示)。这样考虑保险储备量后,再订货点的确定即应按下述公式进行:

$$再订货点(R) = 订货提前期(L) \times 每日耗用量(d) + 保险库存(B)$$

如果我们仍沿用前述资料,并假定该企业的保险储备量为 40 千克,则其再订货点是：

$$再订货点(R) = 8 \times 10 + 40 = 120(千克)$$

如果企业存货的每天耗用量和订货提前期实际与预期一致，则不需要动用保险储备量，企业下一批的订货批量就是经济批量，如果发生了某些异常情况（如每天实际耗用量大于平均耗用量），就会用掉一部分保险储备，在这种情况下，订货批量就应该把存货补充到等于经济批量加上保险储备量的水平，如图7－12所示。

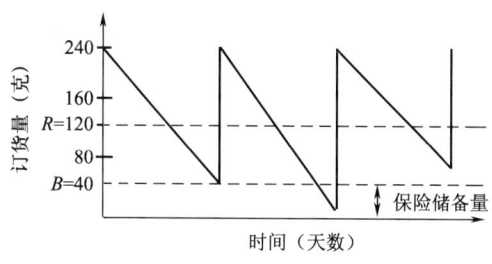

图7－12

设立保险储备量虽然可使企业避免因供应中断而造成缺货损失，但在正常情况下，由于存货的平均库存量加大会导致储备成本的提高，因此建立保险储备量时，还需要在由此而增加的储存成本与减少的缺货损失之间加以权衡，从而找出可使这两类成本之和达到最小的保险储备量。那么如何实现这一目标呢？实现这一目标的基本思路是：先计算出建立不同保险储备量条件下的相关总成本（即储存成本与缺货成本之和），然后再对各方案的相关总成本加以比较，选择可使其相关总成本达到最低的保险储备量，即最优保险储备量。

储存与缺货成本之和$TC(S,B)$可写作下述形式：

$$TC(S,B) = S \times k_U \times N + B \times K_C$$

式中：$TC(S,B)$——相关总成本；

k_U——单位缺货成本；

S——每次订货的缺货数量；

N——年订货次数；

B——保险储备量；

K_C——单位存货的年储存成本。

在现实工作中，缺货数量S（或订货间隔期）常常具有概率性，其概率可根据历史经验估计得出；保险储备量B可选择而定。

【例7－10】假定某企业每年需外购零件3 600件，该零件单位储存成本为20元，每次订货成本为1 000元，单位缺货成本为25元，该零件每天平均耗用量为10件，订货间隔期的概率如表7－9所示。试依上述资料确定最佳保险储备量及其再订货点。

表 7-9

订货间隔期/(天数)	10	11	12	13	14
概　率	0.1	0.2	0.4	0.2	0.1

依题意可知,订货间隔期呈现出一定的概率性,这种情况实际上是由交货延迟或提前所致,我们可将交货延迟或提前的天数折算为交货期内需求量的增减变化(如表 7-10 所示)。

表 7-10

需求量(件)	100	110	120	130	140
概　率	0.1	0.2	0.4	0.2	0.1

据此可先计算交货期内平均(期望)需求量如下:

交货期内平均(期望)需求量
$= 100 \times 0.1 + 110 \times 0.2 + 120 \times 0.4 + 130 \times 0.2 + 140 \times 0.1$
$= 120 (件)$

最优经济批量 $(Q) = \sqrt{\dfrac{2 \times 3\,600 \times 1\,000}{20}}$
$= 600 (件)$

年订货次数 $= 3\,600 \div 600$
$= 6 (次)$

计算不同保险储备量下的相关总成本如下:

(1)不设保险储备量,即令 $B = 0$,且以 120 件为再订货点,则实际需求量在 120 件及以下时,不会发生缺货。而需求量在 120 件以上时,预计缺货期望值为:

$S = (130 - 120) \times 0.2 + (140 - 120) \times 0.1$
$= 4 (件)$

所以有:

$TC(S, B) = 4 \times 25 \times 6 + 0 \times 20$
$= 600 (元)$

(2)设保险储备量 $(B) = 10$ 件时,实际需求量在 130 件及以下时,不会发生缺货。而需求量在 130 件以上时,预计缺货期望值为:

$S = (140 - 130) \times 0.1$
$= 1 (件)$

所以有:

$TC(S, B) = 1 \times 25 \times 6 + 10 \times 20$
$= 350 (元)$

(3)设保险储备量 $(B) = 20$ 件时,其缺货的期望值 (S) 为零。

所以有:

$TC(S, B) = 0 \times 25 \times 6 + 20 \times 20$
$= 400 (元)$

观察上述各方案,不难发现当保险储备量为10件时,其相关总成本最小。所以,最佳保险储备量为10件。则:

$$含有安全储备量的再订货点 = 12 \times 10 + 10$$
$$= 130(件)$$

注意:

$$期望交货天数 = 10 \times 0.1 + 11 \times 0.2 + 12 \times 0.4 + 13 \times 0.2 + 14 \times 0.1$$
$$= 12(天)$$

(四)存货的日常管理

存货的日常管理是指在企业日常生产经营过程中,按照存货管理的一般要求,对存货的购进、使用和周转等情况有重点地、系统地进行组织和监控。存货日常管理的方法主要包括ABC分类控制法和存货的归口分级管理等方法。

1. 存货的ABC分类控制法。前面介绍的存货经济批量控制等方法对于企业存货的管理来说具有十分重要的作用,但是,由于企业日常储备的存货数量繁多,品种复杂,因此如果对每一种存货都采用上述方法进行管理,不仅会使存货的管理工作过于繁重,而且其经济效果也并非显著。为此,要提高存货的管理效率,就必须突出重点。而存货的ABC分类控制法就是可帮助企业实现这一管理目标的有效方法。采用该法的主要步骤是:

(1)将一定时期(通常为一年)内企业耗用各类存货的金额从大到小顺序排列。

(2)将排列在前的为数较少(通常只占种类总数的10%以下)但耗用额之和所占比重较大(通常占存货总耗用额的70%~80%)的存货划为A类。

(3)将种类不多(通常只占种类总数的10%~20%)而耗用额之和所占比重不大(通常占存货总耗用额的15%~20%)的存货划为B类。

(4)将其余种类较多(通常占种类总数的70%以上)但总耗用额比重较小(通常占存货总耗用额的10%以下)的存货划为C类。

(5)对上述存货的分类进行适当的调整。上述分类是从一定时期存货的耗用额大小的角度来划分的,但另一方面也应该看到,不是所有耗用额较小的存货都不重要。例如,有些材料虽然其成本不高,但它对整个产品的性能或寿命至关重要,一旦发生缺货或质量不佳将给企业带来严重的经济后果。因此,对于这种存货必须加强监管,不能将其列入B类或C类。再如,对于供应期较长的存货如果放松管理,一旦企业发现库存短缺,再组织进货将可能延误生产。所以对这种存货即使在一定时期的耗用额不大,最好也不应将其划为C类。

(6)在上述分类的基础上,对于A类存货进行重点控制,对于B类存货作为次重点管理,而对于C类存货则可采用一些较为简化的监控方法。

【例7-11】某企业共有原材料20种,按其所占用金额从大到小依次排列于表7-11中。按照前述的ABC分类控制法,将其划分为A,B,C三类(分类结果如表中类别栏所示)。

表 7-11 存货 ABC 分类表

存货品种编号	年耗用额（元）	类别	每类品种		每类耗用额	
			品种数量	比重(%)	金额(元)	比重(%)
1	50 000	A	2	10	75 000	75
2	25 000					
3	10 000	B	4	20	20 000	20
4	5 000					
5	3 000					
6	2 000					
7	900	C	14	70	5 000	5
8	800					
9	700					
10	600					
11	500					
12	400					
13	300					
14	200					
15	180					
16	160					
17	140					
18	60					
19	40					
20	20					
合计	100 000	—	20	100	100 000	100

根据上述分类绘制的图形如图 7-13 所示。

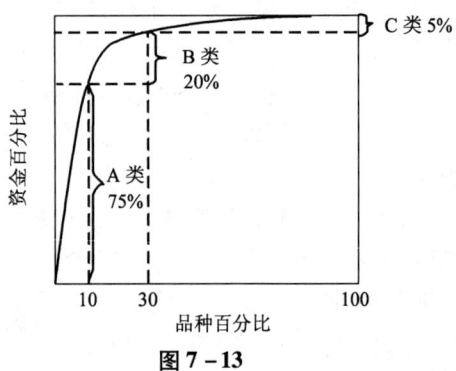

图 7-13

企业应对 A 类存货重点施加管理，按照经济批量控制等方法认真加以规划，严格控制其收入、发出数量与时间等；对于 B 类存货作为次重点控制；对于 C 类存货的管理,可凭借以往经验,不必样样都做细致周密的安排。

2. 即时制(JIT)库存控制系统。适时制库存控制系统又称零库存管理。它最早是由丰田公司提出并将其应用于实践的,是指制造企业事先与供应商和客户协调好:只有当制造企业在生产过程中需要原料或零件时,供应商才会将原料或零件送来;每当产品生产出来就被客户拉走。这样,制造企业的存货持有水平就可以大大下降,企业的物资供应、生产和销售形成连续的同步运动过程。显然,适时制库存控制系统需要的是稳定而标准的生产程序以及诚信的供应商,否则,任何一环出现差错都将导致整个生产线的停止。

第三节　短期融资管理

短期融资又称短期负债融资,它通常是用来满足企业流动资产对资金来源需要而形成的一类融资。与长期负债融资相比其特点是:融资速度快,易于取得;限制性条件少,融资富有弹性。此外,从总体看,短期融资的成本也相对较低,但由于其期限短,因而融资的风险高。短期融资一般包括自然融资和短期借款两类。

一、自然融资

自然融资也叫自发性融资,它是指企业在生产经营或商品交易过程中自发形成的资金来源。自然融资主要包括商业信用融资和利用应付费用融资等。

（一）商业信用

商业信用是指在商品交易中由于延期付款或预收货款等原因而形成的企业之间的借贷关系。商业信用产生于商品交换活动,即在交换中,由于商品和货币二者在时间和空间上的分离而形成企业间的直接信用行为。不难设想,如果企业进货都是在收取货物的若干天后付款,或所有的销售都是在发出商品的若干天前收款,则这种行为在商品交易的同时也会形成企业的一种融资来源。商业信用在会计核算中表现为应付账款、应付票据和预收账款等。在商品经济发达的条件下,商业信用已成为企业融入短期资金的重要方式之一。

1. 商业信用的形式。利用商业信用融资,可以采取以下几种形式。

（1）赊购商品。赊购商品是一种最典型、运用最广泛的商业信用形式,即卖方允许买方在购货后的一定时期内支付货款的一种方式。卖方利用这种方式主要是为了促销,而对于买方来说,延期付款就等于向卖方借用资金购进商品,以满足其短期资金的需要。

（2）预收货款。这是指先收取货款,后交付商品,相当于卖方向买方借用资金。通常购买单位对于紧俏商品不得不接受这种方式,以便保证按期取得所需商品。另外,对于生产周期长、价值高的商品,如轮船、飞机等,生产企业也经常向订货者分次预收货款,以缓解资金占用过多的矛盾。

（3）商业汇票。商业汇票是企业根据购货合同的要求,进行延期付款商品交易时开具的反映债权债务关系的票据。根据承兑人的不同,商业汇票一般分为银行承兑汇票和商业承兑汇票两种,其支付期最长不超过 6 个月。利用商业汇票进行结算,使商业信用票据化,可以起到防止拖欠的作用。它对购买单位来说,也相当于向出售单位借用了一笔短期借款。

2. 商业信用的成本。商业信用的成本是指企业为利用商业信用筹集资金所承担的代价。从成本的角度来说,企业利用商业信用筹集资金在有些情况下是不需要承担代价的(假定不考虑包含在价格中的隐含成本),这种信用一般叫作免费信用。例如,采用商业汇票方式办理结算,其票据为不带息票据;再如,以应付账款方式办理结算时,供货方未提供现金折扣优惠条件,或虽提供现金折扣优惠条件,但购货方总能在最短的折扣期限内付款,并享受最大的折扣优惠。商业信用除免费信用以外,有些则是有代价的信用,即企业为取得信用资金要承担相应的成本,这里有代价的信用最为典型的就是放弃现金折扣的机会成本。现将这种商业信用成本的有关概念及计算方法举例说明如下。

【例 7-12】某企业向一家供应商采购原材料,该批材料的不含税价格为 100 000 元,对方提出的信用条件为"2/10,N/30",即在 10 天内付款,可以享受 2% 的现金折扣,如果放弃享受折扣,则最后付款期限为 30 天。

分析本例,如果企业在折扣期内支付货款,既享受了 10 天的信用资金,同时也获得了现金折扣,也就是在取得原材料的 10 天内,免费使用供应商相当于货款 98% 的资金(即 98 000 元)。但如果企业超过折扣期限,在信用期内付款,他将不得不放弃取得 2% 现金折扣的机会,这种放弃取得收益的机会将被看作是延期使用这笔资金的机会成本。这种机会成本的成本率一般可按下述公式计算:

$$\frac{\text{放弃现金折扣的成本率}}{} = \frac{\text{折扣百分比}}{1-\text{折扣百分比}} \times \frac{360}{\text{信用期}-\text{折扣期}}$$

运用上述公式可计算该企业放弃现金折扣的成本率如下:

$$\frac{\text{放弃现金折扣的成本率}}{} = \frac{2\%}{1-2\%} \times \frac{360}{30-10}$$
$$= 36.7\%$$

以上计算结果表明:如果买方企业放弃 10 天内支付货款,即不享受 2% 的现金折扣,就相当于以承担 36.7% 的年利息率为代价,融通使用可延期 20 天、金额为 98 000 元的资金使用权。企业是否值得这样做,还需要结合其他短期融资成本,甚至是考虑资金投放的收益进行相应的决策。

一般来说,如果我们仅从融资角度考虑,当其他融资方式的成本率低于放弃现金折扣的成本率时,企业即应在现金折扣期内以其他方式借入资金,支付货款享受现金折扣。例如,与上例同期的银行短期借款年利率为 10%,此时企业从银行借入资金在折扣期内偿还应付账款其获取资金的代价更低;反之,企业则应放弃现金折扣。

如果我们将放弃现金折扣的成本与信用期内可能实现的投资收益相联系,当投资收益率高于放弃现金折扣的成本率时,显然应放弃现金折扣,以获取更高的投资收益。例如,以上例来说,若在信用期内有一可获得 40% 的投资收益率的短期投资项目,此时则应放弃现金折扣,在信用期内延期支付货款,以获取更高的收益;反之,企业则应享受现金折扣。

此外,上述放弃现金折扣成本率的计算公式还表明:放弃现金折扣的成本率与折扣百分比的大小、折扣期限的长短呈同向变动关系,与信用期限的长短呈反向变动关系,即如果企业决定放弃现金折扣,应将付款日期延至信用期的最后一天,以便使其融资成本最低。

最后还需要指出的是,如果企业超过信用期付款,甚至是长期拖欠不付,以这种行为获取他人资金,则叫作展期信用。强行延展由供应方规定的信用期,虽然从理论上说可降低放弃现金折扣的成本,但会使企业的商业信誉恶化,信用等级下降,以至使其在日后的采购活动中承受更苛刻的信用条件(如要求交货时付现或预付货款等),甚至在其他筹资领域遭遇筹资困难。因此,从这一角度看,获取展期信用的成本可能更大,企业必须三思而后行。

3. 商业信用的特点。商业信用融资具有如下特点:

(1)筹资便利。商业信用可按照购货合同的规定随着商品交易的发生而自动取得,无须办理任何手续,一般也不附加其他条件。

(2)筹资成本低。以赊购商品来说,在采用应付账款结算时,如果没有现金折扣,或购货方享受现金折扣,则利用商业信用融资不存在成本问题。此外,在采用商业汇票结算时,尽管票据可能带息,但一般情况下票据的利率低于银行借款的利率,且不用保持相应的补偿性余额和支付协议费用,所以说其筹资成本较低。

(3)使用灵活。通过商业信用取得的资金可随购销额的变动而变动,期限由购销双方约定。

(4)限制条件少。如果企业利用银行借款融资,银行往往对贷款的使用规定一些限制条件,而利用商业信用融资则限制条件少,因而对企业理财活动不会产生约束。

(5)期限短。商业信用的期限一般较短,如果企业要获取现金折扣,则利用这种方式融入资金的使用时间更短。

(二)应付费用

应付费用是指在企业的生产经营中预先提取但尚未支付的费用,包括应付工资、应交税金、应付福利费和预提费用等。由于这部分费用在提取出来之后尚未支付之前可供企业临时使用,所以它构成企业自然融资的一部分。使用这部分自然形成的资金无须支付任何代价,故企业可利用它们解决对某些短期资金的需求。一般来说,影响应付费用利用程度的因素,是应付费用的发生额和应付费用支付的间隔期。企业生产和销售规模越大,应付费用的发生额也就越大,可利用的自然形成的资金也就越多;应付费用从发生到支付的间隔时间越长,企业可利用资金的使用时间也就越长。但使用这部分资金时,必须注意其支付期限的规定,以免因拖欠给企业带来不必要的损失。

二、短期借款

短期借款是指企业向银行或其他非银行金融机构借入的,期限在一年以内的借款。

利用短期借款是企业融入短期资金的重要方式之一。

(一) 短期借款的信用条件

按照国际惯例,银行发放贷款时,往往带有一些信用条件,这些信用条件最常见的主要包括以下几种。

1. 信贷限额。信贷限额是银行经过对企业的财务报表、现金预算等资料审查分析后所确定的允许企业借款的最高限额。信贷限额的有效期限通常为一年,在有效期限内,只要借款的累计数额未超过该限额,则企业可随时向银行申请借款,但如果企业信誉恶化,即使银行曾经同意按信贷限额提供贷款,企业也可能得不到借款,这时银行不会承担法律责任。

2. 周转信贷协定。周转信贷协定是指企业与银行签订的具有法律效用的贷款协定。在协定中通常规定,企业在协定的有效期内任何时候,只要其累计借款未超过银行核定的限额,银行均必须满足企业所提出的借款要求。这种形式的借款使得企业从法律上得到保障,但是企业要采用该方式获取借款时,通常需要对贷款限额中未用的部分支付给银行一笔承诺费。例如,某企业与银行签订了为期一年的周转信贷协定。该协定规定的周转信贷额为1 000万元,承诺费用率为0.5%。若该企业在贷款限额的有效期内平均借款余额为800万元,则需要对其未用的200万元向银行支付1万元(200×0.5%)的承诺费。

周转信贷协定与信贷限额的主要区别在于:首先,贷款时间不同。信贷限额的有效期一般为一年,而周转信贷协定的期限却可超过一年。其次,法律的约束力不同。信贷限额一般不具有法律约束力,不构成银行必须给予贷款的法定责任;而周转信贷协定具有法律约束力,银行有正式承担在限额内贷款的义务,如果银行拒绝贷款,则可视为违法。此外,对有无承诺费的规定不同。

3. 补偿性余额。补偿性余额是银行对申请借款企业提出的,要求其按贷款限额或实际借用额的一定百分比(通常为10%~20%)计算的,应在银行中保持的最低存款数额。以建立补偿性余额为条件提供借款,有助于银行降低风险,减少其可能遭受的损失,但若从借款企业角度看,由于企业必须将一定比例的借款资金保留在银行存款账上,作为补偿性存款,因而使企业实际可动用的贷款额小于所申请的贷款额,从而导致实际借款率的提高。

【例7-13】某企业按年利率8.5%向银行借款100万元,银行要求保留15%的补偿性余额。那么,企业实际可以动用的借款只有85万元,该项借款的实际利率可计算如下:

$$借款实际利率 = \frac{8.5\%}{1-15\%} \times 100\%$$
$$= 10\%$$

4. 抵押担保借款。抵押担保借款是指企业必须提供抵押担保品方可取得的借款。许多企业由于经济实力不够雄厚或缺乏足够的信誉,因而无法获得银行的信用贷款。在这种情况下,则可利用抵押担保借款筹集债务资金。短期借款的抵押担保品通常包括应收账款、存货、股票和债券等。在一般情况下银行将根据企业提供抵押品面值的大小及其变现能力决定贷款的多少,通常贷款的规模为抵押品面值的 30%～90%。按照抵押担保借款的有关规定,一旦该类借款逾期不能收回,银行可根据合同依法将抵押品拍卖,以其拍卖所得补偿贷款的本金和利息。抵押担保借款的成本通常会高于信用借款的成本,其高出部分可视为银行要求的对投资风险的回报。此外,银行受托管理抵押品也要向贷款方收取管理费用,这些都会提高融资成本。

5. 其他条件。银行有时要求企业为取得借款而做出其他承诺,如及时提供财务报表,保持资产的流动性等,否则,银行可以要求企业立即偿还全部贷款。

(二)短期借款的利率及利息支付方式

1. 短期借款的利率。银行发放短期借款的利率一般会因借款人的信用状况不同而有所差别。银行通常使用的短期借款利率主要包括优惠利率、非优惠利率和浮动利率等几种。优惠利率是贷款发放期内最低的利率,一般对于那些信誉好、规模大、实力雄厚的企业银行往往会给予其优惠利率。非优惠利率是银行对于一般企业提供贷款所使用的利率,它是在优惠利率的基础上增加一定的百分比以便对放账风险进行补偿,这种补偿通常使其比优惠利率高出 0.5%～4%,具体补偿的幅度取决于借款企业的信誉及当时的信贷状况。浮动利率是指在贷款期内将随基本利率的变化而随时调整变化的利率。

2. 短期借款利息的支付方式。短期借款利息的支付方式主要包括收款法、贴现法和加息法。

(1)收款法。收款法也叫"利随本清法",是指在一次或分次还本时一并计算利息的方法。其计算公式如下:

$$利息 = 本金 \times 利率 \times 借款期限$$

上式中,本金指偿还借款的本金部分;利率则通常用月利率表示,如月息 8 厘,则是指月利率为 0.8%;借款期限即计息的期限,通常从借款日起息,而偿还的当日不计息。计算时一般先算整年、整月数,不足一月的按天数计算。银行向工商企业发放贷款大都采用这种方法收息。值得一提的是采用这一方法付息,借款的名义利率一般等于其实际利率。

(2)贴现法。贴现法是银行在发放贷款时,先从贷款本金中扣除相应的利息,而借款到期时只需偿还本金的一种计息方法。由于采用这种计息方法,企业实际取得的借款金额小于其借款协议中约定的借款数额,因此借款企业承担的实际利率也就会大于协议中约定的名义借款利率。

【例 7-14】某企业从银行取得借款 500 万元,期限为 1 年,名义利率为 10%,则利息为 50 万元。若按照贴现法付息,企业实际可动用的贷款为 450 万元(500-50),则该项贷款的实际利率可计算如下:

$$贷款实际利率 = [利息/(贷款金额 - 利息)] \times 100\%$$
$$= [50/(500-50)] \times 100\%$$
$$= 11.11\%$$

(3)加息法。加息法又叫加息分摊法。是银行在发放分期等额还款时常常要求采用的一种付息方法。采用该法时,银行将按名义利率计算的利息附加到借款本金上,然后要求企业分期等额偿还。采用这种付息方式,由于借款的利息是按借款期间全程计算的,但企业在借款期间实际获得的平均借款数额仅为协议签订借款金额的一半,所以采用这种付息方式,其实际利率常常高于名义利率的一倍。例如,某企业从银行借入120 000 元的贷款,其年利率为 5%。银行要求企业采用加息法付息,即在未来的一年中,分 12 次等额偿还本息。由于该笔借款在一年中偿付的利息总额为 6 000 元(120 000×5%),但其实际借款额却随各月本息的偿还逐期等额递减,因而其平均借款仅为 60 000 元,所以该企业取得借款的实际利率为 10%(6 000/60 000)。

(三)短期借款的取得与偿还

企业举借短期借款,首先必须提出申请,经审查同意后,由借贷双方签订借款合同,注明借款的用途、金额、利率、使用期限、还款资金来源、还款方式以及违约责任等,然后企业根据借款合同办理借款手续。借款手续办理完毕,企业就可以取得借款。

短期借款的偿还有到期一次偿还和分期等额偿还两种。一般来讲企业希望采用前者,以避免加重利息负担;而银行希望采用后者,在降低风险的同时增加利息收益。

(四)短期借款的特点

短期借款的融资特点是:融资速度快,取得比较简便。短期借款数额可随资金需要量的大小确定,借款时间长短也可随企业资金拥有量的情况进行调整。企业资金富裕时可提前归还借款,但短期借款的其使用风险较大。

思考题

1. 什么是营运资本?其特点有哪些?
2. 什么是营运资本持有政策?它有哪几种类型?不同类型的营运资本持有政策会对企业的盈利和风险产生怎样的影响?
3. 什么是营运资本融资政策?它有哪些类型?不同类型的营运资本融资政策会对企业盈利和风险产生怎样的影响?
4. 企业为什么要持有现金?
5. 确定最佳现金持有量的方法有哪几种?它们各适用于何种情况?
6. 什么是信用政策?它包括哪些内容?
7. 与存货管理相关的成本有哪些?存货控制方法有哪几种?
8. 流动负债融资有哪几种主要方式?它们各有何特点?

练习题

1. 某公司现金收支平衡,预计全年(按 360 天计算)现金需要量为 250 000 元,现金与有价证券的转换成本为每次 500 元,有价证券年利率为 10%。

要求:

(1) 计算最佳现金持有量。

(2) 计算最佳现金持有量下的全年现金管理总成本、全年现金转换成本和全年现金持有机会成本。

(3) 计算最佳现金持有量下的全年有价证券交易次数和有价证券交易间隔期。

2. 假设某公司根据现金流动性要求和有关补偿性余额的协议,该公司的最低现金余额为 10 000 元,有价证券年利率为 10%,每次证券转换的交易成本为 200 元。公司每日现金余额波动的可能情况见表 7 – 12。

表 7 – 12

概　率	现金余额(元)
0.2	10 000
0.5	40 000
0.3	100 000

如果一年按 360 天计算(利用随机模型)。

要求:

(1) 计算最优现金返回线和现金存量的上限(结果保留整数)。

(2) 回答若此时现金余额为 25 万元,应如何调整现金。

(3) 回答若此时现金余额为 28 万元,应如何调整现金。

3. 某企业预测 2021 年度销售收入净额为 4 500 万元,现销与赊销比例为 1∶4,应收账款平均收账天数为 60 天,变动成本率为 50%,企业的资金成本率为 10%。一年按 360 天计算。

要求:

(1) 计算 2021 年度赊销额。

(2) 计算 2021 年度应收账款的平均余额。

(3) 计算 2021 年度维持赊销业务所需要的资金额。

(4) 计算 2021 年度应收账款的机会成本额。

(5) 若 2021 年应收账款需要控制在 400 万元,在其他因素不变的条件下,计算应收账款平均收账天数应调整的天数。

4. A 公司是一个商业企业。由于目前的收账政策过于严厉,不利于扩大销售,且收账费用较高,该公司正在研究修改现行的收账政策。现有甲和乙两个放宽收账政策的备选方案,有关数据如表7-13所示。

表7-13

项　目	现行收账政策	甲方案	乙方案
年销售额(万元/年)	2 400	2 600	2 700
收账费用(万元/年)	40	20	10
所有账户的平均收账期(月)	2	3	4
所有账户的坏账损失率(%)	2	2.5	3

已知A公司的销售毛利率为20%,应收账款投资要求的最低报酬率为15%。坏账损失率是指预计年度坏账损失占销售额的百分比。假设不考虑所得税的影响。

要求:通过计算分析回答:应否改变现行的收账政策?如果要改变,应选择甲方案还是乙方案?

5. 某公司每年需用某种材料6 000件,每次订货成本为150元,每件材料的年储存成本为5元,该种材料的采购价为20元/件,一次订货量在2 000件以上时可获2%的折扣,在3 000件以上时可获5%的折扣。

要求:

(1)计算分析公司每次采购多少时成本最低。

(2)若企业最佳安全储备量为400件,再订货点为1 000件,假设一年工作50周,每周工作5天,计算企业订货至到货的时间为多少天。

(3)计算公司存货平均资金占用的数额。

6. 某企业生产中使用的A标准件既可自制也可外购。若自制,单位成本为6元,每次生产准备成本500元,日产量40件;若外购,购入价格是单位自制成本的1.5倍,一次订货成本20元。A标准件全年共需耗用7 200件,储存变动成本为标准件价值的10%,假设一年有360天。

要求:

(1)计算分析企业应自制还是外购A标准件。

(2)计算企业自制与外购的平均存货占用资金为多少。

7. 上海东方公司是亚洲地区的玻璃套装门分销商,套装门在香港生产然后运至上海。管理当局预计年度需求量为10 000套。套装门购进单价为395元(包括运费)。与订购和储存这些套装门相关的资料如下:

(1)上年订单共22份,总处理成本为13 400元,其中固定成本为10 760元,预计未来成本性态不变。

(2)虽然对于香港原产地商品进入大陆已经免除关税,但是对于每一张订单都要经双方海关检查,其费用为280元。

(3)套装门从香港运抵上海后,接受部门要进行检查。为此雇用一名检验人员,每月支付工资3 000元,每个订单检验工作需要8小时,发生变动费用每小时2.50元。

(4)公司租借仓库来储存套装门,估计成本为每年2 500元,另外加上每套门4元租金。

(5)在储存过程中会出现破损,估计破损成本平均每套门28.50元。

(6)占用资金利息等其他储存成本每套门20元。

(7)从发出订单到货物运到上海需要6个工作日。

(8)为防止供货中断,东方公司设置了100套保险储备。

(9)东方公司每年运营50周,每周营业6天。

要求:

(1)计算经济批量模型中"每次订货成本"。

(2)计算经济批量模型中"单位存货的年储存成本"。

(3)计算经济订货批量。

(4)计算每年与批量相关的存货总成本。

(5)计算再订货点。

8. A公司是一个家用电器零售商,现经营约500种家用电器产品。该公司正在考虑经销一种新的家电产品。据预测该产品年销售量为1 080台,一年按360天计算,平均日销售量为3台;固定储存成本为2 000元/年,变动储存成本为100元/台(一年);固定订货成本为1 000元/年,变动订货成本为74.08元/次;公司的进货价格为每台500元,售价为每台580元;如果供应中断,单位缺货成本为80元。

订货至到货的时间为4天,在此期间销售需求的概率分布如表7-14所示。

表7-14

需求量(台)	9	10	11	12	13	14	15
概 率	0.04	0.08	0.18	0.4	0.18	0.08	0.04

要求:在假设可以忽略各种税金影响的情况下计算:

(1)该商品的进货经济批量。

(2)该商品按照经济批量进货时存货所占用的资金(不含保险储备资金)。

(3)该商品按照经济批量进货的全年存货取得成本和储存成本(不含保险储备成本)。

(4)该商品含有保险储备量的再订货点。

股利分配政策

> **学习要点与要求**
>
> 本章主要介绍收益分配、股利政策、股利分配程序与方案以及股票分割和股票回购。
>
> 通过本章教学,要求学生了解利润分配的基本原则,股份有限公司利润分配程序;理解股票分割的含义、目的与作用,股票回购的含义、意义与负效应;掌握确定利润分配政策应考虑的因素,股利理论,各种股利政策的基本原理、优缺点和适用范围;熟练掌握股利分配方案的确定。

第一节 股利分配概述

所谓股利分配,是指公司制企业向股东分派股利。股利分配的内容包括股利的支付方式、股利的支付比率、支付日期、支付程序以及发放股利所需资金的筹集等。股利分配是企业利润分配的重要内容,同时也是企业筹资计划与资本预算的重要内容,是企业财务管理的核心内容之一。股利分配涉及公司及相关各方的切身利益,也会对公司股票产生直接或间接的影响,因此,它往往成为被各方关注的一个焦点问题。

一、股利分配的原则

为了能使股利分配最大限度地满足股东利益,保证企业发展的需要,企业的股利分配应遵循以下基本原则。

(一)依法分配原则

企业的股利分配要依法进行。国家有关企业制度和财务制度方面的法规对企业的利润分配的内容、重要项目的分配比例和分配程序都做了原则性规定。对此,企业必须遵照执行。

（二）妥善处理积累与分配关系原则

企业进行股利分配时，必须处理好积累与分配的关系。利润是企业扩大再生产的一项重要的资金来源，利润分配在很大程度上被视为企业筹资活动的一个重要组成部分。当企业为扩大再生产或者新的良好的投资机会筹集资金时，根据"啄食理论"，企业应首先选择使用内部盈余，可见，留用利润是非常重要的内源性融资渠道，它有利于企业的积累与发展。

企业同时也应保持相对稳定的盈余分配水平，以满足投资者获取收益的需求，并维持良好的财务形象。

（三）同股同权、同股同利原则

企业进行股利分配时，必须遵循"谁出资、谁所有、谁受益"的原则进行，即应当严格按照出资比例进行利润分配，同股同权，同股同利，切实维护每个股东的合法权益。但是公司章程或协议明确规定出资比例与收入分配比例不一致的除外。

（四）无利不分原则

所谓无利不分原则，是指原则上股份有限公司股利应从累积盈余中分派，无盈利不得向股东支付股利。但某些情况下也有例外，公司可视需要，动用盈余公积发放股利——股票股利或现金股利，但这种分配必须符合相关的限制性规定。

二、股利分配程序

根据《公司法》与《企业财务通则》的规定，企业税后利润的分配主要包括以下内容。

（一）盈余公积金

盈余公积金是指企业从利润中提取的准备金，用于弥补公司亏损，扩大公司经营规模或者转增公司资本。盈余公积是企业在各个会计年度末对投资者进行分配的利润剩余部分的累积额，是企业所有者权益的重要组成部分。

盈余公积金分为法定盈余公积金和任意盈余公积金。法定盈余公积必须按《公司法》和《企业财务通则》的规定计提，计提比例为公司当年税后利润的10%；当盈余公积的计提累计达到公司注册资本的50%时，可不再继续提取。任意盈余公积金的提取则是企业按照章程规定或者由股东会根据需要自行决定提取比例，从税后利润中提取。

（二）向投资者分配利润（股利）

企业按规定提取盈余公积金和公益金后，方可向投资者分配利润。企业的利润（股利）分配方案应根据公司盈余及资金需要等方面的具体情况综合确定。

一般公司对于实现的税后利润，应按以下顺序进行分配：①计算可供分配的利润；②弥补亏损；③提取法定盈余公积金；④向投资者分配利润。

对于股份公司而言，其股利分配程序则应按如下顺序进行：①计算可供分配的利润；②弥补亏损；③提取法定盈余公积金；④支付优先股股利；⑤提取任意盈余公积金；

⑥支付普通股股利。

三、股利分配的形式

常见的股利支付形式有现金股利、股票股利、财产股利和负债股利等。

现金股利形式是指上市公司分红时向股东分派现金。这种分红方式可以使股东获得直接的现金收益,方法简便,且可以刺激投资者的信心,是分红的主要形式。

股票股利形式是指上市公司以本公司的股票代替现金作为股利向股东分红,即送红股。发放股票股利既可以不减少公司的现金,又可使股东分享利润,还可以免交个人所得税,因而对长期投资者更为有利。

财产股利形式是指公司以持有的财产(如公司所持有的其他公司的有价证券或公司的产品等实物)作为股利向股东分红。

负债股利形式是指公司用债券或应付票据代替现金作为股利向股东分红的一种形式。

在以上四种分红形式中,前两种股利比较常见,而现金股利则是西方最普遍的一种股利分配形式。目前,我国上市公司主要采取现金股利和股票股利两种分红形式。

无论以何种形式发放股利,都应依照一定程序进行,而这一程序中存在若干重要的日期界限:

一是宣告日,即公司董事会宣布发放股利的日期。

二是股权登记日,即界定股东是否具备获取股利的资格的截止日期。只有在股权登记日持有公司股票的股东才有权分享股利。

三是除息日,即领取股利的权利与股票分离的日期。在除息日前,股利权从属于股票,而从除息日起,股利权与股票相分离,新购入股票的股东无权享有股利分配。现代交易手段下股票交易过户可以即时实现,因此"T+0"的回转交易制度成为可能。此种制度下,股权登记日的次日即为除息日。在不考虑股票市价变动的条件下,除息日股票价格将下降,下降的幅度大约等于每股股利。

四是股利支付日,即企业实际向股东支付股利的日期。

【例8-1】A公司于2020年4月20日公布了2019年度的最后分红方案,其公告如下:"2020年4月19日,在北京召开的股东大会通过了董事会关于每股分派0.1元的2019年股利分配方案。股权登记日为5月8日(周五),除息日为5月11日(周一),股东可在5月25日至29日之间通过上海证券交易所按交易方式领取股息。特此公告。"

那么,该公司的股利支付程序如下所示:

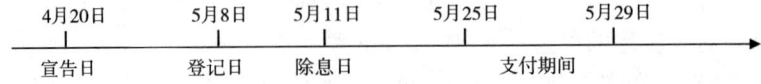

第二节　现金股利分配政策

一、股利分配理论

股利政策作为企业财务管理的重要组成部分，历来为金融经济学家们所关注，相关的各种理论也不断出现并在继续发展。

股利政策理论的核心问题实际上是股利政策与企业价值的关系问题。对此，不同的理论有着各自不同的观点。国外对股利政策的研究成果可分为股利无关论、股利相关论以及股利传播信息论。

（一）股利无关论

美国著名学者米勒（Miller）和莫迪格利安尼（Modigliani）于1961年提出股利无关论定理（简称 MM 定理）。此观点建立在以下基本假定之上：①完全资本市场假设。在资本市场上没有任何个体可以通过其自身交易影响、操纵交易价格；投资者可以平等地、免费获得任何能对股票价格产生影响的信息；证券发行、交易不存在发行成本、佣金、税金及其他交易费用；资本利得与股利之间不存在税收差异。②理性行为假设。每个投资者追求的是自身财富的最大化，只要能增加财富，他们不会在意财富的形式，也就是说，他们不在乎增值来源于现金股利的分配或是持有股票的资本增值。③完全确定假设。投资者对未来投资机会和利润有完全的把握。在以上严格的假定基础上，此种观点认为投资者对股利和资本收益没有偏好，公司的价值完全由公司的投资获利能力决定，公司的盈余用于股利发放或是留存于企业并不影响公司的价值，即使在有理想的投资机会但又发放了高额股利情况下，仍然可以通过募集新股得到所需的资金，而新投资者会认可公司的投资机会。MM 理论成功地利用数学模型揭示了股利政策与股票价格之间的关系，是股利问题研究历史上的一个里程碑。这一理论经林特（John Lintner）于1976年对其进行实证研究并获得了支持。

（二）股利相关论

股利相关论认为公司的股利决策对于公司的市场价值并非无关而是相关的。其认为在现实生活中，股利无关论的某些假设条件根本不能成立，公司的股利分配是在各种制约因素的影响下进行的，包括法规的限制、股东的态度、公司自身的状况以及其他诸如债务合同限制性条款的约束等。公司不可能摆脱这些因素的影响，因而股利政策一定会影响公司价值。

股利相关论的代表理论主要有股利偏好论、所得税差异论和代理成本理论。

1. 股利偏好论。该理论认为就收益而言，股利比资本利得更好。理由是股利是确定的，而资本利得是不确定的，是有风险的。厌恶风险的投资者会偏好确定的股利收益，因而，那些采用高股利支付率的股利政策的公司，其价值将得到提高。如同"双鸟在林，不如一鸟在手"，故此理论被形象地称为"落袋为安"或"一鸟在手"（bird in the hand）理论。

2. 所得税差异论。该理论认为,股利的税率通常较资本利得的税率要高,在某些国家甚至对资本利得不予征税,从税负角度考虑,投资者会更偏好资本利得。因此,股利的发放会降低公司价值,减少股东的税后收益,而公司自然会倾向于减少股利发放,使投资者更多地通过资本利得获取回报。

3. 代理成本理论。该理论以委托—代理关系为对象,研究公司股东、经理人和债权人三者的利益动机及分配关系。由于代理关系的存在以及该关系中各方追求自身利益最大化的行为模式,股东为避免自身利益损失,要对经理人进行监督和约束,从而导致代理成本的发生。而股东越保守,代理成本就越高,对股东就越不利,相对而言对债权人就越有利。因此,股东需要在这两者之间平衡利弊得失。该理论认为通过举债融资和股利支付可以减少经理人可控制的自由现金流量,解决代理层的代理问题,同时迫使经理阶层全力以赴经营企业,以优良的业绩在资本市场上筹集资金。

4. 信号理论。该理论认为由于存在信息不对称,企业经理人员比外部投资者拥有更多的企业经营状况与发展前景的信息,在这种情形下,分配股利可以作为一种信息传递机制,使投资者依据股利信息对企业经营状况与发展前景做出判断。信号理论认为股利向市场传递企业信息可以表现为两个方面:一种是股利增长的信号作用,即如果企业股利支付率提高,被认为是经理人员对企业发展前景做出良好预期的结果,表明企业未来业绩将大幅度增长,此时,随着股利支付率提高,企业股票价格应该是上升的。另一种是股利减少的信号作用,即如果企业股利支付率下降,股东与投资者会感觉到这是企业经理人员对未来发展前景做出无法避免衰退预期的结果,因此认为随着股利支付率下降,企业股票价格应该是下降的。股利信号理论为解释股利是否具有信息含量提供了一个基本分析逻辑,鉴于投资者对股利信号信息的理解不同,所做出的对企业价值的判断也不同。

二、股利分配应考虑的因素

通常的股利政策主要是确定是否发放股利以及股利支付率的高低,而进行相关决策应考虑如下几方面因素。

(一)法律因素

一般而言,《公司法》《证券法》及有关税收法规中都会对股利分配有限制性规定,其目的是保护债权人和股东的权益。这些限制通常包括以下几种。

1. 资本保全。公司不能用资本(包括股本和资本公积)发放股利,不能因股利支付而减少资本总额。

2. 资本积累。公司必须按规定进行利润留存,如按盈余的一定比例计提法定盈余公积金,其后方可发放股利。

3. 净利润。公司只有当累计盈余为正数时才可发放股利,即必须用公司累计利润支付股利。

4. 限制超额累计利润。基于股利与资本利得的所得税差异,许多国家规定公司不得超额累计利润,当公司累计利润超过法定水平时,将被额外课税,以避免公司借此为股东避税。

（二）股东因素

1. 稳定的收入与避税。低收入阶层的股东往往希望有较高而稳定的股利支付,以保证其日常生活支付;而高收入阶层的股东则希望通过资本利得获取利益,以实现有效避税。

2. 股权稀释。较高的股利支付意味着企业发行新股的可能性加大,而发行新股势必导致股权稀释而致使原有股东利益受损。为维持其对公司的控制权,当原有股东无法获得资金购买新股时,便可能倾向于用留存盈余满足企业资金需要并由此放弃分配现金股利。

（三）公司因素

公司内部可能对股利分配政策产生影响的相关因素包括以下几种。

1. 盈利的稳定性。公司是否能获得长期稳定的盈余是其制定股利政策的重要基础。盈余稳定的公司股利的支付水平通常较高,而盈余不稳定的公司通常会选择低股利政策,以降低因盈余下降而无法支付股利并导致股价骤降的风险,同时也可将更多的盈余转作投资,提高权益资本比重,降低财务风险。

2. 资产的流动性。股利的支付会大幅度地减少公司现金持有量,使得资产的流动性下降。公司必须考虑发放股利对资产流动性的影响,避免因支付股利而危及公司经营资金的周转和使用。

3. 筹资能力。具有较强的筹资能力的企业因能及时、足额地获得经营所需资金,通常采取高股利政策;而筹资能力较差的企业则往往只能以留用利润解决资金需要,从而倾向采取低股利政策。

4. 投资机会。存在良好的投资机会的公司由于需要大量的资金支持,往往少发甚至不发放股利,将盈余用于投资;缺乏投资机会的公司则为避免资金滞留企业造成闲置,一般采取高股利支付政策。因此,形成这样一个规律:处于成长中的企业往往采取低股利政策,而成熟和收缩中的企业往往采取高股利政策。

5. 资本成本。与发行新股相比,留存盈余无须花费筹资费用,而与举借债务相比,又无固定利息的负担,这种事实上的低成本使得其成为一种比较经济的筹资渠道。因此,一旦公司有资金需要,留存收益通常会是首选的方式。

6. 偿债需要。公司的债务既可以通过发行新股或举借新债偿还,也可以用留存盈余偿还。公司应考虑其资本成本以及相关的限制(如进入资本市场的限制等),决定动用何种资金进行债务偿还,从而确定其股利政策。

（四）其他因素

与股利政策相关的其他因素包括以下几种。

1. 债务合同的约束。通常大额长期的债务在合同中会有若干限制性条款。基于保护债权人的利益,一些条款可能会限制公司的现金支付,因而公司只能采取低股利政策,保持合同限定的流动性比率。

2. 通货膨胀。公司的折旧是企业购置固定资产的重要资金来源,而通货膨胀使得这部分资金购买力下降。为保证企业的再生产能力,公司必须动用一部分留存盈余弥补购买力的不足,从而导致股利支付水平下降。

3. 信息传达。股利支付是向市场传达公司经济状况的直接途径。股利支付水平的波动,特别是降低,往往被认为是高风险的征兆,会降低投资者的信心,致使股价下跌。因此,许多公司倾向于采取较为稳定的股利政策。

三、现金股利分配政策

在股利分配实务中,企业应以基本的股利理论为基础,考虑上述相关因素的影响,结合企业自身的实际情况具体确定采用何种股利政策。比较普遍采用的股利政策主要有以下几种。

(一)剩余股利政策

采取剩余股利政策,企业应确定一个最佳的资本结构,在保持这一结构不变的前提下,公司的盈余首先被用来满足投资方的资金需要,剩余部分再作为股利进行分配。

运用剩余股利政策的基本步骤是:①确定目标资本结构;②确定该目标资本结构下所需筹集的权益资本数额;③最大限度地用留存收益满足权益资本筹资需要;④权益资本筹集满足后,如有剩余,用于发放股利。

【例 8-2】某公司当年实现净利润 1 500 万元,预计次年投资需要资金 2 000 万元。公司确定的目标资本结构为权益资本 60%,债务资本 40%。则根据目标资本结构,次年筹资总额中权益资本筹集数额为:

$$2\,000 \times 60\% = 1\,200(万元)$$

公司全部净利润为 1 500 万元,可以全部满足此项筹资需要,并有 300 万元剩余,可用于股利发放。故当年股利发放额为:

$$1\,500 - 1\,200 = 300(万元)$$

假定公司当年流通在外的普通股为 500 万股,则每股股利为:

$$300 \div 500 = 0.6(元)$$

采用剩余股利政策的最大好处在于可以使公司保持最佳的资本结构,使公司的加权平均资本成本最低,有利于提升公司价值。

(二)固定股利政策

采取固定股利政策,无论盈余状况如何,公司每年向股东支付的股利都保持在一个固定的水平上,并在较长时间内保持不变,只有当公司认为未来盈余会显著持续增长或出现持续的通货膨胀时,公司才会提高股利的发放水平。

采用固定股利政策的好处是:①股东可以获得稳定的股利收入,因而向市场传达良好信息,有利于树立公司的良好形象,增强投资者信心,稳定股票价格;②有利于股东安排股利收支,对于那些对股利依赖较强的股东,这显得十分重要。

该股利政策最大的缺点是股利的分配与公司的盈余相脱节。当盈余不足时,固定股利的支付可能导致资金短缺,财务状况恶化。另外,该政策不能像剩余股利政策那样保持最低的综合资金成本。

（三）稳定增长或持续增长股利政策

采取稳定增长或持续增长股利政策,无论公司盈余状况如何,每年都要发放股利,且股利发放的金额逐年增长。事实上,此种股利政策是固定股利政策的一种延伸,即当存在通货膨胀时,公司的盈余随之提高,公司通过提高股利支付水平用以抵消股东实际收入的下降。

此种股利政策的优劣除与固定股利政策相同外,其信号的传达作用更为突出。投资者一般会认为企业的成长性极好,因而对股价的刺激作用也就更大。

（四）固定股利支付率政策

股利支付率是指每股股利占每股盈余的比率。固定股利支付率政策就是指公司确定一个固定的股利支付率,长期按这一比率向股东支付股利。

此种股利政策的好处是股利水平依盈余水平而定,企业财务负担较轻。但存在股利分配随经营好坏上下波动的情况,可能会对股价产生不利影响。

通常,盈余状况稳定的企业比较适宜采用此种政策。

（五）低正常股利加额外股利政策

此种股利政策下,公司在一般情况下向股东支付较低数额的固定股利,而在盈余充裕的年份,根据实际情况,再在固定股利的基础上向股东发放较高水平的额外股利,但这种额外股利不是固定的。

显然,较之其他政策,此种股利政策既使股东获得实际的利益,又使企业财务具有较大的灵活性,不会增加财务的支付压力。

第三节　股票股利、股票分割与股票回购

一、股票股利对公司和股东的影响

（一）股票股利的概念

股票股利是指企业向股东发放的额外的普通股,也就是说公司以股票方式向股东支付的股利。这一行为在会计上反映为资产负债表所有者权益项目有关账户之间的转移。

股票股利通常被划分为小比例股票股利与大比例股票股利。一般认为,如果股票股利的发放低于原发行在外的普通股股数的20%,为小比例股票股利,超出60%即为大比例股票股利。

从理论上说股票股利的支付既不会导致公司资产的流出或负债的增加,也不会导致股东财富的直接增加。企业所有者权益总额不会发生变动,而仅仅是公司所有者权益项目的内部结构发生变化。

我们可以对企业发放股票股利前后的会计报表进行比较。

【例8-3】某公司发放股票股利前,所有者权益项目在资产负债表上的显示如表8-1所示。

表8-1

普通股股本(面值10元,已发行500 000股)	5 000 000元
资本公积	200 000元
未分配利润	2 000 000元
股东权益合计	7 200 000元

公司决定发放10%的股票股利,即发放50 000股普通股股票。如果当时该股票的市价为30元,则发放后,所有者权益项目在资产负债表上的显示如表8-2所示。

表8-2

普通股股本(面值10元,已发行550 000股)	5 500 000元
资本公积	1 200 000元
未分配利润	500 000元
股东权益合计	7 200 000元

上表中,普通股股本增加额为:5 00 000×10%×10=500 000(元);资本公积增加额为:500 000×10%×(30-10)=1 000 000(元);未分配利润减少额为:500 000×10%×30=1 500 000(元)。

可以看出,发放股票股利不会对股东的权益总额产生影响,而只是使所有者权益内部各项目的金额发生变化。由于发放股票股利后,股东所持股票股数增加,但其所持股票比例不变,因此,股东所持股票的市场价值总额亦不会发生变化。

仍按上例,假定公司本年盈余550 000元,某股东原持有20 000股普通股,则发放股票股利对该股东所持股票价值的影响如表8-3所示。

表8-3

项　　目	发放前	发放后
每股收益(EPS)	550 000/500 000=1.1	550 000/550 000=1
每股市价(元)	30	30/(1+10%)=27.27
持股比例	20 000/500 000=4%	22 000/550 000=4%
持股总值(元)	30×20 000=600 000	27.27×22 000=600 000

上述计算结果表明,股票股利的发放并不影响股东所持股票的价值。需要说明的是,例题中股票股利以市价计算价格的做法,是很多西方国家所通行的,但在我国,股票

股利价格则是按照股票面值来计算的。

（二）股票股利对公司的影响

股票股利对于公司的影响有有利的一面，也有不利的一面。

有利的方面包括：①股票股利可以无须动用现金而使股东分享公司盈余，大量现金得以在公司保留，从而方便进行新的投资，有利于公司的长远发展。②发放股票股利可以降低每股股票价值，从而吸引更多的投资者，活跃交易。③发放股票股利往往会被认为是向社会公众传达一种信息，即企业未来会有持续良好的发展，从而提高投资者的投资信心，对股价产生一定的稳定作用。

不利的影响有：①发放股票股利所支出的费用较大，公司因此会承受较大的负担。②某些情况下，发放股票股利会被认为是公司现金流量衰减、资金周转不灵的信号，从而降低投资者信心，使股价下跌。

（三）股票股利对股东的影响

股票股利对于股东可能会产生的如下影响：

第一，当公司股票股利的发放量较少时，通常股价并不会随之成比例的下降，或是不会立即引起股价的变动，这意味着股票价格实际上相对上升，股东因此可以从中获得实际的好处。

第二，如前所述，股票股利可以传达公司未来利好的信息，而由于股票股利形式通常被成长性的企业采用，预示未来公司会有较好的盈余及增长，故某些情况下，发放股票股利非但不会使股价下降，反而会使股价略有上升。

第三，当股东需要现金时，可以将股票出售，获取资本利得。由于大多数国家税法规定的资本利得所得税税率低于红利税，故股东还可从中获得纳税方面的利益。

分析股票股利对公司及股东的影响时，必须注意到小比例股票股利与大比例股票股利的差异。通常，小比例股票股利的发放对股价不会产生影响，但大比例股票股利的发放则有可能使股价大幅下跌。

二、股票分割对公司和股东的影响

（一）股票分割的概念

股票分割是指通过成比例地降低股票面值而增加普通股的数量，即将面值较高的股票拆分并转换为面值较低的股票。例如，将原来每股 40 元的股票拆分成每股 10 元，也就是每 1 股股票拆分为或者说交换为 4 股。

股票分割不是股利发放，但其客观上产生的效果与股票股利非常相近。

在经济意义上，股票分割与股票股利一样，都会增加发行在外的普通股股数，但不会影响公司价值以及所有者权益总额；但在会计意义上，与股票股利有很大不同，股票分割对所有者权益内部结构及各项目的金额不会产生影响。

【例 8-4】某公司原发行普通股股票 500 000 股，面额 10 元，现决定按 1∶2 的比例进行股票分割。分割前后的所有者权益如表 8-4 和表 8-5 所示。

表 8-4　股票分割前的所有者权益

普通股股本(面额 10 元, 500 000 股)	5 000 000 元
资本公积	8 000 000 元
未分配利润	3 500 000 元
股东权益合计	16 500 000 元

表 8-5　股票分割后的所有者权益

普通股股本(面额 5 元, 1 000 000 股)	5 000 000 元
资本公积	8 000 000 元
未分配利润	3 500 000 元
股东权益合计	16 500 000 元

股票分割后,由于普通股股数增加一倍,使得每股价值下降一半,股东所持股票总价值不变。如果公司有盈余,则每股盈余水平也会随着股票分割下降一半,每股市价也会因此下降。

不难发现,股票分割的实际效果与股票股利十分相近。正是基于此种原因,通常证券管理机构必须对二者严加区分。例如,有些国家证券管理交易机构就规定发放股票股利超过 25% 即为股票分割。

(二) 股票分割对公司的影响

股票分割的客观效果与股票股利十分相近,尤其对于上市公司而言,更是如此。

股票分割对公司可以起到如下作用。

1. 降低每股市价,吸引投资者。股票分割的直接目的是为了通过增加普通股股数降低每股市价,从而活跃交易,使更多的投资者对企业投资。

2. 传达公司发展的有利信息。与股票股利一样,股票分割通常是成长性的公司采取的策略,管理当局借助股票分割向投资者表明对企业未来良好前景的信心。这种信息的影响是:公司的股票被市场低估,股价在未来应该上涨。这一信息有可能导致公司股价事实上的上涨。

当然,也有观点认为,公司股价的上涨不是股票分割本身引起的市场积极反应,而是因为公司进行股票分割的时机是在公司盈余和现金股利增加之前。因此,公司要保持股价维持在较高水平,还必须进一步提高公司的盈利能力与股利支付能力。

(三) 股票分割对股东的影响

尽管股票分割并不增加股东的股票总价值,但股票分割对于投资者也有一定的积极作用。

1. 相对于股票分割前,股东更容易出售其手中的股票从而获取收益。特别是在一部分投资者眼中,股票分割获得的额外股票是意外所得,出售这部分股票不会对其产生不利影响。

2.股票分割后如果公司每股现金股利的下降幅度低于股票分割的幅度,则股东会获得相对较多的现金股利。

3.由于信号传递的作用,使得股价有可能上升,或是股价下降的幅度小于股票分割的幅度,从而使股东获益。

4.由于股价下跌,使交易活跃,购买股票的投资者增多,有可能反而导致股价上升,或者在一定程度上抵消股价的下降,使得股价下降的幅度小于股票分割的幅度,从而使股东财富增加。

应当指出的是,上市公司对于股票分割的决策应当持谨慎态度。只有当公司股价大幅度上涨并且难以下降时,运用股票分割方式才是恰当的,并且,股票分割的幅度也必须予以良好的策划,以保持公司股价维持在比较理想的水平。

对于某些公司而言,情况可能相反,公司会希望减少流通在外的普通股的股数。通常这一目的可以通过股票合并或股票回购实现。股票回购将在下一问题中述及,现对股票合并做简要介绍。

股票合并与股票分割相反,即用股东的两股或多股普通股股票交换为一股普通股股票。通常,当公司认为自己的股价过低时会采用此种方式。理论上,股票合并可以提高股价,但是结果并非如此。统计数据表明,在其他因素不变的情况下,股票合并宣布日后股价会大幅度下跌,这种下跌可能源于合并本身传达的不利信息。通常,股票合并会被看作是公司股价长期低迷、财务面临困境的征兆,因此,进行股票合并应当慎之又慎。

三、股票回购对公司和股东的影响

(一)股票回购的概念及方法

股票回购是指上市公司在二级市场将本公司已发行在外的部分股份购回的行为。回购的股份可以作为库藏股使用或进行注销。

股票回购的方法主要有三种:固定价格自我认购法、荷兰式拍卖自我认购法与公开市场购买法。

固定价格自我认购法是指企业向股东发出购买部分股票的正式报价,以一个固定的价格回购股票。所报认购价格通常高于现行市场价格,认购期一般为二至三个星期。股东有权决定是以该固定价格出售股票还是继续持有。如果股东提供的股票超过了企业最初欲购买的股数,则企业有权决定全部或部分购买超额部分,但企业对此不承担义务。

荷兰式拍卖自我认购法是指由企业明确愿意回购的股票数量以及愿意支付的最低与最高价格(最低价格通常稍高于市价),然后由股东向企业提出愿意出售的股票数量,以及在设定的价格范围内能够接受的最低出价。企业在接到股东的报价后,将其按照从低至高的顺序进行排列,以确定企业为实现其愿意回购的股票数量所需要的最低价格,这个价格将用于支付给那些报价低于或等于该价格的股东。如果报价低于或等于此回购价格的股票数量多于企业事先设定的回购数量,企业就按比例进行购买;如果股东提供的股票数量少于企业事先设定的回购数量,则企业或者取消这次回购,或者以设定的最高价格购买股东所提供的全部股票。

公开市场购买法是指有回购意向的企业与其他投资者一样通过经纪人在市场上购买自己的股票。经纪人的费用一般由双方协商确定。此种方式通常会受到证券交易监管部门的某些规则限制,因此,企业完成回购计划通常需花费较长的时间。

(二)股票回购对公司的影响

股票回购是成熟证券市场上一项常见的资本运作行为。上市公司进行股票回购通常基于以下目的。

1. 提高股东收益,稳定股价。通过回购流通股,一方面,减少了流通在外的股票股数,从而提高每股盈余即每股股利,公司股票价格也会随之上升;另一方面,公司向市场传达股价被低估的信息,从而增强投资者信心,会促使股价提升。

2. 提高资金的使用效率。股票回购可以作为公司股利政策的一部分,可以说它是一种变相向股东支付股利的方式。当公司可支配的现金流大大高于公司新的投资需要时,公司可以通过股票回购将资金返还股东。股票回购多见于处于企业生命周期中成熟期的公司。可以说股票回购也是公司进行的一种主动的投资理财行为。

股票回购无形中增加了股东手中的股票价值,事实上等于以间接的方式向股东发放了股利,且与直接发放股利相比,股票回购的公司具有更大的回旋余地。因为如果直接发放现金股利,股东会自然对未来的股利支付产生预期,那么此后每年公司都会面临股利支付的压力。一旦公司的股利支付低于股东的心理预期,股东都将难以接受,进而影响企业在股市上的表现。

3. 增强反收购能力,强化股权控制。上市公司回购股票,使市场上的流通股的比重降低,加大了收购人在二级市场上的收购难度,使其难以收购到足够股份以取得目标公司的控制权;同时可以适当地提高资产负债率,更充分有效地发挥"财务杠杆"效应,从而提升公司股价,增大收购人的收购成本。股票回购因此成为反收购的有效工具。

我国《公司法》规定,公司有下列情形之一的,可以收购本公司股份:

(1)减少公司注册资本;

(2)与持有本公司股份的其他公司合并;

(3)将股份用于员工持股计划或者股权激励;

(4)股东因对股东大会做出的公司合并、分立决议持异议,要求公司收购其股份;

(5)将股份用于转换上市公司发行的可转换为股票的公司债券;

(6)上市公司为维护公司价值及股东权益所必需。

属于减少公司注册资本收购本公司股份的,应当自收购之日起10日内注销;属于与持有本公司股份的其他公司合并和股东因对股东大会做出的公司合并、分立决议持异议,要求公司收购其股份的,应当在6个月内转让或者注销;属于其余三种情形的,公司合计持有的本公司股份数不得超过本公司已发行股份总额的10%,并应当在3年内转让或者注销。

（三）股票回购对股东的影响

对于股东而言，公司回购股票的行为意味着：

首先，公司总股本缩小，负债不变，股东权益资本减少，在公司经营状况不变的情况下，股票的内在价值增加，因而股价预期会上涨。

其次，根据信号传递理论，股票回购往往预示着上市公司管理层认为公司股价被严重低估，因而可能会带动股价的拉升。

最后，股东除了获得股价上涨的好处，还可以享受资本利得的税收利益。

思考题

1. 企业利润分配的基本程序如何？
2. 股票股利、股票分割对公司和股东会产生怎样的影响？
3. 股票回购与现金股利相比有何特点？
4. 剩余股利政策的特点是什么？如何应用？
5. 固定股利政策与固定股利支付率股利政策有何不同？

练习题

1. 某公司成立于2019年1月1日。2019年度实现的净利润为1 000万元，分配现金股利550万元，提取盈余公积450万元（所提盈余公积均已指定用途）。2020年实现的净利润为900万元（不考虑计提法定盈余公积的因素）。2021年计划增加投资，所需资金为700万元。假定公司目标资本结构为自有资金占60%，借入资金占40%。

要求：

（1）在保持目标资本结构的前提下，计算2021年投资方案所需的自有资金额和需要从外部借入的资金额。

（2）在保持目标资本结构的前提下，如果公司执行剩余股利政策，计算2020年度应分配的现金股利。

（3）在不考虑目标资本结构的前提下，如果公司执行固定股利政策，计算2020年度应分配的现金股利、可用于2021年投资的留存收益和需要额外筹集的资金额。

（4）在不考虑目标资本结构的前提下，如果公司执行固定股利支付率政策，计算该公司的股利支付率和2020年度应分配的现金股利。

（5）假定公司2021年面临着从外部筹资的困难，只能从内部筹资，不考虑目标资本结构，计算在此情况下2020年度应分配的现金股利。

2. 某公司2020年年底的所有者权益总额为9 000万元,普通股为6 000万股,目前的资本结构为长期负债占55%,所有者权益占45%,没有需要付息的流动负债。该公司的所得税税率为30%。预计继续增加长期债务不会改变目前的11%的平均利率水平。

董事会在讨论2021年资金安排时提出:

(1)计划2021年年末分配现金股利0.05元/股。

(2)计划2021年全年为新的投资项目共筹集4 000万元的资金。

(3)计划2021年仍维持目前的资本结构,并且计划年度新增自有资金从计划年度内各月留用利润中解决,所需新增负债资金从长期负债中解决。

要求:测算实现董事会上述要求2021年所需实现的息税前利润。

3. 某公司本年实现的净利润为5 000万元,资产合计5 600万元,年终利润分配前的股东权益项目资料如表8-6所示。

表8-6

普通股(每股面值2元,400万股)	800万元
资本公积金	320万元
未分配利润	1 680万元
所有者权益合计	2 800万元

要求:回答下述互不相关的问题:

(1)计划按每10股送1股的方案发放股票股利,计算完成这一分配方案后的股东权益各项目数额,以及每股收益和每股净资产。

(2)计划按每10股送1股的方案发放股票股利,股票股利的金额按面值计算,并按发放股票股利前的股数派发每股现金股利0.2元,计算完成这一分配方案后的股东权益各项目数额,以及每股收益和每股净资产。

(3)若计划每一股分割为两股,计算完成这一分配方案后的股东权益各项目数额,以及每股收益和每股净资产。

附　录

表一　复利终值系数表（FVIF表）

n\i	1%	2%	3%	4%	5%	6%	7%	8%	9%	10%	11%
1	1.010	1.020	1.030	1.040	1.050	1.060	1.070	1.080	1.090	1.100	1.110
2	1.020	1.040	1.061	1.082	1.103	1.124	1.145	1.166	1.188	1.210	1.232
3	1.030	1.061	1.093	1.125	1.158	1.191	1.225	1.260	1.295	1.331	1.368
4	1.041	1.082	1.126	1.170	1.216	1.262	1.311	1.360	1.412	1.464	1.518
5	1.051	1.104	1.159	1.217	1.276	1.338	1.403	1.469	1.539	1.611	1.685
6	1.062	1.126	1.194	1.265	1.340	1.419	1.501	1.587	1.677	1.772	1.870
7	1.072	1.149	1.230	1.316	1.407	1.504	1.606	1.714	1.828	1.949	2.076
8	1.083	1.172	1.267	1.369	1.477	1.594	1.718	1.851	1.993	2.144	2.305
9	1.094	1.195	1.305	1.423	1.551	1.689	1.838	1.999	2.172	2.358	2.558
10	1.105	1.219	1.344	1.480	1.629	1.791	1.967	2.159	2.367	2.594	2.839
11	1.116	1.243	1.384	1.539	1.710	1.898	2.105	2.332	2.580	2.853	3.152
12	1.127	1.268	1.426	1.601	1.796	2.012	2.252	2.518	2.813	3.138	3.498
13	1.138	1.294	1.469	1.665	1.886	2.133	2.410	2.720	3.066	3.452	3.883
14	1.149	1.319	1.513	1.732	1.980	2.261	2.579	2.937	3.342	3.797	4.310
15	1.161	1.346	1.558	1.801	2.079	2.397	2.759	3.172	3.642	4.177	4.785
16	1.173	1.373	1.605	1.873	2.183	2.540	2.952	3.426	3.970	4.595	5.311
17	1.184	1.400	1.653	1.948	2.292	2.693	3.159	3.700	4.328	5.054	5.895
18	1.196	1.428	1.702	2.206	2.407	2.854	3.380	3.996	4.717	5.560	6.544
19	1.208	1.457	1.754	2.107	2.527	3.026	3.617	4.316	5.142	6.116	7.263
20	1.220	1.486	1.806	2.191	2.653	3.207	3.870	4.661	5.604	6.727	8.062
25	1.282	1.641	2.094	2.666	3.386	4.292	5.427	6.848	8.623	10.835	13.585
30	1.348	1.811	2.427	3.243	4.322	5.743	7.612	10.063	13.268	17.449	22.892
40	1.489	2.208	3.262	4.801	7.040	10.286	14.974	21.725	31.409	45.259	65.001
50	1.645	2.692	4.384	7.107	11.467	18.420	29.457	46.902	74.358	117.391	184.565

续表

n\i	12%	13%	14%	15%	16%	17%	18%	19%	20%	25%	30%
1	1.120	1.130	1.140	1.150	1.160	1.170	1.180	1.190	1.200	1.250	1.300
2	1.254	1.277	1.300	1.323	1.346	1.369	1.392	1.416	1.440	1.563	1.690
3	1.405	1.443	1.482	1.521	1.561	1.602	1.643	1.685	1.728	1.953	2.197
4	1.574	1.630	1.689	1.749	1.811	1.874	1.939	2.005	2.074	2.441	2.856
5	1.762	1.842	1.925	2.011	2.100	2.192	2.288	2.386	2.488	3.052	3.713
6	1.974	2.082	2.195	2.313	2.436	2.565	2.700	2.840	2.986	3.815	4.827
7	2.211	2.353	2.502	2.660	2.826	3.001	3.185	3.379	3.583	4.768	6.276
8	2.476	2.658	2.853	3.059	3.278	3.511	3.759	4.021	4.300	5.960	8.157
9	2.773	3.004	3.252	3.518	3.803	4.108	4.435	4.785	5.160	7.451	10.604
10	3.106	3.395	3.707	4.046	4.411	4.807	5.234	5.696	6.192	9.313	13.786
11	3.479	3.836	4.226	4.652	5.117	5.624	6.176	6.777	7.430	11.642	17.922
12	3.896	4.335	4.818	5.350	5.936	6.580	7.288	8.064	8.916	14.552	23.298
13	4.363	4.898	5.492	6.153	6.886	7.699	8.599	9.596	10.699	18.190	30.288
14	4.887	5.535	6.261	7.076	7.988	9.007	10.147	11.420	12.839	22.734	39.374
15	5.474	6.254	7.138	8.137	9.266	10.539	11.974	13.590	15.407	28.422	51.186
16	6.130	7.067	8.137	9.358	10.748	12.330	14.129	16.172	18.488	35.527	66.542
17	6.866	7.986	9.276	10.761	12.468	14.426	16.672	19.244	22.186	44.409	86.504
18	7.690	9.024	10.575	12.375	14.463	16.879	19.673	22.091	26.623	55.511	112.455
19	8.613	10.197	12.056	14.232	16.777	19.748	23.214	27.252	31.948	69.389	146.192
20	9.646	11.523	13.743	16.367	19.461	23.106	27.393	32.429	38.338	86.736	190.050
25	17.000	21.231	26.462	32.919	40.874	50.658	62.669	77.388	95.396	264.698	705.641
30	29.960	39.116	50.950	66.212	85.850	111.065	143.371	184.675	237.376	807.794	2 619.996
40	93.051	132.782	188.884	267.864	378.721	533.869	750.378	1 051.668	1 469.772	7 523.164	36 118.865
50	289.002	450.736	700.233	1 083.657	1 670.704	2 566.215	3 927.357	5 988.914	9 100.438	70 064.923	497 929.223

表二　复利现值系数表（PVIF 表）

n\i	1%	2%	3%	4%	5%	6%	7%	8%	9%	10%	11%	12%	13%
1	0.990	0.980	0.971	0.962	0.952	0.943	0.935	0.926	0.917	0.909	0.901	0.893	0.885
2	0.980	0.961	0.943	0.925	0.907	0.890	0.873	0.857	0.842	0.826	0.812	0.797	0.783
3	0.971	0.942	0.915	0.889	0.864	0.840	0.816	0.794	0.772	0.751	0.731	0.712	0.693
4	0.961	0.924	0.888	0.855	0.823	0.792	0.763	0.735	0.708	0.683	0.659	0.636	0.613
5	0.951	0.906	0.863	0.822	0.784	0.747	0.713	0.681	0.650	0.621	0.593	0.567	0.543
6	0.942	0.888	0.837	0.790	0.746	0.705	0.666	0.630	0.596	0.564	0.535	0.507	0.480
7	0.933	0.871	0.813	0.760	0.711	0.665	0.623	0.583	0.547	0.513	0.482	0.452	0.425
8	0.923	0.853	0.789	0.731	0.677	0.627	0.582	0.540	0.502	0.467	0.434	0.404	0.376
9	0.914	0.837	0.766	0.703	0.645	0.592	0.544	0.500	0.460	0.424	0.391	0.361	0.333
10	0.905	0.820	0.744	0.676	0.614	0.558	0.508	0.463	0.422	0.386	0.352	0.322	0.295
11	0.896	0.804	0.722	0.650	0.585	0.527	0.475	0.429	0.388	0.350	0.317	0.287	0.261
12	0.887	0.788	0.701	0.625	0.557	0.497	0.444	0.397	0.356	0.319	0.286	0.257	0.231
13	0.879	0.773	0.681	0.601	0.530	0.469	0.415	0.368	0.326	0.290	0.258	0.229	0.204
14	0.870	0.758	0.661	0.577	0.505	0.442	0.388	0.340	0.299	0.263	0.232	0.205	0.181
15	0.861	0.743	0.642	0.555	0.481	0.417	0.362	0.315	0.275	0.239	0.209	0.183	0.160
16	0.853	0.728	0.623	0.534	0.458	0.394	0.339	0.292	0.252	0.218	0.188	0.163	0.141
17	0.844	0.714	0.605	0.513	0.436	0.371	0.317	0.270	0.231	0.198	0.170	0.146	0.125
18	0.836	0.700	0.587	0.494	0.416	0.350	0.296	0.250	0.212	0.180	0.153	0.130	0.111
19	0.828	0.686	0.570	0.475	0.396	0.331	0.277	0.232	0.194	0.164	0.138	0.116	0.098
20	0.820	0.673	0.554	0.456	0.377	0.312	0.258	0.215	0.178	0.149	0.124	0.104	0.087
25	0.780	0.610	0.478	0.375	0.295	0.233	0.184	0.146	0.116	0.092	0.074	0.059	0.047
30	0.742	0.552	0.412	0.308	0.231	0.174	0.131	0.099	0.075	0.057	0.044	0.033	0.026
40	0.672	0.453	0.307	0.208	0.142	0.097	0.067	0.046	0.032	0.022	0.015	0.011	0.008
50	0.608	0.372	0.228	0.141	0.087	0.054	0.034	0.021	0.013	0.009	0.005	0.003	0.002

续表

n\i	14%	15%	16%	17%	18%	19%	20%	25%	30%	35%	40%	50%
1	0.877	0.870	0.862	0.855	0.847	0.840	0.833	0.800	0.769	0.741	0.714	0.667
2	0.769	0.756	0.743	0.731	0.718	0.706	0.694	0.640	0.592	0.549	0.510	0.444
3	0.675	0.658	0.641	0.624	0.609	0.593	0.579	0.512	0.455	0.406	0.364	0.296
4	0.592	0.572	0.552	0.534	0.516	0.499	0.482	0.410	0.350	0.301	0.260	0.198
5	0.519	0.497	0.476	0.456	0.437	0.419	0.402	0.320	0.269	0.223	0.186	0.132
6	0.456	0.432	0.410	0.390	0.370	0.352	0.335	0.262	0.207	0.165	0.133	0.088
7	0.400	0.376	0.354	0.333	0.314	0.296	0.279	0.210	0.159	0.122	0.095	0.059
8	0.351	0.327	0.305	0.285	0.266	0.249	0.233	0.168	0.123	0.091	0.068	0.039
9	0.300	0.284	0.263	0.243	0.225	0.209	0.194	0.134	0.094	0.067	0.048	0.026
10	0.270	0.247	0.227	0.208	0.191	0.176	0.162	0.107	0.073	0.050	0.035	0.017
11	0.237	0.215	0.195	0.178	0.162	0.148	0.135	0.086	0.056	0.037	0.025	0.012
12	0.208	0.187	0.168	0.152	0.137	0.124	0.112	0.069	0.043	0.027	0.018	0.008
13	0.182	0.163	0.145	0.130	0.116	0.104	0.093	0.055	0.033	0.020	0.013	0.005
14	0.160	0.141	0.125	0.111	0.099	0.088	0.078	0.044	0.025	0.015	0.009	0.003
15	0.140	0.123	0.108	0.095	0.084	0.074	0.065	0.035	0.020	0.011	0.006	0.002
16	0.123	0.107	0.093	0.081	0.071	0.062	0.054	0.028	0.015	0.008	0.005	0.002
17	0.108	0.093	0.080	0.069	0.060	0.052	0.045	0.023	0.012	0.006	0.003	0.001
18	0.095	0.081	0.069	0.059	0.051	0.044	0.038	0.018	0.009	0.005	0.002	0.001
19	0.083	0.070	0.060	0.051	0.043	0.037	0.031	0.014	0.007	0.003	0.002	*
20	0.073	0.061	0.051	0.043	0.037	0.031	0.026	0.012	0.005	0.002	0.001	*
25	0.038	0.030	0.024	0.020	0.016	0.013	0.010	0.004	0.001	0.001	*	*
30	0.020	0.015	0.012	0.009	0.007	0.005	0.004	0.001	*	*	*	*
40	0.005	0.004	0.003	0.002	0.001	0.001	0.001	*	*	*	*	*
50	0.001	0.001	0.001	*	*	*	*	*	*	*	*	*

表三　年金终值系数表（FVIFA 表）

n\i	1%	2%	3%	4%	5%	6%	7%	8%	9%	10%	11%
1	1.000	1.000	1.000	1.000	1.000	1.000	1.000	1.000	1.000	1.000	1.000
2	2.010	2.020	2.030	2.040	2.050	2.060	2.070	2.080	2.090	2.100	2.110
3	3.030	3.060	3.091	3.122	3.153	3.184	3.215	3.246	3.278	3.310	3.342
4	4.060	4.122	4.184	4.246	4.310	4.375	4.440	4.506	4.573	4.641	4.710
5	5.101	5.204	5.309	5.416	5.526	5.637	5.751	5.867	5.985	6.105	6.228
6	6.152	6.308	6.468	6.633	6.802	6.975	7.153	7.336	7.523	7.716	7.913
7	7.214	7.434	7.662	7.898	8.142	8.394	8.654	8.923	9.200	9.487	9.783
8	8.286	8.583	8.892	9.214	9.549	9.897	10.260	10.637	11.028	11.436	11.859
9	9.369	9.755	10.159	10.583	11.027	11.491	11.978	12.488	13.021	13.579	14.164
10	10.462	10.950	11.464	12.006	12.578	13.181	13.816	14.487	15.193	15.937	16.722
11	11.567	12.169	12.808	13.486	14.207	14.972	15.784	16.645	17.560	18.531	19.561
12	12.683	13.412	14.192	15.026	15.917	16.870	17.888	18.977	20.141	21.384	22.713
13	13.809	14.680	15.618	16.627	17.713	18.882	20.141	21.495	22.953	24.523	26.212
14	14.947	15.974	17.086	18.292	19.599	21.015	22.550	24.215	26.019	27.975	30.095
15	16.097	17.293	18.599	20.024	21.579	23.276	25.129	27.152	29.361	31.772	34.405
16	17.258	18.639	20.157	21.825	23.657	25.673	27.888	30.324	33.003	35.950	39.190
17	18.430	20.012	21.762	23.698	25.840	28.213	30.840	33.750	36.974	40.545	44.501
18	19.615	21.412	23.414	25.645	28.132	30.906	33.999	37.450	41.301	45.599	50.396
19	20.811	22.841	25.117	27.671	30.539	33.760	37.379	41.446	46.018	51.159	56.939
20	22.019	24.297	26.870	29.778	33.066	36.786	40.995	45.762	51.160	57.275	64.203
25	28.243	32.030	36.459	41.646	47.727	54.865	63.249	73.106	84.701	98.347	114.413
30	34.785	40.588	47.575	56.085	66.439	79.058	94.461	113.283	136.308	164.494	199.021
40	48.886	60.402	75.401	95.026	120.800	154.762	199.645	259.057	337.882	442.593	581.826
50	64.463	84.579	112.797	152.667	209.348	290.336	406.529	573.770	815.084	1 163.909	1 668.771

续表

n\i	12%	13%	14%	15%	16%	17%	18%	19%	20%	25%	30%
1	1.000	1.000	1.000	1.000	1.000	1.000	1.000	1.000	1.000	1.000	1.000
2	2.120	2.130	2.140	2.150	2.160	2.170	2.180	2.190	2.200	2.250	2.300
3	2.374	3.407	3.440	3.473	3.506	3.539	3.572	3.606	3.640	3.813	3.990
4	4.779	4.850	4.921	4.993	5.066	5.141	5.215	5.291	5.368	5.766	6.187
5	6.353	6.480	6.610	6.742	6.877	7.014	7.154	7.297	7.442	8.207	9.043
6	8.115	8.323	8.536	8.754	8.977	9.207	9.442	9.683	9.930	11.259	12.756
7	10.089	10.405	10.730	11.067	11.414	11.772	12.142	12.523	12.916	15.073	17.583
8	12.300	12.757	13.233	13.727	14.240	14.773	15.327	15.902	16.499	19.842	23.858
9	14.776	15.416	16.085	16.786	17.519	18.285	19.086	19.923	20.799	25.802	32.015
10	17.549	18.420	19.337	20.304	21.321	22.393	23.521	24.701	25.959	33.253	42.619
11	20.655	21.814	23.045	24.349	25.733	27.200	28.755	30.404	32.150	42.566	56.405
12	24.133	25.650	27.271	29.002	30.850	32.824	34.931	37.180	39.581	54.208	74.327
13	28.029	29.985	32.089	34.352	36.786	39.404	42.219	45.244	48.497	68.760	97.625
14	32.393	34.883	37.581	40.505	43.672	47.103	50.818	54.841	59.196	86.949	127.913
15	37.280	40.417	43.842	47.580	51.660	56.110	60.965	66.261	72.035	109.687	167.286
16	42.753	46.672	50.980	55.717	60.925	66.649	72.939	79.850	87.442	138.109	218.472
17	48.884	53.739	59.118	65.075	71.673	78.979	87.068	96.022	105.931	173.636	285.014
18	55.750	61.725	68.394	75.836	84.141	93.406	103.740	115.266	128.117	218.045	371.518
19	63.440	70.749	78.969	88.212	98.603	110.285	123.414	138.166	154.740	273.556	483.973
20	72.052	80.947	91.025	102.444	115.380	130.033	146.628	165.418	186.688	342.945	630.165
25	133.334	155.620	181.871	212.793	249.214	292.105	342.603	402.042	471.981	1 054.79	2 348.803
30	241.333	293.199	356.787	434.745	530.312	647.439	790.948	966.712	1 181.882	3 227.174	8 729.985
40	767.091	1 013.704	1 342.025	1 779.090	2 360.757	3 134.522	4 163.213	5 519.829	7 343.858	30 088.655	120 392.883
50	2 400.018	3 459.507	4 994.521	7 217.716	10 435.649	15 089.502	21 813.094	31 515.336	45 497.191	280 255.693	1659760.743

表四 年金现值系数表（PVIFA 表）

n\i	1%	2%	3%	4%	5%	6%	7%	8%	9%	10%	11%	12%	13%
1	0.990	0.980	0.971	0.962	0.952	0.943	0.935	0.926	0.917	0.909	0.901	0.893	0.885
2	1.970	1.942	1.913	1.886	1.859	1.833	1.808	1.783	1.759	1.736	1.713	1.690	1.668
3	2.941	2.884	2.829	2.775	2.723	2.673	2.624	2.577	2.531	2.487	2.444	2.402	2.361
4	3.902	3.808	3.717	3.630	3.546	3.465	3.387	3.312	3.240	3.170	3.102	3.037	2.974
5	4.853	4.713	4.580	4.452	4.329	4.212	4.100	3.993	3.890	3.791	3.696	3.605	3.517
6	5.795	5.601	5.417	5.242	5.076	4.917	4.767	4.623	4.486	4.355	4.231	4.111	3.993
7	6.728	6.472	6.230	6.002	5.786	5.582	5.389	5.206	5.033	4.868	4.712	4.564	4.423
8	7.652	7.325	7.020	6.733	6.463	6.210	5.971	5.747	5.535	5.335	5.146	4.968	4.799
9	8.566	8.162	7.786	7.433	7.108	6.802	6.515	6.247	5.995	5.759	5.537	5.328	5.132
10	9.471	8.983	8.530	8.111	7.722	7.360	7.024	6.710	6.418	6.145	5.889	5.650	5.426
11	10.368	9.787	9.253	8.760	8.306	7.887	7.499	7.139	6.805	6.495	6.207	5.938	5.687
12	11.255	10.575	9.954	9.385	8.863	8.384	7.943	7.536	7.161	6.814	6.492	6.194	5.918
13	12.134	11.348	10.635	9.986	9.394	8.853	8.358	7.904	7.487	7.103	6.750	6.424	6.122
14	13.004	12.106	11.296	10.563	9.899	9.295	8.745	8.244	7.786	7.367	6.982	6.628	6.302
15	13.865	12.849	11.938	11.118	10.380	9.712	9.108	8.559	8.061	7.606	7.191	6.811	6.462
16	14.718	13.578	12.561	11.652	10.838	10.106	9.447	8.851	8.313	7.824	7.379	6.974	6.604
17	15.562	14.292	13.166	12.166	11.274	10.477	9.763	9.122	8.544	8.022	7.549	7.102	6.729
18	16.398	14.992	13.754	12.659	11.690	10.828	10.059	9.372	8.756	8.201	7.702	7.250	6.840
19	17.226	15.678	14.324	13.134	12.085	11.158	10.336	9.604	8.950	8.365	7.839	7.366	6.938
20	18.046	16.351	14.877	13.590	12.462	11.470	10.594	9.818	9.129	8.514	7.963	7.469	7.025
25	22.023	19.523	17.413	15.622	14.094	12.783	11.654	10.675	9.823	9.077	8.422	7.843	7.330
30	25.808	22.396	19.600	17.292	15.372	13.765	12.409	11.258	10.274	9.427	8.694	8.055	7.496
40	32.835	27.355	23.115	19.793	17.159	15.046	13.332	11.925	10.757	9.779	8.951	8.244	7.634
50	39.196	31.424	25.730	21.482	18.256	15.762	13.801	12.233	10.962	9.915	9.042	8.304	7.675

续表

n\i	14%	15%	16%	17%	18%	19%	20%	25%	30%	35%	40%	50%
1	0.877	0.870	0.862	0.855	0.847	0.840	0.833	0.800	0.769	0.741	0.714	0.667
2	1.647	1.626	1.605	1.585	1.566	1.547	1.528	1.440	1.361	1.289	1.224	1.111
3	2.322	2.283	2.246	2.210	2.174	2.140	2.106	1.952	1.816	1.696	1.589	1.407
4	2.914	2.855	2.798	2.743	2.690	2.639	2.589	2.362	2.166	1.997	1.849	1.605
5	3.433	3.352	3.274	3.199	3.127	3.058	2.991	2.689	2.436	2.220	2.035	1.737
6	3.889	3.784	3.685	3.589	3.498	3.410	3.326	2.951	2.643	2.385	2.168	1.824
7	4.288	4.160	4.039	3.922	3.812	3.706	3.605	3.161	2.802	2.508	2.263	1.883
8	4.639	4.487	4.344	4.207	4.078	3.954	3.837	3.329	2.925	2.598	2.331	1.922
9	4.946	4.472	4.607	4.451	4.303	4.163	4.031	3.463	3.019	2.665	2.379	1.948
10	5.216	5.019	4.833	4.659	4.494	4.339	4.192	3.571	3.092	2.715	2.414	1.965
11	5.453	5.234	5.029	4.836	4.656	4.486	4.327	3.656	3.147	2.752	2.438	1.977
12	5.660	5.421	5.197	4.988	4.793	4.611	4.439	3.725	3.190	2.779	2.456	1.985
13	5.842	5.583	5.342	5.118	4.910	4.715	4.533	3.780	3.223	2.799	2.469	1.990
14	6.002	5.724	5.468	5.229	5.008	4.802	4.611	3.824	3.249	2.814	2.478	1.993
15	6.142	5.847	5.575	5.324	5.092	4.876	4.675	3.859	3.268	2.825	2.484	1.995
16	6.265	5.954	5.668	5.405	5.162	4.938	4.730	3.887	3.283	2.834	2.489	1.997
17	6.373	6.047	5.749	5.475	5.222	4.988	4.775	3.910	3.295	2.840	2.492	1.998
18	6.467	6.128	5.818	5.534	5.273	5.033	4.812	3.928	3.304	2.844	2.494	1.999
19	6.550	6.198	5.877	5.584	5.316	5.070	4.843	3.942	3.311	2.848	2.496	1.999
20	6.623	6.259	5.929	5.628	5.353	5.101	4.870	3.954	3.316	2.850	2.497	1.999
25	6.873	6.464	6.097	5.766	5.467	5.195	4.948	3.985	3.329	2.856	2.499	2.000
30	7.003	6.566	6.177	5.829	5.517	5.235	4.979	3.995	3.332	2.857	2.500	2.000
40	7.105	6.642	6.233	5.871	5.548	5.258	4.997	3.999	3.333	2.857	2.500	2.000
50	7.133	6.661	6.246	5.880	5.554	5.262	4.999	4.000	3.333	2.857	2.500	2.000

练习题参考答案

第二章

1.
(1)2020年年末流动比率=2.06；速动比率=1.28；现金比率=60%。
(2)资产负债率=45%；权益乘数=1.82。
(3)2020年应收账款周转率=10.53次；流动资产周转率=3.43次；总资产周转率=1.18次。
(4)净资产收益率=41.81%。

2.
(1)①净资产收益率=13.33%；②总资产净利率(保留三位小数)=5.556%；③营业净利率=2.5%；④总资产周转率(保留三位小数)=2.222次；⑤权益乘数=2.4。
(2)净资产收益率=13.33%。

3.
(1)2020年末的资产负债率=54.15%，所以实现了降杠杆目标。
(2)2019年权益净利率=45%;2020年权益净利率=48.6%；
(3)2019年的权益乘数=2.5;2020年的权益乘数=2.25；
(4)营业净利率变化对权益净利率变化的影响=11.25%；
总资产周转率变化对权益净利率变化的影响=20.25%；
权益乘数变化对权益净利率变化的影响=48.6%－54%=－5.4%。

4.
(1)上年全部资产周转率2.5次;本年全部资产周转率2.7次;上年流动资产周转率=6.25次;本年流动资产周转率=6次;上年资产结构=40%;本年资产结构=45%。
(2)全部资产周转率总变动0.2。由于流动资产比重增加导致总资产周转率提高0.3次,但是由于流动资产周转率的降低使得总资产周转率降低0.1,二者共同影响使总资产周转率提高0.2次。

第三章

1.
(1)1 331元 (2)1 344.89元 (3)1 160.25元 (4)286.79元。

2.
方案(1):135.18万元；
方案(2):104.92万元；
方案(3):110.78万元。

3.

(1)甲资产的预期收益率=8%; 乙资产的预期收益率=9%。

(2)甲资产的标准差=11.51%; 乙资产的标准差=15.17%。

(3)甲资产标准离差率=1.44; 乙资产标准离差率=1.69。

4.

(1)组合预期收益率=11.6%。

(2)A证券的标准差=0.12; B证券的标准差=0.2; 投资组合的标准差=11.11%。

(3)A,B的相关系数=0.5时:投资组合预期收益率=11.6%; 投资组合的标准差=12.11%。

(4)A,B的相关系数是1时:投资组合预期收益率=11.6%; 投资组合的标准差=13.6%。

(5)以上结果说明,相关系数的大小对投资组合的预期收益率没有影响,但对投资组合的标准差及其风险有较大的影响,相关系数越大,投资组合的标准差越大,组合的风险越大。

5.

(1)A股票的$\beta>1$,说明该股票所承担的系统风险大于市场投资组合的风险(或A股票所承担的系统风险等于市场投资组合风险的1.5倍); B股票的$\beta=1$,说明该股票所承担的系统风险与市场投资组合的风险一致(或B股票所承担的系统风险等于市场投资组合的风险); C股票的$\beta<1$,说明该股票所承担的系统风险小于市场投资组合的风险(或C股票所承担的系统风险等于市场投资组合风险的0.5倍)。

(2)A股票的必要收益率=14%。

(3)甲种投资组合的β系数=1.15; 甲种投资组合的风险收益率=4.6%。

(4)乙种投资组合的β系数=0.85; 乙种投资组合的必要收益率=11.4%;或者,乙种投资组合的必要收益率=11.4%。

(5)甲种投资组合的β系数(1.15)大于乙种投资组合的β系数(0.85),说明甲投资组合的系统风险大于乙投资组合的系统风险。

6.

(1)成熟股票的期望收益率=5.4%; 成长股票的期望收益率=9.4%。

(2)成熟股票的标准差=3.75%; 成长股票的标准差=6.07%。

(3)因为对两种股票的投资额相同,所以投资比重为50%; 投资组合收益率=7.4%。

(4)投资组合标准差=4.78%。

第四章

1.

(1)每元销售收入占用变动资金数=0.5元; 销售收入占用不变资金总额=

20 000元。

(2)第六年的现金占用数额=115 000元。

2.

回归直线方程数据计算表2021年的资金需要量=587.2万元。

3.

(1)融资需求=725万元。

(2)增长率=4.05%。

(3)可持续增长率=7.53%；销售额=4 301.2万元。

(4)融资需求=180万元。

4.

(1)银行借款成本=6.70%。说明:资金成本用于决策,与过去的举债利率无关。

(2)债券成本=7.35%。

(3)普通股平均成本=14.06%。

(4)加权平均成本=11.43%。

5.

(1)经营杠杆系数=1.67；财务杠杆系数=1.8；复合杠杆系数=3。

(2)每股收益增长率=18%。

6.

(1)两种筹资方案下每股收益无差别点的息税前利润=1 455万元。

(2)处于每股收益无差别点时乙方案的财务杠杆系数=1.29。

第五章

1.

(1)设备年折旧=42万元。

各年现金净流量(NCF)计算结果如下表。

单位:万元

项 目	0	1	2	3	4	5	6
设备投资	220						
开办费投资	6						
垫支流动资金		24					
税后利润			60	65	70	75	80
年折旧			42	42	42	42	42
开办费摊销			2	2	2		
残值收入							10
收回流动资金							24
现金净流量	-226	-24	104	109	114	117	156

(2)回收期=3.32 年； 投资报酬率=26.92%。

(3)净现值(NPV)=158.45 元； IRR=25.35%。

2.

(1)初始投资总额:15 000 万元。

(2)厂房和设备的年折旧额以及第 4 年年末的账面价值=6 480 万元。

(3)处置厂房和设备引起的税后净现金流量=684 万元。

(4)各年项目现金净流量,以及项目的净现值和回收期见下表。

单位:万元

年 度	0	1	2	3	4
固定资产投资:					
厂房投资	-8 000.00				
设备投资	-4 000.00				
各年的营运资本	3 000.00	3 060.00	3 121.20	3 183.62	
垫支的营运资本	-3 000.00	-60.00	-61.20	-62.42	
销售收入		30 000	30 600	31 212	31 836.24
变动成本		21 000.00	21 420.00	21 848.40	22 285.37
固定付现成本		4 000.00	4 040.00	4 080.40	4 121.20
折 旧		1 140	1 140	1 140	1 140
税后收入		18 000	18 360	18 727.2	19 101.744
减:税后付现成本		15 000	15 276	15 557.28	15 843.943 2
加:折旧抵税		456	456	456	456
经营现金流量		3 456.00	3 540.00	3 625.92	3 713.80
回收营运资本					3 183.62
处置固定资产回收流量					7 476
项目现金净流量	-15 000	3 396	3 478.7	3 563.50	14 373.42
折现系数(10%)	1	0.909 1	0.826 4	0.751 3	0.683 0
各年现金流量现值	-15 000	3 087.30	2 874.80	2 677.25	9 817.05
项目净现值	3 456.40				
未回收投资		-11 604	-8 125.2	-4 561.70	
回收期(年)			3+4 561.70/14 373=3.32		

3. 不应更新。计算见下表。

单位:元

项 目	现金流量	时间（年次）	系数（10%）	现 值
继续使用旧设备				
旧设备变现价值	(20 000)	0	1	(20 000)
旧设备变现损失减税	(20 000 - 33 000)×0.4 = (5 200)	0	1	(5 200)
每年操作成本	7 000×(1 - 0.4) = (4 200)	1 - 3	2.487	(10 445.4)
折旧抵税	9 000×0.4 = 3 600	1 - 3	2.487	8 953.2
残值变现收入	8 000	3	0.751	6 008
残值变现净收入纳税	(6 000 - 3 000)0.4 = (800)	3	0.751	(600.8)
合 计				(21 285)
更换新设备:				
设备投资:	(80000)	0	1	(80 000)
每年付现操作成本	5 000×(1 - 0.4) = 3 000	1 - 4	3.170	(9 510)
折旧抵税	18 000×0.4 = 7 200	1 - 4	3.170	22 824
残值收入	7 000	4	0.683	4 781
残值变现净收入减税	(8 000 - 7 000)×0.4 = 400	4	0.683	273.2
合 计				(61 631.8)

二者比较,旧设备年平均成本较低,因而不应更新。

4.
(1)①静态投资回收期为3年； ②净现值 = 30 344 元。

(2)对于A方案:该方案完全具备财务可行性； 对于B方案： 该方案完全具备财务可行性； 对于C方案： 该方案基本具备财务可行性。

(3)C方案的年等额净回收额 = 10 276 元。

(4)三个方案的最短计算期为6年； B方案调整后的净现值 = 40 809 元。

用年等额净回收额法决策:因为C方案的年等额回收额最大,B方案次之,A方案最小,所以C方案最优,其次是B方案,A方案最差。

用更新链法决策:NPVA' = 62 599.672 元； NPVB' = 84 155 元； NPVC' = 92 302元。由此看出,C方案最优,其次是B方案,A方案最差。

5.
(1)若该公司投资总额不受限制,该公司最优的投资组合为甲 + 乙 + 丁 + 丙。

(2)若该公司的投资总额为2 500万元,最优组合为丁 + 甲 + 丙。见下表。

单位:万元

项　目	原始投资	净现值	净现值率
丁	500	225	45%
乙	1 000	350	35%
甲	1 500	450	30%
丙	500	140	28%

第六章

1.

(1)甲公司债券的价值＝1 084.29 元； 甲公司债券的收益率＝7%。

(2)乙公司债券的价值＝1 046.22 元； 乙公司债券的收益率＝5.93%。

(3)丙公司债券的价值＝747.3 元。

(4)由于甲公司债券的价值高于其买价,所以甲公司债券具有投资价值;而乙公司和丙公司债券的价值均低于其买价,所以不具有投资价值。

(5)投资收益率＝8.55%。

2.

(1)M 公司股票价值(VM)＝7.95 元； N 公司股票价值(VN)＝7.5 元。

(2)长期持有 M,N 公司股票的投资收益率:K_M＝7.77%； K_N＝8.57%。

(3)分析与决策:由于 M 公司股票现行市价为 9 元,高于其投资价值 7.95 元,故 M 公司股票目前不宜投资购买； N 公司股票现行市价为 7 元,低于其投资价值 7.50 元,故 N 公司股票值得投资,甲企业应购买 N 公司股票。

3.

(1)股票的价值＝27.44。

(2)股票的预期报酬率＝11%。

4.

(1)甲投资人购买看涨期权到期价值＝8 元； 甲投资人投资净损益＝4.2 元。

(2)乙投资人空头看涨期权到期价值＝－8 元； 乙投资人净损益＝－4.2 元。

(3)丙投资人购买看跌期权到期价值＝0 元； 丙投资人投资净损益＝－5.25 元；

(4)丁投资人空头看跌期权到期价值＝0 元； 丁投资人投资净损益＝5.25 元。

5.

(1)甲投资人采取的是保护性看跌期权,预期投资组合收益率＝0.08。

(2)投资人采取的是多头对敲策略,预期投资组合收益率＝2.6。

(3)投资人采取的是空头对敲策略,预期投资组合收益率＝－2.6。

第七章

1.
(1) 计算最佳现金持有量 = 50 000 元。
(2) 全年现金管理总成本 = 5 000 元；全年现金转换成本 = 2 500 元；全年现金持有机会成本 = 2 500 元；
(3) 全年有价证券交易次数 = 5 次；有价证券交易间隔期 = 72 天。

2.
(1) 52 000 元。每日现金流量标准差(σ)：= 3 3407 元；现金最优返回线 R = 94 467 元；现金存量上限 = 263 401 元。
(2) 当现金余额为 25 万元时，不进行现金调整。
(3) 当现金余额为 28 万元时，应投资 185 533 万元于有价证券。

3.
(1) 赊销额 = 3 600 万元。
(2) 应收账款的平均余额 = 600 万元。
(3) 维持赊销业务所需要的资金额 = 300 万元。
(4) 应收账款的机会成本 = 30 万元。
(5) 40 天。

4.
应采纳甲方案。

5.
(1) ①若不享受折扣：Q = 600 件；相关总成本：123 000 元。
②若享受折扣：订货量为 2 000 件时，相关总成本 = 123 050 元；订货量为 3 000 件时，相关总成本 = 121 800 元。
所以，经济订货量为 3 000 件。
(2) 25 天。
(3) 36 100 元。

6.
(1) 因为外购总成本大于自制总成本，所以企业应自制 A 标准件。
(2) 自制，存货平均占用资金 = 7 348.5 元；外购存货平均占用资金 = 2 547 元。

7.
(1) 订货成本 = 420 元。
(2) 储存成本 = 52.50 元。
(3) 经济订货批量 = 400 套。
(4) 每年相关总成本 = 21 000 元。
(5) 再订货点 = 300 套。

8.
(1)经济订货量=40台。
(2)存货占用资金=10 000元。
(3)全年取得成本=543 000.16元; 全年储存成本=4 000元。
(4)合理的保险储备量是2台(相关总成本最低),即再订货点为14台。

第八章

1.
(1)2021年投资方案所需的自有资金额=420万元;所需从外部借入的资金额=280万元。
(2)2020年度应分配的现金股利=480万元。
(3)在不考虑目标资本结构的前提下,执行固定股利政策:2020年度应分配的现金股利=550万元;可用于2021年投资的留存收益=350万元;2021年投资需要额外筹集的资金额=350万元。
(4)在不考虑目标资本结构的前提下,执行固定股利支付率政策:该公司的股利支付率=55%;2020年度应分配的现金股利=495万元。
(5)2020年度应分配的现金股利=200万元。

2.
2021年发放现金股利所需税后利润=300万元;
投资项目所需税后利润=1 800万元;
计划年度税后利润=2 100万元;
税前利润=3 000万元;
计划年度总的借款利息=1 452万元;
息税前利润=4 452万元。

3.
(1)发放股票股利后的普通股数=440万股; 发放股票股利后的普通股本=880万元; 发放股票股利后的未分配利润=1 600万元; 发放股票股利后的资本公积金=320万元; 发放股票股利后的所有者权益总额=2 800万元; 每股收益=11.36元; 每股净资产=6.36元。
(2)发放股票股利前的普通股数=400万股; 发放股票股利后的普通股数=440万股; 发放股票股利后的普通股本=880万元; 发放股票股利后的资本公积金=320万元; 现金股利=80万元; 利润分配后的未分配利润=1 520万元; 利润分配后的所有者权益总额=2 720万元; 每股收益=11.36元; 每股净资产=6.18元。
(3)分割后的股数为800万股,股东权益项目金额不变; 每股收益=6.25元; 每股净资产3.5元。

参考文献

[1] Stephen A. Ross, Randolph W. Westerfield, JeffreyF. Jaffe, Corporate Finance[M]. 11th edition. Copyright 2017 By The Mc. Graw – Hill companies, Inc.

[2] Richard A. Brealey, Stewart C. Myers. Principles of Corporate Finance[M]. 10th ed, Copyright 2012 By The Mc. Graw – Hill companies, Inc.

[3] Douglas R·Emery and John D·Finery：Corporate Financial Management[M]. Copyright 2008 By Prentice Hall Inc.

[4] 詹姆斯·范霍恩,约翰·瓦霍维奇. 郭浩,徐琳 译. 现代企业财务管理[M]. 11版. 北京:经济科学出版社,2002.

[5] 中国注册会计师协会组织. 财务成本管理[M]. 北京:中国财政经济出版社,2020.

[6] 中国注册会计师协会组织. 经济法[M]. 北京:中国财政经济出版社,2020.

[7] 财政部会计资格评价中心. 财务管理[M]. 北京:经济科学出版社,2020.

[8] 张家伦,闫华红. 财务管理学[M]. 北京:首都经济贸易大学出版社,2007.